KB059716

소크라테스 씨,
멋지게 차려입고 어딜 가시나요?

소크라테스 씨, 멋지게 차려입고 어딜 가시나요?

패션으로 본
인문학 이야기

연희원 지음

문예출판사

차 례

권력과 섹슈얼리티: 시민계급 이야기 **43**

금기와 저항: 타자들 이야기 233

제8장 — 빨간 립스틱과 화장: 금기의 정치학과 저항 261

제9장 — 화장 없는 여자들: 노예와 스파르타 여성들 295

외모차별주의의 탄생과 패션의 정치학
── 권력과 섹슈얼리티의 지배와 저항

개인의 취향과 패션

"나는 묻고 싶다. 젊은이여, 그대는 누구인가? 도대체 어느 땅의 젊은
이기에 이다지도 약하단 말인가? 어느 나라의 젊은이 복장이 이렇게 혼
란스럽게 하고 다닌단 말인가? 여자들처럼 선홍색으로 물들인 원피스
를 두르고 하프를 울리지 않나, 투구를 써야 할 머리에 장식을 하고 리
라를 울리지 않나? 그리스의 운동선수가 향유병과 허리 장식이라니 이
건 또 무슨 일인가? 서로 영 어울리지 않노니, 대체 거울과 칼 사이에는
또 무슨 연관이 있단 말인가?"

이 글은 기원전 446년부터 기원전 386년까지 살았고, 그래서 플
라톤의 《향연》에도 등장하는 비극시인 아리스토파네스의 〈데스모
포리아 축제 여인들Thesmophoriazousae〉이라는 작품의 한 대목입니다. 남
자인데도 여자처럼 곱상하고 여리게 생긴 작중인물 아가톤의 복장

에 대해서 한탄하고 조롱하는 장면이지요. 좀 더 인용해 볼까요?

"젊은이여, 자네가 정녕 남자로 키워졌다고 할 수 있는가? 자네가 남
자라는 것을 어떻게 알 수 있는가? 자네들의 남성 본래 의상(갑옷)과 외
투(클라미스), 그리고 신발은 어디에다 갖다 버렸는가? 어째서 이것들을
모두 버리고 여자들의 의상을 입으려 하는 것인가?"

사나이 대장부가 갑옷 대신 선홍색 키톤을 입고, 투구 대신 머리
장식을 하고, 칼 대신 거울을 보며, 계집애 같은 옷차림을 하고 있으
니 기가 찰 노릇이다, 뭐 이런 한탄과 질타입니다. 그러자 작품 안에
서 에우리피데스는 이렇게 말합니다.

"그만하시구려. 나도 저 나이 때는 딱 저랬습니다."

아리스토파네스 조각과 그림

고대 그리스에도 믿어지지 않지만, 이처럼 여장남자 비슷하게 꾸민 사람들이 있었나 봅니다. 여성스러운 행동과 몸짓을 하고, 얼굴에는 화장을 곱게 하고, 여자처럼 용변을 보는 등 여성화된 남자들 말입니다. 이들을 키노이두스라고 불렀는데, 당연히 이들에 대해서는 폭풍 같은 비난이 쏟아졌습니다.

젊은 세대의 옷차림에 대해 한탄하거나 탄식하는 거라면 요즘에도 이에 못지않습니다. 최근 여름철 전력 사용이 급증하면서 에너지 절감이나 경직된 조직문화를 바꾸고자 국내 기업과 공공기관에서는 쿨비즈를 공식적으로 장려하고 있습니다. 쿨비즈란 '시원한cool'과 '업무business'의 합성어로 여름철 넥타이를 매지 않고 재킷을 벗는 등 간편한 옷차림으로 근무하는 것을 말합니다. 간편한 옷차림으로 실내온도를 28℃로 유지하도록 하는 에너지 절약 캠페인의 일환이지요. 그런데 정작 한 신입사원이 더운 여름 반바지를 입고 출근했다가, 상사로부터 "뭘 입을지 모르면 선배에게 물어봐야 하는 것 아냐"라는 호통을 듣고 쩔쩔맸다는 이야기가 동네방네 들려옵니다. 공식적으로 편하게 입으라 공지하기는 했지만, 정작 분위기는 그게 아니었던 거지요. 요즘에는 조금 달라졌다고 해도 이것 외에 우리 일상에서 남자가 좀 차려입거나 여성이 '투 머치too much' 스타일로 여기저기 번쩍번쩍 화려하게 입으면, 또 때로는 그와 정반대로 전혀 꾸미지 않거나 차려입지 않을 때, 혹은 중고등 학생들이 교복을 몸에 꼭 맞게 입거나 진한 화장을 할 때 비난이 쏟아지곤 합니다.

외모나 패션 그런 건 사소한 거라고 하는데, 이 사소한 것에 대해 말도 많고 탈도 많습니다. 왜 사소한 옷 따위에 신경 쓰냐고 핀잔을 주면서 자신들은 상대의 사소한 옷 한 벌에 분개하고 호통치며 불편한 심기를 흘리는 것일까요? 분명 아주 별거 아닌 일인 것 같은데 말이지요.

신입사원은 그날 당장 긴 정장바지를 구해 갈아입었다고 합니다. 표면적으로야 상사와 회사의 분위기에 따르지만 신입사원은 왠지 서운하고 혼란스런 마음을 지울 수 없었을 겁니다. 상사는 상사대로 사회 룰 하나 지킬 줄 모르는 신입이 괘씸하단 생각을 떨쳐버리기 어려웠겠지요. 언뜻 양쪽 모두 별것 아닌 일에 감정 컨트롤을 못한 것처럼 보입니다.

그러나 사실은 사소하거나 하찮은 것 때문에 이러는 것이 아닙니다. 반바지를 입은 것이나 반바지에 반대한 것이나 단순히 개인의 취향이나 자유의 문제가 아니기 때문입니다. 개인의 취향이라고 생각하기에 서운함과 괘씸한 마음이 남기 마련인데, 사실 거기에는 개인의 취향과 자유를 넘어선 장벽이 있습니다. 한 개인의 힘으로 쉽게 변화시키거나 무너뜨릴 수 없는, 새로운 위반과 저항을 어떻게든 억누르려는 오래된 금기, 견고하디 견고한 외모와 패션의 정치학 말입니다. 특별한 외모와 패션을 고수함으로써 그것이 지닌 권력을 통해 타자들을 지배하고자 하는 외모차별의 정치학 말이지요.

금기와 저항, 패션정치 이야기

화장을 하고 외모를 치장하는 패션은 개인적 취향의 문제로 여겨지기 쉽습니다. 그러나 키노이두스나 쿨비즈 반바지 이야기에서 시사하듯 패션이나 외모는 단순히 개인적 영역이나 취향의 문제가 아닙니다. 옷이나 패션은 우리의 통념과 달리 쿨비즈 캠페인 하나로 간단하게 바꿀 수 있는 영역이 아닙니다. 어쩌면 세상에서 가장 개인의 마음대로 움직이기 어려운 영역일지 모르니까요. 패션이 이렇게 완고한 이유는 패션만큼 인간과 사회를 구성하며 깊숙하게 인간다움을 만드는데 연루되어 온 영역도 없기 때문입니다. 특히 개인의 취향 정도로 알려진 것과 달리 패션과 외모는 우선적으로 인간과 인간 사회를 형성하는 정치영역에 속합니다. 그럼에도 불구하고 그것의 사회적 통제와 정치가 보이지 않은 채 표면적으로는 한없이 자유로운 개인의 취향 문제처럼 보이기에 앞의 사례들처럼 혼란스러운 상황들이 생기는 것입니다.

뿐만 아니라 패션이나 외모는 인문학이나 철학, 정치학 등의 진지한 성찰주제가 되기엔 너무 시시하고 가치 없는 영역으로 치부되기 일쑤입니다. 외모차별 따위는 철학과는 머나먼 이야기라는 것이지요. 아마도 패션이 일찍이 소크라테스와 플라톤 시절부터 긍정적으로 다루어진 분야가 아니었기 때문인지도 모르겠습니다. 우리들 삶과 일상에서 외모와 패션의 영향력은 가히 폭발적인데 말입니다. 그렇다면 그까짓 한낱 패션 따위가 인간의 근원을 이해하게 하는 인문학적·철학적 성찰의 주제가 될 수 있느냐고요? 네, 물론입니다. 패션은 인류의 역사 안에서 인간다움, 남성다움, 여성다움, 그리고 이에 대한 저항과 대안을 비롯한 문화와 역사를 만들어왔고 또 앞으로도 계속 만들어갈 영역이기 때문에 그렇습니다. 패션이야말로 이 세상 그 무엇보다도 인간적인 인간성을 형성해온 영역이니까 말이지요. 그런 만큼 패션에도 철학적·인문학적 성찰이 절대적으로 필요할 수

밖에 없습니다.

무엇보다도 화장과 패션은 개인적이고 사적이면서도 동시에 객관적이고, 사회적인 위계나 서열을 크게 실감하는 영역입니다. 외모와 패션을 통해 권력의 지배와 피지배, 불평등과 차별, 억압과 저항이 정치의 중심을 관통하기 때문입니다. 인간의 역사는 수많은 보통사람들이 목숨을 걸고 '인간답게 살 권리'를 쟁취하기 위해 싸워 온 '인권 발견과 확장의 역사'라고 합니다. 사실 패션도 이러한 인간의 역사와 맥락을 함께합니다. 오늘날 우리가 입는 평등화되고 민주화된 의복이란 것이 당연한 듯 보이지만 실상은 아무런 노력 없이 우연히 혹은 하루아침에 이루어진 것이 아닙니다. 그것은 단순히 산업혁명의 대량생산 결과가 아니니까요. 패션도 역사의 한 부분으로서 역사 속에서 수많은, 이름 없는 보통 사람들이 인간답게 살기 위해 벌였던 외모차별주의와의 긴 투쟁의 역사를 갖고 있습니다. 그러니까 단순한 겉모습이라고 알려져 온 우리들의 외모와 패션도 인간성의 확대를 위해 일상의 아주 작고 소소한 저항과 위반들을 통해 전근대적 불평등구조와 싸워 온 역사를 갖고 있다는 이야기지요. 패션은 아마도 앞으로도 계속해서 역사와 함께 이러한 인간성의 형성과 인권의 확장을 향해 나아갈 것입니다.

패션이 인간다움과 인권의 역사와 함께 나아간다는 것은 두 가지 측면에서입니다. 하나는 시대가 발전하면서 패션은 점점 특정인들만의 특권적 취향이 아니라 누구에게나 평등해지고 민주적인 일상이 되고 있다는 점입니다. 다른 하나는 인간을 인간답게 만드는 데 필수적인 개인의 자유를 가장 잘 드러내는 방식이 바로 패션이라는 점입니다. 왜냐하면 인간은 이성적으로 사고하고 판단하는 것뿐 아니라 각 개인들의 욕망이나 충동, 감정을 바탕으로 하는 개별성의 영역이 확보될 때만이 비로소 자유롭다고 할 수 있는데, 패션이 바로 개인들의 욕망과 충동을 가장 쉽게 표현할 수 있는 영역이기 때문입니다. 패션이 지니는 이러한 개별성은 행복과 즐거움뿐 아니라 자존감과 긍지를 심어주고 표현하며, 또한 지배와 억압에 균열을 일으키는 힘과 에너지를 제공하기도 합니다.

이 글에서는 바로 이와 관련된 패션 이야기 보따리를 풀어보려 합니다. 고대 그리스의 소크라테스, 플라톤, 아리스토텔레스의 패션 스타일을 관련 자료 삼아 이전의 패션 연구와는 다른 이야기를 해볼까 하는 것이지요. 비록 고대 그리스라는 한정된 시간과 공간을 통해서이기는 하지만 외모와 패션을 통한 권력과 섹슈얼리티 독점과 지배, 정치적 금기와 차별, 그리고 그 속에서 인간답게 살 권리를 갖고 싶었던 작은 저항과 위반 이야기를 통해 패션과 인간의 관계를 들여다보고자 합니다. 물론 이 과정을 통해 패션이 현재의 우리 인간에게 갖는 인본주의적 의미도 함께 말이지요.

패션의 정치에 관한 이야기를 한다고 해서 왕, 지배자 혹은 지배 세력의 화려한 복식만을 이야기하겠다는 것은 아닙니다. 이 이야기에는 기원전 5~4세기 전후 고대 그리스라는 역사 안에서 지배자로 존재했던 시민 남성들 외에도 노예와 같은 비루한 사람들의 스타일도 포함합니다. 그리하여 고대 그리스를 가능한 한 전체적으로 다루면서 권력과 저항의 지도를 그리고자 합니다. 그래서 지배의 입장만이 아니라 종속의 입장에서 움직인 이름 없는 사람들의 정치적 휘둘림과 그들의 억압적 패션도 함께 다루려 합니다. 그래야 외모와 패션의 정치, 즉 외모에 대한 차별적 관행들이 어떻게 이루어졌는가 볼 수 있으니 말입니다. 또한 패션이 경시되어온 것은 이러한 외모의 차별을 정당화하려는 권력과 지식의 공모 때문이기도 하므로, 이이야기에는 정치와 권력 이야기뿐 아니라 철학 이야기도 아주 조금 포함됩니다. 누구는 어떤 옷을 입을 수 있고, 누구는 입을 수 없는가 등의 규제와 위반에 대한 평가 이야기 말입니다. 주제가 패션 이야기니만큼 누가 어디에서 어떤 이유로 어떤 옷을 입었는지 등의 잡담 같은 일상의 옷 이야기를 하면서 말입니다. 왜냐하면 패션이란 디자인이나 의복 자체의 문제가 아니라 바로 사람들에 관한 이야기이므로 우월감, 자만감, 질투, 경쟁심 등등 사람들의 사고와 감정, 갈등, 관계의 이야기이기 때문입니다.

그래서 의외이겠지만, 고대 그리스 아테네의 일상 옷 이야기들을 깊숙이 들어가다 보면, 소크라테스와 그 외 철학자들의 패션과 이들의 패션에 대한 철학이 당대 패션정치와 패션권력을 대변하고 있음을 보시게 될 겁니다. 왜냐하면 1부에서 다룰 이들의 갑옷과 투구, 나체 스포츠웨어, 철학자룩, 데이트룩은 고대 그리스 패션의 정치적 지형에서 가장 높은 위치를 차지하며 피지배계층민들과 차이들을 만들어냈기 때문입니다. 비록 이들 철학자들은 페리클레스와 같은 정치지도자는 아니었지만, 패션에 있어서는 이미 지배계급의 위치에 있었습니다. 뿐만 아니라 이들의 불멸의 저서 또한 고대 그리스 정치적 지형을 공고히 하는, 패션에 관한 지배담론을 만들어 냈습니다.

따라서 2부에서는 이들 시민 남성의 자유와는 대비되어 금기의 정치학에 속해 있던 타자들, 고대 그리스 이류 삼류와 같은 하류인 생의 룩look들도 얘기해 볼까 합니다. 당시 주변부에 위치해 있던 타자들의 패션과 저항 말입니다. 여기에는 고급매춘부 헤타이라의 패션너블한 시스루룩, 시민 남성 아내들의 화장, 그리고 투명인간처럼 존재했기에 자료가 잘 남아 있지 않은 노예들의 문신이나 맨발 스트리트 스타일 등이 있습니다. (이야기 전개상 남성 노예 스타일들은 제1부 지배자 패션에서 논의됩니다.) 이들 중 패션권력에 대한 저항은 의외로 거의 유일하게 시민 남성들의 아내들에게서 나타납니다. 평생을 고대 그리스 연구에 바친 앙드레 보나르Andre Bonnard는 당시 아테네 여성들의 위치가 노예와 다름없었다고 평가합니다. 그러나 그들이 비록 시민은 아니지만 시민의 아내로서 노예들과 달리 뭔가 움직일 수 있었던 복합적 위치였기 때문에 지배에 대한 저항이 가능했던 것으로 추정됩니다.

고급매춘부 헤타이라의 경우 시민 남성들을 때로 좌지우지하기도 했고, 당대의 패셔니스타로서 여성들에게 막대한 영향을 주기도 했습니다. 그러나 그들의 화려하고 성적으로 눈에 띄는 패션은 시민 남성들이 선호하는 취향에 속했었으니 당대의 정치질서 안에 정확하게 위치했던 셈입니다. 그래서 오히려 금기에 대한 저항은 패셔니스타 헤타이라의 화려한 화장과 패션보다는 일반 가정집 여성들의 사소한 화장으로부터 시작됩니다. 결국 지배세력은 불평등과 차별, 금기를 만들고, 다른 한쪽은 이 금기에 저항해왔던 작은 이야기들을 통해 아마도 이전과는 다른, 조금 새로운 패션 이야기를 해볼까 합니다.

왜 소크라테스의 패션인가?

패션은 하루하루 우리 몸을 둘러싼 옷 입기와 치장이라는, 다소 소소한 일상과 관련되는 아주 사적이고 개인적인 아이덴티티나 취향을 드러내는 것처럼 보입니다. 그러나 패션과 외모는 지배세력의 정치적 수단이자 통치영역에 속하기 때문에 개인적인 개성과 취향 이전에 오히려 거시적인 외적 세계, 즉 정치, 경제, 군사, 국가와 관련되는 공적인 특성을 먼저 지니고 있습니다. 물론 이 공적인 특성 이란 중립적인 것이 아니라 권력의 지배와 피지배라는 정치질서에 따른 외모와 패션의 정치학이 소용돌이치는 영역입니다. 패션이 이렇듯 정치적인 특성을 지님에도 불구하고, 패션을 개인의 아주 소소하고 일상적인 차원, 그중에서도 가장 하찮것없는 사소한 것으로만 보는 지배담론 때문에 패션의 정치와 그 정치학적 지형이 잘 드러나지 않아 왔습니다. 물론 실제로도 패션은 개개인 일상의 소소한, 아주 사소한 것들을 통해 표현되기도 합니다. 그러나 이 소소하고 사소한 것들, 하찮아 '보이는 것' 자체가 거시적인 정치적 지배와 통치의 과정이자 결과이기도 합니다.

지금껏 외모차별주의와 관련된 패션 정치학에 대한 연구가 거의 없었으므로 이러한 가설이나 주장을 하기 위해서는 이를 뒷받침할 근거가 필요합니다. 패션의 이러한 정치적 지형을 실증적으로 보여줄 수 있는 '리얼 스토리' 예증들 말입니다. 때문에 1부에서는 지배세력의 패션 사례들을, 2부에서는 피지배세력의 실례들을 가능한 한 자료로 삼았습니다. 예를 들어 1부에서는 소크라테스와 플라톤, 아리스토텔레스의 잘 알려지지 않은 개인적인 외모나 사랑과 같은 잡다

한 신변잡기, 잔인하기도 하고 달콤 쌉쌀한 군사 훈련이나 스포츠 훈련 이야기, 그리고 전투복으로서의 갑옷, 일상에서의 데이트룩과 철학자룩과 관련된 이야기들을 그 실증적인 사례들로 삼았습니다. 2부에서는 당시 아테네의 고발사건 기록에 남은 여인 이야기와 실존했던 혜타이라 이야기가 포함합니다.

무엇보다도 하필이면 철학자들의 패션을 자료로 삼는 이유가 의아하실 겁니다. 이들만큼 패션이라는 것에서 초연한 것처럼 여겨지는 사람들도 없을 테니까요. 그러나 사실은 이들만큼 패션과 밀접한 관계를 지니며 고대 그리스 패션권력의 중심에 있었던 사람들도 없습니다. 뿐만 아니라 현재까지 남아 있는 고대 그리스 패션 자료 내용 중 이들만큼 풍부한 정보를 제공하는 경우도 없습니다. 이들이야말로 당시 가장 잘 나가는 셀러브리티였던 만큼 이들에 관한 자료가 다른 어떤 인물이나 사건 자료에 비해 상대적으로 많이 남아 있기 때문이지요. 철학자이니 만큼 패션과 가장 멀어 보인다는 편견 때문에 그동안 패션 연구에서 이런 중요 자료들이 시야밖에서 보이지 않았던 것입니다.

때문에 소크라테스를 비롯한 고대 철학자들의 알려지지 않은 개인적인 사생활과 공적인 삶에서의 소소한 사건들을 다루며 그들의 패션정치 이야기를 해보려 합니다. 패션 자체가 소소한 일상의 작은 습관들과 밀접할 뿐 아니라 그 소소함 속에 공적인 삶, 즉 전쟁이나 군사 혹은 사회적 직업(철학) 생활 혹은 스포츠 훈련 등등과 밀접하게 연결되어 있기 때문에 시시콜콜해 보이는 그들의 일상적이면서도 작은 에피소드들을 이야기하려는 것이지요.

고대 그리스는 민주주의와 자유롭고 조화된 인간성이 꽃피운 인본주의의 산실로 알려져 왔습니다. 그러나 패션 이야기를 통해 지금까지 소개된 사실과는 다른 시각으로 고대 그리스를 들여다봄으로써 그리스에 대해 새로운 진실을 찾아보려 합니다. 패션에 대한 다른 이해는 곧 인간에 대한 다른 이해를 보여줄 수 있을지 모르니까요.

이런 점에서 이들 철학자들의 실제 패션 관련 실증적 자료뿐 아니라 이들의 저서만큼 풍부한 패션 이론서도 없습니다. 이들의 철학 저서들은 그들 자신의 생생한 패션 정보 외에도 패션에 대한 당대의 수사학들, 패션에 대한 당대 지배담론을 포함하고 있기 때문입니다. 이 자료들은 조각, 벽화, 항아리 그림 등의 정적인 자료들을 바탕으로 이루어졌던 이전의 패션사에 비해 어떤 이유와 생각으로 특정한 패션 스타일을 취했는가를 생생하게 그릴 수 있게끔 도와줄 수 있을 테니 말입니다. 이로 보나 저로 보나 이들 저서야말로 고대 그리스 패션 연구에 더 할 나위 없이 소중한 가치가 있는 자료들인 셈이지요.

그동안 소크라테스와 플라톤은 진리와 지혜의 상징이자 세계의 진리를 설파하는 존재로 인식되어 왔기 때문에 이들도 당대에는 우리와 동일한 의식주 일상을 지내던 한 사람이자, 당대 패션정치 한가운데 있었던 평범한 남자들이었음이 잘 보이지 않습니다. 그러나 이들도 분명 당시 일상적으로 키톤과 갑옷 등을 입었던 시민 남성들이었기에 이들의 일상적인 삶과 경험, 그리고 저서들에 대한 연구를 하고자 합니다. 좀 더 엄밀하게 말하자면, 현재 시점에서 제기되는 외모차별주의와 그 외 패션과 외모의 문제들을 해결하기 위해서 인류 역사에서 가장 먼저 패션에 대해 언급하기 시작했던 이들 고대 그리스 철학자들의 삶과 저서에 대한 소급적 연구가 필요했다고 할 수 있습니다.

그런데 이러한 작업은 예기치 않게 아마도 감히 이들 위대한 철학자들과는 전혀 다른 시각을 요구하는 것 같습니다. 이들의 철학이 서양문화의 원천으로 알려진 만큼 패션에 대해 이들과 다른 시각에서 바라보는 것은 어쩌면 불온한 도전일지 모르겠습니다. 다만 그들과 조금 다른 시각으로 도전하는 이 이야기들이 철학과 패션에 대한 풍요로운 자양분이 되길 바랄 뿐입니다. 철학뿐 아니라 바로 우리들 보통 사람들의 삶의 지평을 확대해 줄 수 있는 그런 자양분 말입니다. 결과적으로 이들의 패션을 살펴보는 것은 당대 시민 남성의 공적인 삶과 사적인 삶에서의 패션을 보여주는 구체적인 자료가 될 것입니다. 그리고 이들의 패션에 관한 이야기는 세계 밖에 존재하는 절대자처럼 여겨졌던 소크라테스, 플라톤과 같은 철학자들도 우리처럼 세계 안에 존재하고 살았던, 세계와 연루된 살아있는 아이콘으로 불러올 수 있게 할 것입니다. 그들의 존재를 우리와 같은 일상성 안으로 위치시킴으로써, 아마도 인류 불멸의 아이콘이 우리의 친근한 이웃이 되지 않을까요?

인간의 존재방식으로서의 패션과 외모차별주의의 탄생

그럼 소크라테스와 플라톤은 어떻게 우리의 이웃이 될까요? 우리는 살아가면서 끊임없이 우리가 하는 일과 세계에 대해 의미를 부여합니다. 그리고 인간이 의미부여를 할 때마다 곳곳에서 순간순간마다 패션의 스타일이 형성되어, 세계는 온통 의미가 부여된 패션과 의복 스타일들로 가득차게 됩니다. 패션이나 의복은 이러한 의미부여가 밖으로 드러난 것, 즉 우리의 사유와 정신의 외화입니다. 즉 패션은 우리가 끊임없이 우리의 몸과 옷을 통해 사물들과 인간관계에 의미를 부여하고 사유하는 우리들 몸과 정신의 존재방식입니다. 패션은 이러한 의미부여를 통해 우리로 하여금 인간 사회의 한 일원으로서 존재하고 사유하도록 도와주는 것이지요. 그 결과 패션은 인간 삶의 영역과 인간성의 의미를 확장시키면서 인간의 몸을 변형시키는 모든 것, 의복, 액세서리, 문신, 화장 등등을 포함하게 됩니다.

이렇게 인간의 몸과 사유를 담고 있다는 점에서 패션은 인간존재의 집입니다. 패션은 우리 인간 스스로 만든 것이자 우리가 거기에 참여함으로써 비로소 인간이 되는 것이니 말이지요. 따라서 아무런 패션 스타일도 없는 인간존재란 있을 수 없습니다. 패션이 없다면 우리는 어떠한 방식으로도 존재할 수 없으니 말이지요. 그러므로 패션은 단지 인간의 몸을 추위나 맹수로부터 보호하거나 단순히 몸을 꾸미는 하찮은 도구가 아닙니다. 단순한 껍데기 외양도 아닙니다. 더더구나 허영도 아닙니다. 역사적으로 일부 못 말리는 허영이나 사치가 있었던 것은 사실이지만, 우리들의 외모를 관리하는 것이 허영과 사치라면, 그런 허영과 사치는 어쩌면 인간의 역사와 문화를 낳게 하는 원동력이었는지 모릅니다. 데이트룩을 위해 평상시와 달리 잔뜩 멋을 부렸던 소크라테스의 마음이나 삶과 죽음이 교차하는 전쟁터에서 갑옷과 투구를 멋지게 장식하고 싶어 했던 플라톤의 마음처럼 말입니다. 거기에는 우리의 솔직한 생각과 마음과 소망이 깃들어 있습니다. 즉 패션이 있는 곳에 우리 인간의 결단과 행동, 책임과 강제, 설렘과 기대, 좌절과 분노 등이 끊임없이 일어났고 일어나고 있습니다. 사실상 패션은 단지 외면이 아니라 인간의 내밀한 욕망들을 드러내거나 감추며, 인간을 역사적인 존재로 존재할 수 있게 해주는 것입니다. 그러므로 그 속에는 또한 변화하는 인간관계와 사회, 정치가 들어 있습니다.

인간은 시대나 장소에 따라 서로 다른 세계관과 국가관을 형성하고 그에 따라 각기 추구하는 이상적 인간상도 다르고 남녀의 문화도 다르기 마련입니다. 그리고 이에 따라 각 사회는 패션의 메인 테마를 달리하게 됩니다. 물론 정치적으로 지배세력의 통치구도나 사회적 통제가 패션의 서열과 위계를 가장 먼저 배치하기 마련이지만 말입니다. 개인의 취향이나 자유 이전에 말이지요. 패션에는 이렇게 지배세력의 사유와 통치방식이 가장 먼저 들어가 있어서, 전근대 사회일수록 한 사회 내에는 성, 계급, 인종에 따른 차별적이고 불평등한 패션의 질서가 잘 이루어져 있습니다. 이것이 바로 외모차별주의의 탄생 배경이기도 합니다. 비록 그 위계질서 어디에선가는 그 질서를 위반하고 저항하는 사람들도 있기 마련이지만 말입니다.

이러한 외모와 패션의 정치학 원리에 따라 고대 그리스 아테네 시민 남성들의 중장보병, 기마병 갑옷과 투구, 나체 패션은 고대 그리스 사회 외양의 질서 가장 전면에 있었습니다. 왜냐하면 이미 호메로스 시대부터 국가 수호와 제국주의적 영토 확장을 위한 전쟁은 그리스인들에게 가장 중요한 세계관이자 우주관이었고, 갑옷과 나체는 이러한 세계관을 가장 잘 보여주고 있었기 때문입니다. 아킬레우스와 같은 전쟁영웅이 이상적 남성다움과 최고의 남성성으로 추앙받으면서 갑옷이나 신체 훈련을 위한 나체 패션이 외모의 질서 전면에 있었으니 말이지요. 그런데 이상하게도 기존의 패션 연구는 이런 상황들에 거의 주목하지 않아 왔습니다.

새로운 패션 연구: 지배세력의 또 다른 얼굴, 노예와 여성스타일

물론 패션 연구는 이들의 갑옷과 나체뿐 아니라 매춘부 헤타이라와 노예 패션도 잘 다루지 않아 왔습니다. 이러한 패션들을 다루지 않았던 이유를 추정해보면 다음과 같습니다. 운동하는 그리스 시민 남성들의 나체는 인간의 자연적인 모습으로 보아 나체가 지닌 특권적 문화기호(패션)로서의 의미를 알아차리지 못했기 때문입니다. 갑옷의 경우, 옷은 주로 여자들이 만드는 것인데 갑옷은 남자들의 첨단기술을 통해 만든 것이라는 이유로 배제되었습니다. 패셔니스타 매춘부의 패션은 그들이 일반 여성이 아닌 부도덕한 여성들이라는 이유로 역시 배제되었습니다. 그러나 나체는 인류 역사상 보기 힘든, 고대 그리스 시민 남성들만의 특권적 스타일이라는 점에서, 갑옷(군복)은 오늘날까지도 남성 패션의 최고봉이라 할 만큼 남성성이라는 기호를 가장 극명하게 보여주며 남성복의 기원을 이룬다는 점에서, 그리고 매춘부의 패션 역시 (논란의 여지는 있지만) 여성성의 기호를 가장 많이 만들어내면서 일반 여성들에게 막대한 영향을 끼쳤다는 점에서 이들에 대한 연구는 필수적입니다.

노예의 문신이나 맨발 스타일도 역시 배제되어 왔습니다. 패션은 '변화'나 '새로움', 혹은 '성적유희'나 '근대적 개인주의', '계급적 차별화'라는 정의(기준) 아래 노예나 피지배자들의 패션 스타일들은 언급할 가치도 없는 것처럼 배제되어 왔습니다. 그러나 예를 들어 고대 그리스에서 지배를 위해 피지배자 노예의 몸 위에 문신을 새겼던 팩트가 있었습니다. 그렇다면 이 문신은 이를 강제로 찍어 넣은 지배자들의 또 다른 패션이라고 할 수 있습니다. 특히 노예의 문신이나 맨발 스타일은 지배자의 패션을 빛나게 하는 어둠 혹은 그림자였습니다. 이 어둠을 바탕으로 해서 지배계급의 화려함과 새로움, 변화는 빛을 발할 수 있었으니 말입니다. 그렇다면 노예의 스타일은 지배세력의 폭력적 스타일로서 기록되어야 하는 것 아닐까 합니다. 겉으로 드러난 패셔너블한 패션 이면에 숨어 있는 지배세력의 야만적인 스타일로서 말입니다. 그러니까 피지배자의 문신은 지배세력 내부에 숨겨진 욕망을 위한 또 다른 표현 아니겠냐는 것이지요. 왜냐하면 앞서 말한 패션의 정의들로서 '새로움'이나 '변화', '성적유희'나 '개인주의', '계급적 차별화'라고 할 만한 것들 역시 모두 지배계급의 욕망이나 관점이었으니 말입니다. 아마도 고대 그리스 시민 남성들의 눈에 노예의 문신 따위는 마치 유령의 존재처럼 보이지 않았을 것입니다. 그러나 지금 우리가 고대 그리스 역사를 다시 들여다본다면, 시민들의 화려한 갑옷과 투구뿐만 아니라 노예들의 문신도 보이지 않을까요? 아니 보아야 하지 않을까요?

기존의 패션 연구는 패션이 전근대 사회에서 신분질서와 계급을 나타낸다고 합니다. 그러나 사회적 구별이나 신분질서에 따른 의복이란 바로 외모의 불평등을 의미하며, 언뜻 중립적인 듯한 이 용어들은 외모차별주의를 숨기고 있습니다. 귀족이나 왕족의 패션만을 대상으로 하고, 패션의 정의definition를 거기에 맞추고 서술하면서 말이지요. 또한 고대 그리스에 대해서는 아직 남녀 의상의 구별이나 사회적 구별이라는 것이 거의 없고 남녀 의상의 길이만 다르다고 서술합니다. 그리고는 시민 남성과 그의 아내의 패션을 평등하고 자연스러운 것인 양 패션 연구가 진행되어 왔습니다. 이러한 서술은 마치 중립적인 패션 연구처럼 보이지만, 사실은 여러 가지 모순과 함정이 숨어 있습니다. 우선 고대 그리스를 민주정 사회로 기술하는 역사관을 그대로 받아들이면서 시민 남성과 그의 아내의 위치가 다르다는 점을 무시해버리고 있습니다. 시민의 아내는 시민 남성과 달리 시민권이 없어 신분이나 역할이 전혀 달랐고, 따라서 그녀들의 패션 태도는 시민 남성의 그것과 아주 달랐는데 말이지요. 그런데도 시민 남성과 그의 아내의 의상을 동등한 위치에서 서술한다면, 그 둘 사이의 엄청난 차이와 불평등 구조를 간과하게 됩니다.

이것은 무엇보다도 다음과 같은 문제를 은폐합니다. 패션과 외모를 통해 행해지는 정치, 즉 지배세력이 한편으로는 패션의 물질적 화려함이나 권위를 통해 권력을 행사하면서, 다른 한편 피지배자들에게는 외적·물리적으로 억압적이고 강제적인 패션질서와 정치를 행사했다는 사실을 완전히 은폐해 버립니다. 또한 이러한 입장의 서술은 노예의 몸 위에 강제적으로 새겨진 문신처럼 구체적으로 가해졌던 잔혹한 육체적·물리적인 폭력 스타일과 지배를 고대 그리스 인본주의라는 이름 아래 쉽게 지워버리게 됩니다. 그래서 노예의 자료는 패션의 역사가 아닌 그리스 연구서들이나 문신의 역사나 도자기 그림들을 통해 겨우겨우 구해야만 했습니다. 노예에게 입혀진 강제적인 스타일 외에도 매춘부의 스타일 역시 패션의 역사에서 흔적도 없이 아예 지워져 있습니다.

그러나 노예와 여성처럼 시민이 아닌 아테네 거주자들에게 가해진 억압적 스타일은 사실상 지배세력의 또 다른 얼굴입니다. 시민 남성의 자유로운 스타일은 그 자유를 위해 이들에게 강제한 물리적 폭력이나 억압을 기반으로 빛이 난 것이기 때문입니다. 그러므로 그 폭력 역시 시민 남성들의 자유라는 얼굴 아래 숨겨진 내면이자 타자입니다. 고대 그리스 인본주의의 또 다른 얼굴이겠지요. 마치 야누스처럼 말입니다. 두 개의 얼굴을 가진 야누스 아시지요? 그리고 야누스 이야기가 나왔으니 좀 더 말씀드리자면, 이러한 물리적 폭력을 기반으로 정신이나 이성의 우위와 이데아를 주장했다면, 아무래도 당대의 철학과 문화가 지닌 야누스적 측면에 대해서도 의심해보지 않을 수 없습니다. 그래서 인류의 유산이라고 칭찬받는 고대 그리스 철학에 대해서도 이제는 조금 다른 시각에서 들여다보아야 하는 것 아닐까 합니다.

물론 이 책에서는 패션 이야기만으로도 벅찰 듯하니 그러한 철학 문제에 대해서는 판단중지하기로 하겠습니다. 어쨌든 이런 이유로 해서 고대 그리스 패션 스타일을 소개하려면 시민 남성들의 타자인 노예와 여성들의 스타일도 함께 다루어야 하는 것은 필수겠지요. 아마 고대 그리스 외 다른 전근대 사회의 패션도 마찬가지일 겁니다. 이렇게 불평등하고 차별적인 스타일들이 바로 당시 패션 상황에 대한 전체적 조망을 할 수 있게 해주면서, 귀족적 스타일 하나하나의 의미를 해석할 수 있는 맥락을 마련해주는 것이니까요.

이러한 권력적인 역학 관계하에서도 사실 패션은 누구나의 것입니다. 강제로 입힌 것이든 벗긴 것이든, 세상에 존재했던 사람이라면 누구나 어떤 식으로든 패션을 갖추지 않을 수 없으니까 말입니다. 어쨌든 고대 그리스 당시 존재했던 다양한 패션과 사람들을 살펴보기 위해서는 인문학적·철학적인 시선이 절대적으로 필요한 것 같습니다. 지배계급의 화려하고 패셔너블한 패션만이 아니라 피지배계층이나 타자들의 스타일도 패션 연구에 포함하기 위해서는 말입니다.

그런 의미에서 이 책에서 다룰 기원전 5세기 전후, 고대 아테네가 가장 잘 나가던 시기의 인구 구성을 확인해 보겠습니다. 당시 아테네는 시민 남성 수가 약 3만여 명, 여기에 가족 수를 합하면 약 12만여 명, 그 외 시민권이 없는 외국인이 약 1만여 명, 그리고 노예는 시기에 따라 4만 명에서 10만~20만 명 이상일 때도 있었습니다.* 이런 연구에 따르면, 고대 그리스가 민주사회라는 것은 어디까지나 아주 소수의 시민 남성들에게만 해당된다고 할 수 있습니다. 그러나 이 책은 소수가 아닌 아테네 전체 인구의 스타일을 가능한 조망하면서 외모와 패션의 정치학을 드러내고자 합니다. 이러한 사회적 상황을 바탕으로 지배적 시민계급만이 아니라 피지배계급으로서 타자들의 패션도 가능한 다양한 자료와 시선으로 살펴보고자 하는 것이지요. 비록 지배계층인 시민 남성(철학자들) 이야기가 주를 이루며, 노예의 경우 자료의 한계로 그 서술 역시 제한적일 수밖에 없겠지만 말입니다.

---

* 평생을 그리스 연구를 했던 앙드레 보나르는 《그리스인 이야기》(책과함께, 2011)에서 고대 그리스 아테네 전체 인구 40만 명 중 시민 남성을 고작 3만 명밖에 안되기에 바람 한 번 몰아치면 모조리 바다에 빠뜨려버릴 수 있는 숫자라고 표현하고 있습니다.

외모와 패션의 정치학 : 권력과 섹슈얼리티 독점과 지배

그렇다면 과연 외모차별주의 패션의 정치학은 어떻게 전개될까요? 전근대 사회에서 권력자들과 지배계급은 동서양을 막론하고 사치금지법을 통해 자신들이 쓰는 패션 아이템 소비를 규제했습니다. 사치규제법(혹은 사치금지법)은 특정 계급 사람들이 어떤 물건은 소유할 수 있고, 또 어떤 물건들은 소유할 수 없으며, 어떤 옷, 어떤 색깔은 입을 수 있고, 그 외의 옷은 입을 수 없음을 자세히 규정하고 있습니다. 사치금지법이란 엄밀히 말하자면 금은보석과 비단과 같은 사치품목들을 왕실이나 귀족들만의 사치품으로 한정시키는, 전형적인 권력 행사 방법입니다. 사실상 값비싼 물건의 독점적인 소유입니다. 그리고 물건의 이 같은 독점적 소유는 권력을 수반하게 됩니다. 과거 지배세력은 패션권력으로서 사치규제법과 같은 직접적인 패션정치를 통해 사회적·계급적 질서를 유지해왔습니다. 이것이 바로 역사상 외모차별주의의 출발 지점이 아닐까 합니다. 사치품의 독점을 통해 권력과 섹슈얼리티를 독점하고 질서 지우는 패션권력과 지배자의 입장에서 말입니다. 그리고 값비싸고 화려한 패션 품목들에 대한 이러한 '독점적·과점적 소유'가 바로 사치의 제1원리라고 할 수 있습니다.

그러면 민주사회로 알려져 온 고대 그리스 시민 남성들의 패션이랄 게 뭐가 있냐고요? 잘 알고 있듯 하나의 커다란 사각 천으로 온몸을 두르는 그리스 기본 의상 키톤 외에도, 이들에게는 값비싸고 화려한 특권적인 권력패션과 섹슈얼리티 패션이 있었습니다. 갑옷과 투구, 나체 스포츠웨어가 바로 이들의 대표적인 화려하고 값비싼 패션입니다. 물론 갑옷과 나체는 시민권을 가진 시민 남성만이 가능했던 특권적 복식으로서, 그들 이외 여성이나 노예, 외국인 등 다른 어느 누구도 넘볼 수 없었습니다. 또한 사치규제법보다 강력한 외모의 통치기구로서 노예에게 강제되었던 문신이 있었습니다. 더구나 시민 남성이라도 모두 다 갑옷과 나체를 할 수 있었던 것은 아닙니다. 아테네 군인계급이 4계급으로 나뉘었는데, 소크라테스와 플라톤이 각각 속했던 중장보병과 기마병은 갑옷과 투구를 썼던 반면, 그 아래 계급인 경보병과 궁수, (아테네 해상국가의) 노 젓는 사공은 그러지 못했으니까요. 이들은 시민이기는 하나 경제적으로 가난하여 생산노동에 임해야 하는 것은 물론이고 스스로 값비싼 갑옷을 마련 수 없었으니 말입니다. 그런 만큼 갑옷은 아주 값비싼 명품으로 여겨졌으며 지배계급의 권력을 부각시키는 역할을 했던 것입니다. 다시 말하자면, 갑옷과 나체를 했다는 것은 바로 중산층 이상의 시민 남성으로서 어느 정도 생산노동으로부터 자유로웠음을 의미합니다. 즉 이들의 갑옷과 나체, 그리고 심지어 소크라테스의 철학자룩조차도, 경제학자 소스타인 베블런T. Veblin이 그의 유명한《유한계급론》에서 말했듯이, '생산노동으로부터 자유'를 나타내는 사치의 제2원리를 대변합니다.

한편 지배세력은 외적이고 물리적인 화려함과 사치품들을 자신들이 독점하며 사치규제법을 세우고 나서도, 이러한 독점을 공고하게 만들기 위해 "외적 물리적 외모나 패션은 중요하지 않다. 허황된 허영이다"라는 수사학을 유포하며 지배담론과 도덕적 담론을 형성해왔습니다. 아주 당당한 모순 논리, 즉 내가 하면 로맨스요 남이 하면 불륜이 되는 그런 기묘한 수사학 작전이지요. 자신들이 세운 서

열화된 사회질서를 통치하기 위해서 지배세력은 불평등하고 차별적인 외모와 패션의 위계를 질서 지우면서 동시에 이러한 수사학을 통해 피지배자들의 내면과 정신에 대해서도 일종의 문화통치를 한 것이지요. 그리하여 역사적으로 지배권력은 '패션은 사치요 국가를 전쟁에 이르게 하는 부도덕하고 진실하지 못한 것' 등의 수사학과 논리를 문학이나 철학, 도덕과 윤리, 종교를 통해 피지배자들에게 끊임없이 교육시켜 왔습니다. 이런 교육 덕분에 정작 지배세력의 화려한 사치 패션은 당연하고 자연스럽게 느껴져 보이지 않습니다. 심지어 20세기에도 다음과 같은 수사학이 이어져 왔습니다. "패션은 피상적인 것으로서 가식적인 외양을 꾸미고 행동의 진짜 중요한 동기와는 관련이 없는 영역이자 행위로서 단순한 오락에 불과하다. 한마디로 패션은 인간과 인간의 삶의 본질과는 동떨어진 것, 인간과 인간의 삶의 본질을 속이는 겉치레이다"(게오르그 짐멜)라고 말입니다. 지배세력과 철학자들이 진리라는 이름으로 이러한 수사학을 주장해온 것입니다.

물질적인 호화로움과 거창한 화려함 앞에서 육체적·감정적으로 압도되거나 찬탄이 나오는 경험들을 해보셨을 겁니다. 사실 제아무리 정신이 물질보다 더 중요하다는 말을 듣고 또 들어도 시선과 감정, 온몸을 압도하는 이런 물리적 외관은 평범한 우리를 단숨에 제압하고 지배하기 마련입니다. 사람들은 해외여행에서 세계의 유물이나 문화재를 열심히 구경하며 감탄하곤 합니다. 그런데 많은 경우 인류 문화라는 것이 물리적으로나 물질적으로 스펙터클한 외형을 띠고 있습니다. 그중에는 박물관에 보관되어 있는 왕관이나 보물,

무기류, 복식 등등도 포함됩니다. 이런 구경을 하면서 혹시 의심해 보지는 않으셨나요? 그것들이 모두 인류의 정신이라고 하는데, 모두 화려한 물리적 외관을 띠고 있다는 사실입니다. 네, 그것들은 대부분 물질적인 것들이지요. 화려하고 사치스러운 물질적인 것, 물리적인 형태의 것이 인류의 정신적 자산이자 보물인 것처럼, 사실 인간의 외모와 패션을 둘러싼 물질적인 형태들도 바로 인간의 정신과 이성이 들어간 인간 역사의 산물입니다. 그러므로 외모를 가꾸거나 옷 입는 것 따위는 겉껍데기에 불과하고 사치에 불과하다는 담론은 이러한 현실과 비교해 볼 때 분명히 모순적입니다.

만일 이렇게 사람들을 압도하는 화려하고 값비싼 품목들을 누구나 가진다고 하면, 과연 서열이나 위계질서를 어떻게 세울 수 있을까요? 권력이 가능할까요? 불가능합니다. 그렇기 때문에 지배세력은 각 시대의 가장 값비싸고 화려한 사치품들을 이용해 자신들을 장식함으로써 권력을 드러내고 행사하며, 다른 한편 이 권력을 유지하기 위해 각 계급과 성, 인종에 맞는 패션 스타일을 질서 지워 온 것입니다. 권력자들이 이렇게 가장 사치스러운 화려함을 독점하면서 동시에 물리적·육체적인 폭력을 통해 피지배자들의 외모를 관리하며 지배해 왔다는 점에서, 전근대 사회의 지배권력은 외모차별주의에 기반한 패션정치를 행사해왔습니다. 동시에 지배를 위해 피지배자들에게 '패션은 사치'라는 수사학을 유포시키며 피지배자들의 패션 욕망과 저항을 억압하고 규제해왔다는 점에서 또한 지배세력은 외모차별주의를 은폐하는 패션정치를 행사해온 것입니다. 외모와 패션이야말로 가장 중요한 거시적·미시적 통치수단이자 정치력이었던 셈입니다. 그런데 민주주의가 된 지금도, 방식이 변화하기는 했지만 여전히 미시적인 패션정치 수사학은 우리 주변에 남아 있습니다. 그런 만큼 눈에 보이지 않는 패션정치와 패션권력이, 외모 차별주의의 흔적이 여전히 남아 있는 건지 모릅니다. 지금도 권력이 있을수록 혹은 재산이 많을수록 자신이 어떻게 보이는가, 그 권위적인 외관에 관심을 지대하게 두면서 많은 돈을 쓴다고 하니 말입니다. 외모와 패션을 통해 지위를 드러내며 권력적이고 싶어 하는 경우가 많기 때문이겠지요.

이러한 수사학이 정치적인 이유는 역사적으로 정작 값비싼 사치 품목들은 앞서 말씀드렸듯이 지배세력이 독점해놓고, '패션은 사치다'라는 논리는 윤리도덕이란 이름으로 피지배계급에게 집중 교육되기 때문입니다. 역설적으로 피지배계급을 향해, 사치품으로부터 소외된 타자를 향해 이러한 수사학이 이루어지며, 지배를 위해 피지배자들을 마음대로 조종한다는 점에서 이 수사학은 다분히 정치적이고 기만적입니다. 그럼에도 불구하고 역사적으로 이러한 전략은 매우 성공적이었던 것 같습니다.

때로 '패션=사치=국가패망=부도덕=비진실'이라는 공식이 성립될 정도입니다. 특히 이러한 수사학이 진실이나 진리처럼 통용된 결과, 오늘날까지도 패션은, 그 실제와 달리, 이론적·학문적으로 인생에서 한없이 낮고 쓸모없는 것, 가장 가치 없는 것으로 추락되어 있습니다. 그런데 패션을 한없이 가치 없는 것으로 본 사람들이 바로 고대 그리스 철학자들입니다. 정작 그들의 패션은 고대 그리스에서 완벽하게 사치스러운 패션권력에 속했는데 말입니다. 이런 점에서 물질적 지배를 하는 세력이 곧 정신적 사유의 헤게모니도 갖는다는 마르크스와 그람시의 지적은 아주 날카로운 통찰인 것 같습니다.

이쯤해서 서두에서 본 키노이두스의 패션 스타일을 다시 얘기해 볼까요? 우선 고대 그리스 패션에서 남녀복식의 구별이 없다는 기존의 패션 연구와 달리, 탄식하는 내용으로 볼 때 당시에도 남녀복식의 구분이 지금 시대만큼, 혹은 그 이상으로 뚜렷했음을 알 수 있습니다. 고대 그리스의 지배권력 입장에서 볼 때 시민 남성이 갑옷 대신 선홍색 키톤을 입는 것은 단순히 개인의 취향으로 봐 줄 문제가 아닙니다. 고대 그리스 시민 남성계급의 패션인 갑옷과 투구는 호메로스의 호전적인 남성적 이상, 영웅으로서의 남성성과 국가관을 대변하기 때문입니다. 그러므로 여자처럼 입은 키노이두스의 경우처럼 호전적 국가이념을 실천하는 남성적 인간상으로부터 일탈된 패션을 하는 것은 남자다움을 잃을 뿐 아니라 나아가 폴리스의 존립을 위태롭게 한다고 여겨진 것입니다.

더구나 이 탄식은 시민계급에 속하는 남성들에 대한 탄식입니다. 노예나 외국인에게 해당되는 탄식이 절대 아니니 말이지요. 이것은 고대 그리스 시대에도 이미 지배와 피지배라는 계급적 구별과 남녀 패션이 뚜렷하게 구별되었음을, 즉 외모의 불평등과 차별이 행해지고 있었음을 말해줍니다. 결국 키노이두스 옷차림은 한마디로 폴리스를 이끄는 지배세력의 정치학에 완전히 어긋났던 것입니다. 이것이 바로 외모와 패션이 단순하게 개인적인 취향과 치장의 문제 이전에 정치학의 문제라고 보는 이유입니다. 물론 키노이두스는 아주 제한적인 사례이기는 하지만, 그리스의 이상적 남성성, 남성다움에 미약하게나마 반기를 든 것이지요.

철학자들의 모순 : 패션의 타자성과 부정성

이 책은 체계적·이론적 방식보다는 '소크라테스가 말쑥한 데이트 룩을 했습니다'로부터 시작해서 누가 어떤 옷을 입었고 누가 화장을 했고 등등 작디작고 소소한 미시적인 이야기 방식, 말 그대로 스토리텔링 방식이 주를 이룹니다. 그래서 일단 누구나 아주 쉽게 이해할 수 있습니다. 이런 방법을 취한 이유는 옷이나 외모, 패션이라는 것이 좋아하는 사람을 만나러 갈 때의 설렘이나 대학 입학이나 취직을 위해 준비해 놓은 옷 한 벌을 수없이 들여다보며 느끼는 기대와 긴장처럼 일상의 소소하고 작은 행위나 습관들로 이루어져 있기 때문입니다. 화려한 런웨이나 거창한 제복 또는 왕의 복식만이 패션이 아니라는 이야기입니다.

우리 가까이 있기에 하찮게 보였던 이 소소하고 작은 이야기들은 그 자체로도 흥미롭지만, 이 작고 시시한 옷 이야기들이야말로 그 작음 때문에 이전의 큰 이야기들이 보여주지 못한 인간과 세계에 대한 다른 이야기들을 담고 있습니다. 그 작고 소소함 때문에 오히려 거대한 이야기들 속에 묻혀 있거나 잃어버렸던 사람들과 사물들, 세계가 보일 수 있는 거지요. 그 작음을 통해 패션과 인간에 대한 새로운 지평을 열어보여 줄 수 있을 테니까요. 이것들은 지금껏 우리가 알아왔던 정치, 국가, 법률, 도덕, 이성, 역사, 그리고 철학 등에 대한 다른 질서를 볼 수 있게 해줄 테니 말입니다. 그래서 이 작은 옷 이야기들은 마치 큰 도로에서는 보이지도 않고, 볼 수도 없는 마을의 진면목을 보여주는 작은 골목길 이야기가 되지 않을까 합니다. 사소하고 하찮은 듯 여겨지나 사실 사소하지 않은, 정작 큰길가에서는 보이지 않던 외모차별과 패션의 정치학을 둘러싼 인간 세계의 다양한 진면목들이 골목 골목 숨어 있을 수 있을지도 모르니 말이지요.

그래서 어쩌면 불편한 진실을 마주해야 할지도 모릅니다. 고대 그리스의 위대한 철학자들이 그 누구보다 자신들로부터 제거하고 싶었고, 그 무엇보다 부정하고 싶었던 진실 말입니다. 인본주의의 창시자들인 이들 철학자들 안에서, 그들이 비난해 마지않았고 부정하고 싶었던 타자성과 부정성을 바로 그들 안에서 가장 많이 발견할지도 모르니까요. 그들이 누군가를 X라는 이유로 맹렬하게 비난하고 공격했는데, 사실은 그 X를 그들이야말로 가장 많이 가지고 있었던 셈이니 말입니다. 그들은 패션을 사치라 여기며 그들 자신으로부터 아주 먼 것으로 여겼습니다. 그런데 앞으로 1부, 권력과 섹슈얼리티 이야기에서 보시겠지만 그들이야말로 고대 그리스에서 '진정한 사치'로서의 패션, 권력과 섹슈얼리티를 독점하고 지배하는 외모차별주의 패션의 중심에 있었습니다. 이들은 가장 화려하고 값비싼 품목을 독점적으로 소유했던 사람들이라는 점에서 사치의 제1원리를 그리고 생산노동에 관여하지 않는 자유를 누리는 의복들의 주인이라는 점에서 사치의 제2원리 모두를 충족시켰으니 말입니다. 그러므로 패션과 외모에 관한 이 작은 이야기들은 본의 아니게 전통적인 철학을 위반하는 결과를 가져올지도 모르겠습니다. 아마도 그래서 더더욱 이러한 패션 이야기는 금기시되어 왔는지도 모르겠습니다.

소크라테스, 멋지게 차려입고 어딜 가십니까? :
소크라테스 데이트룩의 의미

흔히 아이돌 팬들에게 하는 말이 있습니다. "너네 엑소는 방귀도 안 뀔 것 같지?" "트와이스는 화장실도 안갈 것 같지?" 당연히 엑소도 트와이스도 화장실 가고 방귀도 뀝니다. 그들도 이슬만 먹고 살지는 않으니까요. 그렇지만 그런 사실을 외면하고 싶은 것이 팬들의 마음인지 모릅니다. 그런데 다음 대화를 보면, 우리도 혹시 예상하지 못했던 소크라테스의 속마음을 들여다보고 당황스러워 하는 것이 아닌지 모르겠습니다.

"소크라테스, 멋지게 차려입고 어딜 가십니까?"
"아름다운(멋진) 사람을 만나러 가는 데 아름다운 자로 가네."

플라톤의 《향연》에 나오는 내용으로 거리에서 마주친 제자가 깜작 놀라 소크라테스에게 묻고, 소크라테스가 이에 답하는 장면입니다. 소크라테스가 보통 때와 달리 너무나 멋지게 차려입었기 때문에 놀라서 물었던 것입니다. 소크라테스나 아리스토텔레스가 위대한 지혜를 가진 현인들로 알려져 왔기에 혹시 우리는 그들도 이슬만 먹고 고고하게 살 것이라고 여겨온 것은 아닌지 모르겠습니다. 그래서 그들도 평범하고 모순적인 인간이라는 사실을 외면하고 싶은지도 모릅니다. 특히 아리스토텔레스가 미모와 지성을 갖춘 매춘부 앞에 무릎을 꿇는 모습을 보고, 또는 소크라테스가 아름다운 자를 만나러 갈 때, 설레는 마음으로 멋지게 차려입는 모습을 보고 놀

라다 못해 진실을 외면하고 싶을지도 모릅니다. '에이 설마~' 하고
말입니다.

　그러나 아름다운 사람, 사랑하는 이를 만나기 위해 옷차림과 외
모를 한껏 꾸미며 자신을 멋지게 치장하거나 다듬는 것은 인간의 삶에
서 당연한 권리입니다. 그것은 인간의 삶과 생명을 가장 빛나게 하
는 인간적인, 너무나 인간적인 권리로서 우리의 인간성을 구성합니
다. 그들도 우리처럼 이러한 스타일들을 통해 인간으로서의 자아의
충족, 자존감, 용기, 활력, 힘, 존재감, 자신감 등을 얻었을 테니 말이
지요. 그리고 바로 이런 스타일들의 감각과 자유, 감정들을 통해 아
테네의 문화, 예술이 가능했을지 모릅니다. 여성의 화장이나 남성의
데이트룩이 없었던 스파르타는 결국 군사문화 외 다른 어떤 문화도
남기지 못했던 것을 볼 때 말입니다. 여성의 화장이나 패션을 악마
의 작품이라고 금지시키는 오늘날의 이슬람국가IS가 그렇듯이, 이
것은 인본주의 문화라곤 없는 스파르타가 갖는 운명인 듯합니다. 이
러한 사실은 역설적으로 패션의 감각적 쾌락과 욕구, 즉 잘 보이고
싶고, 아름답게 혹은 멋지게 보이고 싶다는 욕구가 사소한 듯 보이
지만 얼마나 중요한 것인지를 보여줍니다. 즉 패션의 감각적 쾌락
과 욕구는 자신을 사랑할 수 있는 자신감과 자존감과 활력을 준다
는 면에서 인간답게 살 권리와 관련됩니다. 인본주의 문화라 할 만
한 것들은 군사적인 효용성과 실용적이고 이성적인 것 외에도 이렇
게 인간의 감각적이고 쾌락적인 욕구가 펼쳐지고 존중되어야만 발
전하는 것이니 말입니다. 이것이 소크라테스가 자신도 아름다운 자
로 간다고 자신감 넘치게 이야기하는 이유일 것입니다. 아테네의 조
각이나 회화, 연극이 그렇듯 우리의 이성뿐만 아니라 감각과 감정,

감성에 호소하는 것이야말로 인본주의의 기본일 테니까요.

패션인문학 : 금기에 대한 저항과 인본주의

고대 그리스, 그 오래된 과거의 패션 이야기를 하는 이유는 과거의 외모차별과 패션정치학을 통해 현재를 이해하기 위해서입니다. 다음과 같은 것들 말이지요. 첫째, 과거 지배권력들의 패션을 통해 패션이 지니고 있는 활력과 자존감, 명예, 과시, 유혹, 우월감과 질투, 설렘과 흥분 등등의 감각과 감성들이 우리에게 가져다주는 인간적인 가치들을 여실히 보여주고자 했습니다. 인류 역사상 가장 지적이고 정신적이었던 소크라테스와 플라톤, 아리스토텔레스에게도, 그들이 이를 의식했든 의식하지 못했든, 자존감과 활력을 주는 패션의 즐거움이 너무나도 생생하게 살아있었음을 확인할 수 있었으니 말입니다. 그들의 정신적 이데아론과 달리 그들의 패션에는 순수한 인간의 몸 존재를 승인하는 자기애와 즐거움, 두려움과 설렘, 긴장 등 살아있는 심장과 인간이 있습니다. 그들의 철학자룩, 남성적인 갑옷, 대담무쌍한 나체룩, 데이트룩이 그렇습니다. 특히 소크라테스의 데이트룩은 너무나 인간적입니다. 허름한 옷을 입고 광장에서 젊은이들에게 철학을 가르치는 데 여념이 없었을 것 같던 소크라테스가 평소와 달리 멋지게 차려입었던 감성은 어쩌면 아테네가 고대 그리스 국가들 중 인류에게 가장 많은 문화적 유산을 남길 수 있었던 힘인지도 모릅니다. 그리스 아테네의 인본주의 힘 말입니다. 이 점에서 소크라테스, 플라톤, 아리스토텔레스의 패션을 진심으로 응원합니다.

　그럼에도 불구하고 그들의 철학은 정치적인 지배의 위치에서 이러한 패션의 가치를 시민 남성에 한정시키고, 피지배자의 패션 욕망을 억압하며 외모차별 역사에 기여했다는 비판을 면하기 어렵습니다. 그들의 주장은 국가적 정치지배와 통제를 용이하게 해왔으니 말입니다. 즉 이들의 문제는 패션을 통한 인간존재의 긍정적 가치와 자기애, 그리고 행복 등을 오로지 시민 남성에 한정시키고 타자들의 자발적 패션을 억압하거나 폭력과 강제를 가했다는 점입니다. 자신들의 패션만을 자연스럽고 당연한 것으로 여기고, '사치'라는 이름으로 혹은 국가의 존망이나 도덕이라는 이름으로 타자들의 패션과 인간성을 억압했으니 말이지요.

　그런데 유감스럽게도 그들의 패션정치의 유산은 오늘날의 우리에게까지 남겨져 왔습니다. 패션은 허영이고 겉치레일 뿐 아니라 '여성들'이나 신경 쓰는 하잘것없는 것이란 통념으로 말입니다. 분명 민주화된 사회이고 의복도 함께 민주적이고 평등해졌음에도 불구하고 이전보다 나아지기는 했지만, 이러한 옛날 옛적 통념이 고정관념처럼 여전히 우리에게 남아 있는 이유는 무엇일까요? 무엇보다도 외모와 패션에 대한 철학적, 인문학적 고찰이 시대의 변화에도 불구하고 소크라테스 시대에 머물러 있기 때문입니다. 즉 이러한 고대 그리스부터 이어져 온 지배담론 때문에 패션에 대한 고정관념이 생겨나고, 이로 인해 인문학적이고 철학적인 고찰이 밀려나고, 그럼으로써 다시금 기존의 지배담론과 고정관념이 공고해져 왔던 것입니다. 즉 외모와 패션에 대한 지배논리만이 일방적인 순환과정을 거듭해 온 것입니다. 그래서 잘 차려입다가도 문득 내용 없는 허영으로 보일까

봐 우리는 책을 읽는 척하거나 책을 끼고 다니기도 하고 그럽니다. 패션의 시대니만큼 이전보다는 나아졌다고 해도, 까짓 통념쯤이야 하면서도 완전히 무시할 수 없는, 알 수 없는 불편함이 마음 한구석에 남아 있기 때문입니다. 겉만 가꾸지 말고 속을 채우라는 말을 워낙 많이 듣곤 하니 말이지요.

둘째, 이 패션이야기는 옛날 옛적 이야기를 통해 철학자들이 도덕적으로 비난하고 금기시하려 했던 여성들의 '사소한' 화장이 고대 그리스 사회의 지배논리에 균열과 위반을 일으켰던 저항이자 인간적 권리였음을 보여주고자 했습니다. 이 권리가 그들을 종속시키고 있는 고대 그리스 아테네 체제를 체계적으로 변화시킬 수 있었던 것은 물론 아닙니다. 그러나 그것은 적어도 고대 그리스 아테네의 전통적 규범에 따라 훈련된 존재방식과는 다른, 여성들이 겪는 경험, 인식, 소망의 의미, 그리고 그녀들 삶의 영역을 확보하고자 하는 움직임이었습니다. 고대 그리스 아테네는 순전히 시민 남성의 관심사, 즉 호메로스 시대로부터 이어져 온 영토 확장과 유지를 중심으로 이루어졌던 국가였기 때문에 여성이나 노예는 국가에 봉사하고 있으나 참여할 수 없는 존재였습니다.

그러므로 이러한 상황에서 이들 타자들의 화장이나 패션(욕망)은 권력에 대항하는 자신들만의 문화적 영토를 갖고자 했다는 점에서 미시적인 저항의 힘이라고 할 수 있습니다. 무엇보다도 이러한 힘들의 누적이 오늘날 민주화된 패션을 만들어온, 작지만 큰 역사적 동력이라고 할 수 있습니다. 지금도 어딘가에서 계속되고 있을 그 어떤 힘으로서 말입니다. 오늘날 거의 민주화되고 평등한 외모와 패션이 저절로 이루어진 것이 아니라 바로 이렇게 오래전 투쟁으로부터 시작된 것이니 말입니다. 결국 외모 꾸미기와 패션 안에 인간적 권리의 사소하고 미약한 주장과 저항의 힘이 들어 있었던 것입니다. 그러므로 외모와 패션은 독점과 지배의 정치학이기도 하지만 사실은 저항의 정치학이기도 합니다.

21세기, 이제 인문학과 철학은 '패션은 사치이며 겉치레 허영'이라는 오래된 전통적 시각에서 벗어나, 몸매를 다듬고, 외모를 가꾸고 화려하게 몸을 장식하는 패션의 기쁨과 쾌락에 대해서 인정해야 할 것 같습니다. 폐쇄적이고 일률적이며 철학적으로나 미학적으로 빈약한 것으로 인식되던 패션, 오늘날 상업적 (대중) 문화상품으로서의 패션이 지니는 이러한 힘에 대한 시각을 개방할 필요가 있습니다. 이러한 사실을 인정하지 않고 패션은 단순한 겉치레에 불과하며 여성적인 것이라거나 남성다움을 방해한다거나 혹은 지배이데올로기의 전달자에 불과하다고 비난하는 것은 패션이 지니는 '아래로부터 위로'의 저항 가능성마저 억압하는 것이니 말입니다. 그것은 곧 인간성의 자유로운 발현을 억압하게 되는 것이고요.

이제 외모와 패션을 통한 권력과 섹슈얼리티의 독점과 지배에 대해서, 그리고 이러한 독점과 지배가 가져오는 인간성의 억압에 대해 미시적 저항으로 나섰던 패션의 힘에 대해서 합당한 관심을 기울여야 할 때인 것 같습니다. 인간은 바로 외모와 패션의 존재이고 그럼으로써 인간으로서의 자존감과 존엄성을 지킬 수 있는 존재이니 말입니다.

제 1 부

권력과 섹슈얼리티

시민계급 이야기

제1장

아리스토텔레스, 여기서 이러시면 안 됩니다!

한스 발둥 그린, 〈아리스토텔레스와 필리스〉

아리스토텔레스, 여……, 여기서 이러시면 안 됩니다

그림 속 엎드린 채 벌거벗은 남자가 모든 체면을 던져 버리고 여자의 말이 되어 엉덩이를 맞고 있습니다. 남자는 재갈이 물린 채 엉금엉금 기면서 난감한 표정으로 관람자를 곁눈질하고 있으나 이미 사랑에 눈이 멀어 눈동자는 흐릿합니다. 반면 여인의 표정은 치열한 전투에서 승리를 거둔 장군이라도 되는 양 의기양양합니다. 그런데 엎드린 남자, 설마 아리스토텔레스? 네 맞습니다. 아리스토텔레스입니다.

아리스토텔레스, 여… 여… 여기서 이러시면 안 됩니다!

대철학자를 이렇게 바닥에 기어 다니게 하고, 그것도 여자를 등에 태우게 하고, 이게 대체 무슨 일인지 의아하실 겁니다. 이 그림은 1513년 한스 발둥 그린이 찍어낸 목판화입니다. 아리스토텔레스가 아름다운 헤타이라(고대 그리스의 고급 매춘부)인 필리스Phyllis의 말이

되었다는 우화를 그린 그림이지요. 원래 이 우화는 한스 발둥이 이 그림을 그린 것보다 훨씬 앞선 13세기 프랑스 노르망디 출신 앙리 당들리Henri d'Andeli의 〈아리스토텔레스의 시〉라는 글에서 유래합니다. 이 글에서 그는 아리스토텔레스의 사상을 서술하면서, 철학자가 아름다운 헤타이라인 필리스의 말이 되었다는 이야기를 선보입니다. 이 글이 담고 있는 너무나 파격적인 이야기 덕분에 이후 수많은 미술가들의 흥미를 끌게 되었으니, 그도 그럴 것이 이슬만 마시고 살 만큼 고고한 철학자가 매춘부의 희롱거리가 되었다는 우화 때문이지요. 덕분에 이 이야기는 소개되기 무섭게 중세인들과 르네상스인들의 인기를 독차지하게 됩니다.

팜므파탈, 패션과 아름다움이 철학을 채찍질하다

대체 어떤 연유로 한스 발둥은 위대한 철학자 아리스토텔레스를 감히 이렇게 묘사한 것일까요? 전하는 이야기에 따르면, 원래 그림 속 헤타이라 필리스는 알렉산더 대왕의 애인이었습니다. 아리스토텔레스는 여색에 빠져 있는 제자 알렉산더 대왕을 못마땅하게 생각해서 따끔하게 충고했다고 합니다. 물론 알렉산더 대왕은 스승 아리스토텔레스의 충고를 고분고분 받아들여 필리스와의 관계를 끝냈습니다. 그런데 이 이야기를 전해 들은 필리스가 당연히 가만있지 않았겠지요. 앙심을 품고는 당장 아리스토텔레스를 찾아가 그의 서재 앞에서 옷을 벗고 춤을 추면서 아리스토텔레스를 유혹했습니다. 물론 아리스토텔레스가 필리스에게 무릎을 꿇고 사랑을 고백한 것은 말할 것도 없지요. 그러나 그렇다고 필리스가 쉽사리 아리스토텔레스에게 '좋아요, 어서 오세요' 하고 받아들일 기분은 아니었지요. 그래서 필리스는 조건을 걸었습니다. 아리스토텔레스가 자신의 말이 되면 몸을 허락하겠다고 말입니다. 아리스토텔레스야 이미 그녀의 포로가 되었으니 군말 없이 그녀의 요구대로 말이 되어 줄 수밖에요. 이렇게 해서 대학자인 아리스토텔레스가 한낱 아름다운 여인의 교태에 굴복하여 애욕에 사로잡히게 된 것입니다. 그러자 이 소식을 들은 젊디젊은 알렉산더 대왕은 철학의 대명사로 통하던 스승의 이성마저도 사랑의 노예가 되어 한 여인 앞에 처참히 무너지는 것을 보고, 정말 여자를 멀리멀리 했다고 합니다.

이렇게 재미있는 가십거리는 오늘날에 들어도 귀가 번쩍 뜨이는 이야기입니다. 하물며 매체가 발달하지 않아 '9시 뉴스'조차 없던 시절, 얘깃거리에 굶주리던 당시엔 이런 달콤 쌉쌀한 사랑 이야기가 얼마나 많은 사람들을 현혹시켰을지 짐작이 가시겠지요. 덕분에 요즘의 SNS만큼 빠른 스피드로 이 이야기는 중세인에게, 그리고 르네상스인들에게 아주 널리널리 퍼졌습니다. 사실 이 이야기는 어디까지나 앙리 당들리가 만들어낸 이야기에 불과한데 말입니다. 그런데 이상한 점은 이 이야기가 대관절 어째서 고대 그리스가 아닌 중세 말 르네상스기에 나오게 된 걸일까요?

물론 거기엔 그럴 만한 이유가 있습니다. 그게 그러니까 고대 그리스에서는 철학자와 매춘부 이야기가 그렇게까지 사람들에게 일파만파 퍼져 나갈 만한 스캔들이 못되었기 때문입니다. 고대 그리스 남성이라면 헤타이라를 만나러 다니는 게 너무나 당연한 일이었기 때문에, 한 남자로서 철학자가 헤타이라를 만나러 다닌다 해도 뭐

그다지 별일이 아니어서, 딱히 흠잡힐 일도, 가십거리도 아니었던 거지요.

오히려 이 스토리의 임자는 따로 있었으니, 금욕적인 중세 기독교가 얼씨구나, 이 이야기를 반기며 덥석 물었습니다. 어찌 보면 "여색을 멀리하라"는 교훈을 담은 이 이야기가 교회로서는 교육적으로 높이 평가할 만했고, 그래서 교회의 주교들이 직접 나서서 이 이야기를 신도들에게 열심히 들려줄 정도였습니다. 근엄한 교회도 이럴진대, 특히 남의 사생활 이야기, 뒷얘기 좋아하는 사람들은 이 흥미로운 가십거리를 절대 놓칠 리 없었지요. 그중에 이런 주제에 특히 민감하게 반응한 자유로운 영혼의 소유자들이 바로 미술가들이었습니다. 미술가들이 이 흥미로운 주제의 파격성에 쾌재를 부르며 초고속 LTE급 통신망을 깔고 해외통신원 역할을 기꺼이 맡았던 겁니다. 이들이 이 주제의 파격성을 좋아한 것이 기독교 신도들에게 교훈적이어서인지 아니면 위엄 있는 철학자 이미지에 맞지 않는 선정적인 이야기여서인지는 알 수 없지만 말입니다.

그리하여 맨 먼저 중세 말에 활동한 화가 한스 발둥 그린이 발 벗고 나서서 이 익살스런 주제를 쉽게 찍어낼 수 있는 목판화로 옮겼고, 목판화의 무한복사기능 덕분에 이 이야기는 순식간에 여기저기 아주아주 먼 곳까지 퍼졌습니다. 그러자 기다렸다는 듯이 이 그림은 뭐 새로운 소식이 없나 고대하며 심심해하던 사람들에게 인스타그램 사진처럼 일파만파 퍼져 나간 것입니다. 이 이야기는 여러 가지 목판화 외에도 청동 조각 등 여러 가지 버전으로 복사되고 제작되면서 유럽 전역으로 퍼져 나갔습니다.

보시다시피 한스 발둥은 벌거벗은 필리스가 알몸의 아리스토텔레스를 채찍으로 후려치며 앞으로 몰고 가는 코믹한 순간을 묘사했습니다. 철학자의 등에 걸터앉은 필리스는 흐뭇한 미소를 지으며, 말이 된 아리스토텔레스의 재갈을 더욱 조이고 있습니다. 알렉산더 대왕 문제로 앙심을 품은 거야 이해하겠지만, 필리스는 달랑 그것 하나로 이렇게 기고만장하는 것일까요? 그랬기만 했다면 한스 발둥도, 중세인들도, 르네상스인들도 이렇게 열광하지 않았을 테지요. 그녀가 이토록 천하를 얻은 듯 기고만장해 있는 데에는 또 다른 이유가 있습니다. 왜냐하면 알렉산더 대왕 문제도 그렇지만 무엇보다도 평소 아리스토텔레스가 입이 닳도록 주야장창 여성비하 발언을 퍼부었던 장본인이었기 때문입니다. 그럼 대체 아리스토텔레스가 무슨 말을 했을까요?

아리스토텔레스의 딜레마 : 사치 비판 vs 내 사랑 헤타이라

아리스토텔레스는 플라톤이 선망해 마지않았던 이상국가와 그 모델로 제시된 스파르타를 아주 싫어했습니다. 잘 알다시피 스파르타에서는 여성들이 집 밖으로 자유롭게 돌아다니며 운동도 하는 등 남자들과 다를 바 없이 행동했습니다. 이에 대해 아리스토텔레스는 국가는 모름지기 남녀구별이 확실해야 하는데, 스파르타는 그렇지 못하다고 맹렬히 비난합니다. 왜냐하면 아리스토텔레스가 생각할 때, 모름지기 국가란 우월한 남자(시민)들로만 이루어진 것이어야 하는데, 여자가 저렇게 집 밖에서 운동을 하고 자유롭게 돌아다니니, 스파르타는 다른 그리스 국가들처럼 시민 남성들만을 위한 국가가 아니라 남자와 여자들로 이루어진 국가나 다름없기 때문입니다. 다시 말하자면 아리스토텔레스가 보기에 플라톤은 남녀평등이 가능하다고 주장한 것이나 다름없기 때문에 스파르타도 비난하고 플라톤의 입장도 비판하는 것입니다. 한마디로 아리스토텔레스는 여자는 시민 남성과 절대 동등할 수 없다. 뭐 이런 말씀을 하신 거지요.

> 여자들의 위치가 잘못 질서 지워져 있는 국가에서는 국가의 절반이 법의 영향을 받지 않는데, 실제로 그런 일이 스파르타에서 일어났다. 스파르타에서는 국가 전체를 강건하게 만들고 싶었던 입법자들이 남자들의 경우에는 법의 영향 아래 잘 다스렸으나 여자들은 소홀히 했기 때문이다. 그래서 **스파르타 여자들은 온갖 방종과 사치에 탐닉한다.**
>
> — 아리스토텔레스, 《정치학》

고대 그리스 사회는 철저하게 남성 중심적인 사회였기에 여성들의 일상은 대부분 집안에서 이루어졌고, 집 밖 출입을 거의 하지 못했습니다. 여성이 거리를 돌아다닌다는 것조차 정숙하지 못한 행동으로 여겨졌고, 시장을 보는 것도 남성들이나 노예가 대신했으니 축제일을 제외하곤 여성들이 거리로 오가며 남성이나 여성들과 교제할 일이 없었습니다.

그런데 그리스의 이러한 일반적인 사회 풍습과 전혀 다른 문화가 형성되었던 곳이 바로 스파르타였습니다. 스파르타 여성들의 생활은 다른 그리스 국가와 너무나 이질적이어서 놀람과 호기심의 대상이 되었으며, 또 지나치게 자유로운 여성들의 행동은 질시와 경멸을 한 몸에 받았습니다. 스파르타 여성들은 집안일을 노예들이 도맡아

한 덕분에 가사노동에서 해방되어 운동이며 집 밖 활동이 자유로웠던 것이지요. 그리스 도시국가의 여성들은 여성의 덕목으로 여겨진 길쌈을 하느라 온종일 집안일에 묶여 있었던 반면, 스파르타 여인들은 옷감을 짜는 일 따위는 노예에게나 어울리는 일이라 여겼습니다. 물론 이렇게 스파르타 여성들이 전통적인 여성의 소임에서 해방될 수 있었던 것은 스파르타가 사회와 가정의 모든 노동을 노예인 헤일로타이에게 맡겨도 될 만큼, 다른 폴리스에 비해 엄청난 수의 노예를 거느린 나라였기 때문이지요.

앞의 인용문에서 아리스토텔레스는 스파르타 여성들이 자유스럽게 운동하며 밖으로 돌아다니는 것을 방종일 뿐 아니라 사치라고 비난하고 있습니다. 그는 스파르타 여성들이 사치에 탐닉했다고 말하는데, 사실 스파르타 여성들에게는 몸치장이 전혀 허용되지 않았습니다. 사회 기풍 자체가 매우 검소했기 때문에 여성들이 치장하거나 보석류를 걸치는 것이 허용되지 않았던 것입니다. 심지어 그리스 여성들이 쓰던 화장품이나 향수를 쓰는 것조차 허락되지 않았습니다.

사치와 화장의 대명사 헤타이라는 코린트 시에 살았는데, 검소하기 짝이 없는 스파르타 여성들을 사치스럽다고 비난하고 있으니 아리스토텔레스가 뭔가 잘못 생각해도 한참 잘못 생각하고 있는 것 같습니다. 당시에는 아마도 방종보다 사치가 더 비난의 강도가 큰 말이었거나, 여성에게 가하는 최악의 비난이었을 수 있습니다. 그래서 여자가 집안에서 일이나 하지 않고 집 밖으로 돌아다니는 것 자체를 사치스럽다고 보았던 것 같습니다. 사실 윤리적 판단인 '방종'과 달리 '사치'는 경제적 범주의 판단인데도 불구하고 아리스토텔레스는 '사치'라는 경제적 범주의 용어를 윤리적·도덕적 범주의 용어와 혼동하여 사용하며 비난하고 있는 것이지요. 요컨대 남성은 우월하고 여성은 그 남성의 지배를 받아야 한다고 주장하는 아리스토텔레스가 볼 때, 스파르타 여성이 이렇듯 집 밖에서 남자들처럼 운동한다는 사실만으로도 이미 도덕적으로 타락천사가 아닐 수 없었을지 모릅니다.

사실 아리스토텔레스가 스파르타 여성들이 방종하다느니 사치한다느니 말하는 이유는 따로 있습니다. 스파르타 여성들의 삶의 방식이 다른 그리스 여인들과 달라도 너무 다르기 때문이지요. 보수적인 일반 그리스인들과 아리스토텔레스가 볼 때, 스파르타 여성들은 남성들처럼 자유롭게 달리기와 레슬링, 투원반, 투창 등의 격렬한 운동을 했고 남자들과도 자유롭게 어울렸습니다. 우리나라의 조선시대와 다를 바 없어 문밖출입도 겨우 허용되었던 다른 폴리스 여성들과 비교할 때, 이건 정말이지 방종과 사치도 이런 방종과 사치가 없다고 이야기하는 것입니다.

그런데 아리스토텔레스의 이런 관점은 아리스토텔레스만의 독특한 생각이라기보다는 당시 평범한 그리스 시민 남성들의 일반적 통념입니다. 아리스토텔레스는 이를 대변한 것이라고 할 수 있지요.

또 다른 면에서 보면, 아리스토텔레스는 여성들의 사치를 방종으로 보아 비판하고 있는데, 사실 사치의 대명사하면 고급 매춘부인 헤타이라를 빼놓을 수 없습니다. 일반 그리스 여성들에게는 금지되어 있던 진한 도화살 화장이며 과감한 드레스와 같은 꽃단장 몸치장을 했던 그녀들이니까요. 직업이 직업이니만큼 말입니다. 그런데 과연 헤타이라들이 진한 화장과 선정적이고 섹시한 패션을 하지 않았다면, 아리스토텔레스와 같은 철학자나 다른 정치가 등 당대 엘리트 남성들이 그녀들과 지적인 친교를 하러 큰돈을 들고 만나러 갔을까요? 아리스토텔레스는 과연 필리스에게 빠졌을까요?

화장이나 패션이란 참 이상합니다. 쉽게 천시하면서도 누구나 눈길과 발길을 돌리게 하니 말이지요. 화장이나 패션은 분명 겉치레에 불과한 것 같은데 어떤 매혹적인 힘이나 마력 또한 지닌 것 같습니다. 화려한 색채와 눈에 띄는 형태와 디자인 같은 것들이 분명 여성의 매력을—남성의 매력도—배가시켜주니 말입니다. 무슨 이유에선지 모르게 자신도 끌리면서도, 이런 화장, 옷, 패션을 아리스토텔레스는 여성의 사치라며 비난합니다. 그러나 정작 아리스토텔레스 자신은 사치의 대명사인 헤타이라 필리스와 사랑에 빠져 실제 결혼을 했습니다. 그의 현실은 이론과 꽤 모순되어 보이는데, 아마도 원래 이론과 현실 간의 일치란 어려운 것이기 때문일까요?

그렇지만 참 이상하긴 합니다. 왜 사치를 비난하면서 사치하는 여성에게 흠뻑 빠지는 것일까요? 만일, 정말 만일 화장하고 몸치장하는 패션 행위가 한낱 사치고 방종이라면 말입니다. 왠지 이런 아이러니는 우리를 불편하게 합니다. 지금도 화장이나 패션 등 외모를 꾸미는 일은 하찮은 일 따위로 치부됩니다. 그런데 왜 하찮다고 비난하면서 점잖은 그리스 인텔리들이 이 하찮은 것을 가장 많이 하는 헤타이라에게 모여드는 것일까요? 그리고 보면 외모와 패션에는 분명 인간의 떨쳐버릴 수 없는 욕망과 열망의 그 무엇인가 특별한 것이 있음에 틀림없습니다. 금은보화는 누구나 욕망하는 것입니다. 권력도 그렇습니다. 금은보화와 권력에 대해서도 회의하는 사람들이 있기는 하지만, 대체로는 긍정적입니다. 그런데 외모와 패션은 싸잡아 비난하면서 동시에 몰려드는 욕망들의 크기가 엄청나게 큽니다.

그렇다면 거기엔 그럴 만한 이유, 그 어떤 복잡한 사정이 있는 것이 아닌지 모르겠습니다. 아마도 이런 모순에는 반드시 그 이유가 있지 않을까요? 이 책은 그 이유를 찾아 멀고 먼 고대 그리스 시대까지 여행을 떠나보려 합니다. 우선 아리스토텔레스의 옷 스타일은 어떤지 한 번 살펴볼까요?

아리스토텔레스와 그의 패션 ABC 센스

기원전 384년 그리스 식민지 스타기로스의 작은 마을에서 태어난 아리스토텔레스는 방대한 분야에 걸쳐 수많은 저작을 남긴 고대 그리스 철학자입니다. 철학을 모르는 사람들도 익히 이름은 들어 보았을 만큼 엄청나게 유명한 철학자이지요. 흉상 조각으로 남아 있는 아리스토텔레스의 모습은 아주 잘 생기고 세련되어 보입니다.

그러나 한 자료에 따르면, 가문 좋은 귀족 출신의 아리스토텔레스에게는 유감스럽게도 한 가지 신체적 결함이 있었다고 합니다. 당시 그리스 남자라면 우월한 신체, 단련된 근육을 뽐내야 마땅하나 아리스토텔레스는 가늘고 긴 다리에 혀 짧은 소리를 냈다 합니다. 소크라테스는 젊은 사람들 다 쓰러질 때까지 밤새 술 마셔도 아침에 거뜬하게 일어났고, 전쟁터에서도 남들보다 얇은 옷과 맨발로 전투에 참여할 만큼 아주 건강한 신체를 갖고 있었습니다. 플라톤은 아예 레슬링이나 잔인하다고 알려진 판크라티온 경기에 나가 승리할 만큼 신체적으로 자신감이 넘쳤고, 아주 건장했습니다. 플라톤 역시 소크라테스처럼 전장에 나간 군인이기도 했습니다. 이들 철학자들을 비롯해 시민 남성들의 분위기가 이러하니만큼 아리스토텔레스로서는 자신이 가늘고 긴 다리를 가진 것을 어떻게 해서든 숨기고 싶어 할 수밖에 없었던 것으로 보입니다. 신체적 약점을 감추고 싶어 하는 오늘날의 우리들처럼 말입니다. 하물며 남성의 우월함을 주장했다면 더더욱 말이지요.

사실 아리스토텔레스는 꽤 잘나가는 귀족 집안 출신이자 대철학자지만, 이런 신체적 고민 말고도 또 다른 말 못할 설움이 하나 더 있었습니다. 고대 그리스의 아테네에서는 부모 양쪽이 모두 아테네 태생이 아니면 시민으로서 인정받지 못했습니다. 남성이라도 외국인이거나 부모 한쪽이 아테네인이 아닐 경우 차별이 심했습니다. 세금을 아무리 많이 내고, 해상국가로서 아테네의 패권을 유지하기 위한 배 건조에 거금을 투척해도 외국인, 즉 아테네 출생이 아닌 사람에게는 시민권을 내주지 않았습니다. 로마가 로마동맹국가 시민들에게도 시민권을 부여하거나 때론 노예들에게도 전공을 세우면 시민권을 부여했던 포용정책을 펼친 것과는 달리 아테네의 시민권 제도는 아주 폐쇄적이어서, 부모 양쪽이 모두 아테네인이어야 하는 순혈주의를 고집했기 때문입니다. 아리스토텔레스는 아테네 출신이 아니기 때문에 바로 이러한 아테네의 순혈주의로 인해 설움을 많이 느껴야 했습니다.

그래서 그런지 아리스토텔레스는 자신의 신체적 결함과 비 아테네인이라는 약점을 만회하기 위해 아주 좋은 옷을 입고 고급 신을 신었다고 합니다. 자신의 결점을 감출 수 있는 센스와 함께 경제적 여력이 뒷받침되었기 때문입니다. 앞으로 보게 될 소크라테스의 '맨발 스트리트 스타일'과 대조적입니다. 물론 아버지가 스타기로스에 물려준 많은 재산이 있었기 때문에 아리스토텔레스의 이런 고급스러운 스타일이 가능했던 거지요. 아리스토텔레스의 아버지 니코마코스는 마케도니아 필리포스 2세의 아버지이자 알렉산더 대왕의 할아버지인 아민타스 3세의 주치의였습니다. 당시 의술은 가업을 잇는 전통적 직업이었기 때문에 아리스토텔레스도 의술을 배웠을 가능성이 큽니다. 훗날 아리스토텔레스가 세운 학교인 리케이온에서도 의술과 실제 의료 행위 연구가 있었던 것으로 알려져 있기도 하지요. 이와 같이 어릴 때부터 의술과 마케도니아의 궁정 생활을 접한 탓에 아리스토텔레스는 생물학의 영향이 강한 철학 사상을 내놓았던 반면, 명확히 이유는 알 수 없지만 왕자들과 궁정에 대해서는 깊은 혐오감을 여러 번 표현했다고 합니다. 아리스토텔레스 모습 좀 보실까요?

옆의 조각상에서 아리스토텔레스의 키톤*은 여느 그리스인들처럼 오른쪽 어깨에 파볼라로 사각의 천을 이어주고 있습니다. 비록 조각상이지만 소재가 아주 고급스러워 보입니다. 2장에서 다룰 소크라테스의 조각상에서 나타나는 패션 스타일과 비교해 보면, 옷 태가

아리스토텔레스 조각상

• 키톤(chiton): 고대 그리스에서 착용되었던 가장 기본적인 의상으로 한 장의 장방형 천을 둘로 접고 어깨에서 핀 같은 것(파볼라)으로 여밉니다. 옆은 벌린 채로 두든가 핀 등으로 여미고 허리에 끈을 매어 위를 끌어올리고 스커트 부분에도 드레이프를 냅니다. 남성용은 무릎까지의 짧은 것이고, 여성용은 긴 것이 많고, 도리아식과 이오니아식이 있습니다. 8장의 그림들 참조.

완전 다릅니다. 부자 아버지 덕도 있고, 또 궁정생활을 접한 덕분에 아주 세련되고 고급스러운 감각으로 좋은 옷과 신발을 신을 수 있었던 덕분입니다. 일반적으로 철학자는 고상해서 좋은 옷 따위에는 신경도 쓰지 않을 것 같은데 말이지요. 그게 다 우리의 편견 혹은 고정관념인가 봅니다. 아리스토텔레스는 아주 좋은 옷을 입고 고급 신을 신음으로써 신체의 결점을 가리고자 했으니 말입니다. 그리고 자신의 결점을 가리고 장점을 부각시키는 것이 패션의 ABC란 점에서 아리스토텔레스는 패션에 대해 뭘 좀 아는 감각적인 남자인 게 분명해 보입니다. 패셔니스타 헤타이라를 선택한 것도 그렇고 말입니다. 물론 아리스토텔레스는 학자답게 책을 모으는 데도 돈을 엄청나게 써서, 명문 귀족 집안 출신이자 부자에 속했던 플라톤도 그런 아리스토텔레스를 부러워하며 책벌레라고 부르기도 했다고 합니다.

아리스토텔레스와 헤타이라의 러브스토리

필리스 이야기를 하자니 헤타이라에 대한 소개를 좀 해야겠습니다. 헤타이라는 우아하고 세련된 최신의 꽃단장 옷차림에, 말과 행동이 고상하고 눈부시게 아름다운 자태로 고대 그리스 뭇 남성들에게 성적 쾌락을 제공하던 코린트 시市의 고급 매춘부입니다. 위대한 철학자 아리스토텔레스를 굴복시키며 자신의 자존심을 살린 필리스도 물론 코린트 시의 유명한 헤타이라 중 한 사람이지요. 유감스럽게도 그림 속 아리스토텔레스는 그녀의 아름다운 패션과 미모 앞에서 한없이 무력한 이성적 철학의 본성을 적나라하게 드러내 보이고 있습니다. 물론 그림 속 상황 그 자체는 사실이 아닙니다. 이것은 어디까지나 중세인들과 르네상스인들이 상황을 좀 더 과장해서 만들어낸 우화라고 할 수 있습니다. 다만, 다만 그 과장과 우화가 역사적으로 근거를 가지고 있다는 게 아리스토텔레스에게 치명적이기는 하지만 말입니다. 왜냐하면 아리스토텔레스는 결국 필리스와 함께 살았기 때문에 빼도 박도 못하게끔 이 우화의 근거를 제공하고 있으니까요.

고대 그리스가 남성 중심 사회이기는 하지만, 아리스토텔레스는 특히 여성을 비하하는 주장을 노골적으로 펼쳤습니다. 소크라테스나 플라톤과 달리 말이지요. 사실 아리스토텔레스의 여성 비하 글은 아리스토텔레스만의 독자적인 사고라기보다는 당대 그리스인들의 사고 그대로이긴 하지만 말입니다. 다른 한편 아리스토텔레스는 당시 고급 매춘부 헤타이라와 사랑을 나누고 싶은 강한 욕망을 숨기지 않았습니다. 사실 당시 돈 있는 시민 남성이라면 누구든 자유롭게 돈 싸들고 코린트 시로 가서 헤타이라의 집에 드나들었습니다. 그리고 이건 고대 그리스 도덕에 전혀 어긋나지 않았습니다. 그런데 당시에는 도통 문제가 안 되던 아리스토텔레스의 언행이 뒤늦게, 그것도 무려 천여 년이나 훌쩍 지난 중세에 와서 세상을 발칵 뒤집었으니, 아마도 아리스토텔레스 본인에게 이 소식이 전해졌다면 좀 억울했을 거 같습니다.

하지만 아리스토텔레스와 필리스와의 관계가 금욕적인 기독교 세계관에서는 심각한 도덕적 문제였으니 꼼짝없이 그 그물망에 걸려든 셈입니다. 서양 중세나 르네상스 기독교도들에게 아리스토텔레스의 태도는 너무나도 명백하게 부도덕적인 행실로 보였으니 말이지요. 시대나 사회마다 도덕이라는 것이 변모한다는 사실을 고대 그리스인들이나 아리스토텔레스는 알 턱이 없었으니 말입니다. 그러나 어찌됐든 기독교도들의 관심 덕분에 아리스토텔레스에 관한 이러한 일화는 오늘날 우리에게도 전해지게 된 것 같습니다. 그들이 아니었다면 이 이야기는 묻혀버렸을지 모르니까요.

그렇다면 아리스토텔레스는 앞서 국가 안에서 남녀의 역할을 확실히 구별한 것 외에 여성에 대해서 어떻게 비하를 한 것일까요? 성풍속사가 파울 프리샤우어Paul Frischauer에 따르면, 아리스토텔레스는 여성의 열등함을 자연과학적으로 주장했다고 합니다. 그러면서 마치 불평하면서도 물건을 사는 고객처럼 헤타이라들과 교제했다는 것이지요. 어쨌든 아리스토텔레스는 여성의 열등함을 학문적으로 증명하려 했으면서도 동시에 등 뒤에 안장을 얹고 채찍을 맞으며 두 팔과 두 다리로 엎드려 아름다운 필리스의 말이 되어 주었다는 우화를 후세에 남기게 되었습니다.

그리고 필리스는 여성을 멸시하면서도 결코 여성을 떠나서는 살 수 없는 철학자의 위선과 이중성을 통쾌하게 깨부수는 역할을 한 셈입니다. 지성을 배반하는 육체, 이성을 조롱하는 열정, 욕망을 억압하면서도 끝없는 쾌락을 갈구하는 철학자, 그리고 그런 괴리와 딜레마를 안겨 준 철학과 패션의 현주소가 바로 필리스와 아리스토텔레스의 관계라고 할 수 있습니다. 아름다움이 지와 철학을 이긴 셈이지요. 이론은 이론일 뿐, 현실을 이기진 못한 셈이니까요.

고대 최고의 패션피플 헤타이라를 사랑한
철학자들과 예술가들, 그리고 정치가들

아마도 당시에는 이러한 이론과 현실의 괴리가 대수롭지 않게 여겨지거나 아예 문제로 여겨지지 않았을 수 있습니다. 당시 헤타이라들의 여성적이고 섹시한 패션 스타일을 사랑해 마지않았던 남자가 아리스토텔레스만이 아니니까요. 말이 매춘부지 당시 헤타이라들은 일반 매춘부들과는 비교도 할 수 없을 만큼 고액을 요구했다고 합니다. 그래서 코린트 시에 있는 헤타이라의 집은 같은 남성이라도 웬만큼 부자가 아니면 드나들 수 없는 곳이었습니다. 그런데 당대 내놓으라 하는 정치가들과 예술가들뿐 아니라, 우리가 존경해마지 않는 소크라테스와 플라톤, 아리스토텔레스도 헤타이라 집에 드나들었다고 합니다. 소크라테스가 플라톤이나 아리스토텔레스만큼 부자 귀족은 아니었다고는 해도 헤타이라의 집에 돈 싸들고 갈 수 있었으니, 그가 소문처럼 그렇게 가난했던 것은 아닌 것 같습니다. 모두들 사상적으로야 위대한 거인들이지만, 시대적 트렌드 또한 외면하지 않고 함께하는 평범한 한 남자들이기도 했던 것 같습니다.

정치가 페리클레스도 아스파시아라는 헤타이라와 두 번째 결혼해 아들을 낳아 함께 살았습니다. 페리클레스도 우화가 있느냐고요? 아니요. 없습니다. 아리스토텔레스처럼 여성을 자연과학적으로 열등하다고 주장해놓고 행동은 이와 다른, 표리부동한 모습을 보인 것은 아니기 때문입니다. 트집 잡힐 게 없는 거지요. 다만 페리클레스는 자신이 개정한 아테네 법에 따라 자신과 아스파시아와의 사이에서 낳은 아들이 아테네 시민권을 인정받을 수 없게 되자, 민회에 신청을 해서 끝내 아들의 시민권을 얻어냈습니다. 아테네에서 아테네 출생이 아닌 사람들은 외국인으로 취급받았고, 그들은 아무리 국가에 기여를 해도 시민권을 받지 못했습니다. 이런 경우를 감안하면 페리클레스의 경우는 확실히 특혜를 받은 것이지요.

우리가 익히 보아 온 〈원반 던지는 남자〉 조각상을 남긴 기원전 5세기 경 조각가 미론 역시 헤타이라인 라이스에게 홀딱 반해 한껏 멋을 부리고 그녀 앞에 섰다는 이야기가 전해집니다. 라이스가 그에게 시큰둥한 반응을 보이자, 다음 날 미론은 그녀에게 잘 보이기 위해 수염을 깎고, 금목걸이를 하고, 금허리띠가 달린 진홍색 키톤을 근사하게 차려입고 그녀를 다시 찾아갔다고 합니다. 그러자 라이스는 말끔하게 수염을 깎고 진홍색 키톤에, 액세서리로 잔뜩 치장을 한 예술가를 내키지 않는 눈길로 바라보며 이렇게 말했습니다. "아버지에게 거절했던 것을 차마 아들에게도 할 수는 없군요."

라이스는 잔뜩 치장을 하고 온 미론을 아들이라고 착각한 것이거나 아니면 그렇게 착각한 척 농담하며 받아 준 것입니다. 패션이란 게 뭔지, 그건 확실히 여자의 마음도 움직이게 하는 것 같습니다. 아리스토텔레스의 경우처럼 여자의 패션과 스타일이 남자의 마음만 사로잡는 것이 아니라, 남자의 스타일 역시 여자의 마음을 사는 것 같으니 말입니다.

아리스토텔레스를 위한 변명

말씀드렸듯이 사실 아리스토텔레스와 필리스 간의 우화를 묘사한 것은 한스 발둥만이 아닙니다. 한스 발둥 이후 너 나 할 것 없이 여기저기서 그림이나 조각으로 발표되었습니다. 소재가 워낙 흥밋거리이다보니 그럴 만도 하지요. 65쪽 사진은 아리스토텔레스와 필리스 일화를 묘사한 청동 조각입니다. 여인을 태우고 졸지에 말 노릇을 하는 이 남자 역시 아리스토텔레스입니다. 전하는 바에 따르면, 아리스토텔레스가 사랑하는 헤타이라 필리스는 정말 알렉산더 대왕의 애인이었다고 합니다.

역사적으로 위대한 철학자나 사상가들이 이론과 실제 사이의 괴리를 보여주는 것은 자연스러울 만큼 흔한 일이지만, 이렇게 아버지 때부터 왕실과 가깝고 왕실의 신임이 두터웠던 금수저 출신의 고귀한 철학자 아리스토텔레스가 당대의 아름다움과 패션을 대표하는 헤타이라에게 무너진 이야기는 확실히 사람들의 이목을 끌 만합니다. 그래도 아리스토텔레스에 대한 진실을 말씀드리자면, 앙리 당드리의 이야기와 동일한 것은 아니지만 결국 필리스와 함께 살았고, 둘 사이에 니코마코스라는 아들을 두었다고 합니다.

아리스토텔레스는 필리스를 만나기 전 이미 결혼을 했습니다. 아리스토텔레스는 자신의 후견자 헤르메이아스와 좋은 관계를 유지했는데, 바로 그 후견자의 조카딸 피티아스와 결혼하여 딸을 얻었던 것이지요. 아리스토텔레스의 《정치학》에는 이상적인 결혼 나이를 남편은 서른일곱 살, 아내는 열여덟 살로 규정한 대목이 있는데, 아리스토텔레스가 실제 결혼했던 나이가 서른일곱 살이었습니

64

〈아리스토텔레스와 필리스〉
(1400년경 제작, 작가불명, 뉴욕 메트로폴리탄 미술관 소장)

다. 대체로 당시 처녀들이 열여덟 살쯤 결혼했다고 하니 피티아스도
아마 그 나이쯤이었을 것으로 보입니다. 그렇지만 결혼 후 피티아스
는 오래 살지 못했다고 합니다. 그래서 그녀가 죽은 뒤 아리스토텔
레스는 필리스와 함께 살았던 것이지요. 그리고 아리스토텔레스는
필리스와의 사이에서 니코마코스라는 자식을 얻었고, 죽을 때까지
그녀를 사랑했다고 합니다. 아리스토텔레스의 저서《니코마코스 윤
리학》은 리시움에서 했던 강의노트를 바탕으로 하여 정리된 책인데
요. 이 책은 아리스토텔레스가 아들인 니코마코스를 위해 쓴 것이라
고도 하고 아리스토텔레스 사후 그 아들인 니코마코스에 의해 편집
된 것이라고도 합니다.

이런 사실로 인해 아리스토텔레스와 필리스의 이야기는 후대인들에게 풍자와 우화의 대상이 되는 것을 피할 수는 없었겠지만, 이런 진실은 말할 수 있을 것 같습니다. 중세 말 르네상스 초, 이 이야기를 우화로 삼아 다양한 목판화와 청동상 등이 퍼지게 된 데는 아리스토텔레스에 대한 숭배와 더불어 대철학자의 한계도 동시에 볼 수 있었던 눈이 있었던 것 아닐까 하고 말입니다. 생물학적으로, 철학적으로 열심히 여성의 열등성을 주장했던 아리스토텔레스도 평범한 일상에서는 솔직한 인간적인 면모를 지닌 남자라는 사실을 르네상스인들은 꿰뚫어 볼 줄 알았던 것 같으니 말이지요. 분명 위대한 철학자도 일상의 삶에서는 보통의 평범한 남자일지 모르니까요. 더구나 그가 철학적으로 어떤 엄청난 이론을 주장했다고 해서 모든 행동을 모두 자신이 주장하는 이론대로 살 수 있는 것은 아니니까요.

　그리고 이 우화는 이 책의 주요 주제인 패션과 관련되어 다음과 같은 의문을 품게 합니다. 꾸며 놓은 여성의 아름다움, 즉 패션에 능통했던 헤타이라의 아름다움은 당시 집안에 갇혀 있던 시민 남성의 딸들이나 아내들과는 확실히 비교도 할 수 없을 만큼 매력적이지 않았을까요? 왜냐하면 외모를 꾸미고 화려하고 눈에 띄게 치장한다는 것은 확실히 누군가의 심장을 유혹하며 세상을 매혹적으로 만드는 힘이 있는 것 같으니 말입니다. 이성과 철학을 넘어설 만큼 말입니다. 아마도 외모와 패션은 그런 거 아닐까요? 거기 어디쯤 말입니다. 물론 아름다워서 꾸미는 것이라기보다는 꾸미고 다듬기 때문에 매력적이고 아름답게 되는 거겠지요.

고대 그리스 외모와 패션의 정치학

아리스토텔레스와 필리스의 우화는 패션과 여성을 멸시하고 비난하면서도 자신 역시 패션의 ABC를 따라 고급스러운 스타일을 즐겼을 뿐 아니라 아름답게 치장한 패셔니스타를 선택한 어느 위대한 철학자의 아이러니를 보여줍니다. 말이 바른 말이지 사실 헤타이라들은 고대 그리스에서 최고로 잘나가는 패셔니스타, 패션 피플입니다. 만일 그녀들이 이집트 등 해외에서 직수입한 따끈따끈한 최신 패션 정보와 독창적인 화장법으로 자신들의 외모를 화려하게 가꾸지 않았다면, 과연 당대 잘나가는 셀러브리티 남자들과 아리스토텔레스가 그녀들을 찾아가거나 사랑에 빠졌을까요? 단지 그녀들의 기예를 보려고 그런 수고를 했을까요?

아리스토텔레스의 형이상학, 정치학, 생물학, 미학 등등은 지금도 여전히 그 이름을 떨치고 있습니다. 그런데 아리스토텔레스와 헤타이라 필리스와의 이야기 역시 단순한 해프닝이거나 가십에 머물지 않는 것 같습니다. 패션과 외모의 문제에서 보인 아리스토텔레스의 모순적인 행동은 단순히 이론과 실천의 불일치 이상의 의미가 있으니 말입니다. 여성의 사치를 비난하면서도 정작 자신은 일반 여성들과 비교할 때 정말이지 화려하고 사치스러운 치장을 한 헤타이라의 매력에 빠졌다는 사실은 단순히 철학자 한 사람의 한계나 모순의 문제가 아닙니다. 더구나 헤타이라를 찾아간 사람이 아리스토텔레스 혼자만이 아니라 당대 내놓으라 하는 정치가, 예술가, 철학자가 포함되었다면 말입니다. 즉 헤타이라처럼 꾸미고 치장하는 패션과 외모에는 그것을 단순히 사치라거나 하찮은 것으로만 볼 수 없는 인간의 내밀한 욕망이나 본능적인 충동, 즉 인간을 인간답게 하는 어떤 것들이 관계되어 있거나 숨겨져 있을 수 있다는 것이지요.

특히 고대 그리스에서 패션과 화장은 누구에게는 허락되고, 다른 누군가에게는 허용되지 않았습니다. 여성의 화장과 패션의 질서가 뚜렷하게 세워진 것이지요. 이렇게 사회적으로, 공적으로 여성 외모의 질서를 세워 놓고 시민 남성들은 짙은 화장과 화려한 패션을 찾아갔고 사랑에 빠졌습니다. 거기에는 인간의 내밀한 욕망이나 충동을 충족시켜 줄 화려하고 노골적인 섹슈얼리티가 판매되고 있었으니 말입니다. 그것도 성적 대상으로서의 여성성을 극대화해서 포장한 외모와 패션이 있었으니 말입니다. 섹슈얼리티가 외모와 패션의 모든 것은 아닙니다. 그렇지만, 지금 아리스토텔레스와 필리스의 관계에서는 인간의 다른 어떤 영역보다도 화려한 치장의 외모와 패션 영역이 섹슈얼리티의 강력한 동력을 보여주고 있다고 할 수 있을 것 같습니다.

일반적으로 섹슈얼리티는 남녀의 역학 관계에 따라 구조 지어집니다. 그래서 어느 한쪽이 다른 쪽 성을 지배하거나 억압할 때 성性의 정치와 권력관계가 성립되는 것이지요. 정치라는 것을 정당, 의회, 의원, 원로원과 같은 체계적인 구조가 아니라 한 집단의 사람들이 다른 집단 혹은 여타의 집단을 지배하는 미시적인 권력구조 관계를 의미한다고 할 때 말입니다. 잘 알다시피 고대 그리스 사회나 철학은 남성 동성애적 섹슈얼리티에 대한 찬양과 여성 섹슈얼리티에 대한 비하가 있었습니다. 따라서 아리스토텔레스와 필리스 우화는 이런 복잡한 사정 때문에 고대 그리스 당시에는 문제가 아니었을 가능성이 높습니다. 중요한 것은 남녀관계가 아니라 남남관계였으니 말이지요.

　그러나 분명한 것은 고대 그리스와 같은 전근대적 사회에서 여성의 패션과 외모는 이렇듯 여성적 섹슈얼리티에 대한 지배질서를 외면화한 경우가 대부분이라는 사실입니다. 그렇다고 여성의 외모와 패션만이 지배질서의 외모 정치학에 속하는 것은 아닙니다. 사실은 남성 외모와 패션의 질서 역시 지배질서의 외모 정치학에 속합니다. 다만 시민 남성의 외모나 패션은 지배세력으로서 자신들의 권력을 유지하고 강화하기 위한 것인 반면, 여성의 외모와 패션의 질서는 시민의 아내조차 피지배자로서 시민 남성들을 위한 외모의 정치학에 의해 규정된다는 점에서 차이가 있습니다.

　이쯤 되면 외모를 꾸미고 치장하는 것이 결코 사소하거나 하찮은 사치 문제로만 바라봐서는 안될 것 같습니다. 남성이나 여성의 외모와 패션의 질서는 곧 권력과 섹슈얼리티 지배 문제에 속하는 것이니 말입니다. 특히 외모와 패션의 질서를 통한 권력과 섹슈얼리티 독점과 지배는 곧 폴리스(국가)의 지배와 존속의 문제니 말입니다.

　아리스토텔레스는 자신의 신체적 결함을 감추기 위해 아주 좋은 소재의 옷을 입었다고 했습니다. 소크라테스나 플라톤의 경우는 확실히 다른 계급이나 타자의 위치에 있는 사람들과는 다른 특권적이고 매력적인 패션 스타일을 취합니다. 철학자들은 옷 따위나 외모에는 관심이 없을 거라고 생각하기 쉬운데, 완전 반대입니다. 이미 그들의 출신성분상 그런 특권적인 스타일을 취할 수 있는 위치였기 때문에 그들은 자신이 할 수 있는 특권을 자연스러운 이치로 받아들였을 것입니다. 그리고 그리스에는 시민 남성 외에 헤타이라와 같은 매춘부들과 일반 여성, 그리고 남녀노예들의 스타일이 있습니다. 어릴 때 이런 놀이 해보셨지요? 누가 누가 잘하나? 과연 누가 더 잘 입고 누가 더 외모에 관심을 기울이는가 눈여겨보십시오. 어쩌면 예상컨대, 패션 정치학은 당대의 역사와 철학의 복잡한 진면목을 좀 더 생생하고 리얼한 반전으로 보여줄 수 있지 않을까 싶습니다.

패션과 철학에 대한 인문학 이야기

철학과 미학을 오래도록 연구해 온 사람으로서 아리스토텔레스와 필리스 간의 우화를 소개하는 것은 솔직히 부담스런 일입니다. 그렇지만 철학을 지나치게 아카데믹한 것으로만 혹은 일상의 인간과 동떨어진 고귀한 것으로만 서술하는 것은 더더욱 철학적이지 못한 것 아닐까요? 특히 소크라테스, 플라톤, 아리스토텔레스 같은 철학자들을 일상에서 마주치는 보통 사람들과는 전혀 다른, 성인과 같은 존재로만 신격화한다면 더더욱 말입니다.

인간의 삶이나 관심사 중에서 철학의 주제로 삼을 수 없는 것이 과연 있을까요? 우리의 일상과 동떨어진 고답적이고 아카데믹한 것, 추상적인 것들, 논리적 일관성과 내적 정합성을 지닌 어려운 이론만이 철학일까요? 실제로 아리스토텔레스나 플라톤도 당대 자신들의 삶과 일상을 고민하며 철학을 연구했고, 그런 노력의 흔적이자 결과물들이 바로 그들의 멋진 저작들일 텐데 말입니다. 다만, 아주 다만 그들의 철학이 인류의 위대한 유산이라고 해서 그것이 인간에게 필요한 모든 것을 섭렵하고 포괄하고 있다고 생각하지만 않는다면 말입니다. 그들의 이론이나 인격이 언제나 인류의 삶 전체를 숙고하거나 대변하는 것처럼 과장해서도 안 될 것 같단 이야기지요. 특히 완벽한 그들의 철학에서 부족한 한 가지를 꼽는다면, 바로 패션에 대한 오해를 꼽을 수 있습니다. 그것도 자신들의 패션과 함께 몸, 외모에 대한 상당한 오해를 하고 있으니까요. 그건 아마도 시대적 한계라 어쩔 수 없었던 것 같지만 말입니다.

철학은 철학자의 이론만이 아니라 그 철학을 서술한 철학자의 삶과 시대적 배경을 함께 살펴봄으로써 세계와 인간에 대한 다양하고 깊이 있는 이해를 이끌어낼 수 있습니다. 그런 점에서 패션을 통해 인문학적으로 철학하는 것은 철학을 일관성이나 정합성 혹은 논리성으로만 이해하는 것을 넘어섭니다. 오히려 그것은 철학 내적 논리로만 접근함으로써 보통 사람들이 접근할 수 없을 만큼 하늘 높이 올라간 철학을 땅 위의 우리와 함께할 수 있는 길을 터줄 것입니다.

원래 르네상스 시대 새롭게 발견한 '인간'이란 완전한 신과 비교할 때 너무도 불완전하지만, 동물과 비교하면 우월한 이성을 지닌 존재를 의미합니다. 즉 신 앞에서 한없이 낮게만 보았던 인간의 불완전함에 대한 집착에서 벗어나, 이성을 지닌 존재로서 스스로의 불완전함도 수용함으로써 균형을 찾고 새로운 인간의 가치를 발견하고 스스로를 포용할 수 있게 된 것이지요. 그것이 르네상스 인문학의 정신, 인본주의라고 한다면, 이러한 아리스토텔레스의 이중적인 인간됨을 다루는 우화야말로 온당한 인문학적 태도인 것 같습니다. 왜냐하면 그 목판화 속에는 인간은 어떠어떠해야 한다는 그럴듯한 이론만이 아니라 그런 이론을 세웠던 철학자들의 삶과 인간의 딜레마를 적나라하게 보여주는 전인적인 태도가 들어 있기 때문입니다. 르네상스인들도 접근했던 이런 관점들이 하물며 오늘날의 세계와

라파엘로, 〈아테네 학당〉(1510~1511)

인문학에서는 더더욱 필요하지 않을까요?

르네상스 걸작 중의 하나인 〈아테네 학당〉은 라파엘로가 르네상
스의 전성기였던 1510년에서 1511년 사이에 그렸다고 합니다. 르네
상스가 고대 그리스의 재발견이라고 했듯이 그림의 내용으로만 봐
도 당시 사람들이 그리스 시대를 얼마나 동경하고 그리스 철학자들
을 숭배했는지 짐작할 수 있습니다. 건물 중앙에 걸어 나오는 두 사
람이 바로 플라톤과 아리스토텔레스입니다. 플라톤은 하늘을 가리
키며 참된 진리의 세계인 이데아론을, 아리스토텔레스는 대지를 가
리키며 변함없는 자연의 섭리와 실재론을 대변하고 있습니다. 그러
나 르네상스인들은 이렇게 철학자들을 우러러 보면서도 동시에 아
리스토텔레스와 필리스와의 우화도 퍼트리며 공유할 만큼 철학자
들의 불완전한 인간성, 인간으로서의 삶에도 관심을 기울인 것 같습
니다. 그럼으로써 균형이 생기는 거겠지요. 존경할 것은 존경하고,

비판할 것은 우화를 통해 비판도 하며 철학자들을 살아 존재하는, 평범한 사람으로 바라볼 줄 아는 그런 균형감각 말입니다. 지금 우리에게도 필요한 그것 말이지요.

인문학 노트

아리스토텔레스의 《정치학》

여러 학문의 영역에 막대한 영향을 끼쳤던 아리스토텔레스는 마흔한 살 때 마케도니아의 필립포스 왕의 부탁으로 왕의 아들(훗날의 알렉산더 대왕)의 가정교사가 되어 철학, 문학, 정치학 등을 가르쳤는데요. 특히 그가 신경 써서 가르친 과목이 정치철학이며, 이때 가르친 이론들을 정리한 것이 그의 유명한 저서 《정치학》입니다. 스승 플라톤의 이상 국가를 비판하며 당시 국가 내 시민들의 역할과 국가의 기능에 대해 서술한 저서이지요. 그런데 대체 아리스토텔레스가 실제로 어떤 주장을 했기에 중세인, 르네상스인들이 우화로 풍자한 것일까요?

아리스토텔레스는 당시의 통념처럼 여성을 노예보다는 우월하나 남성에게 종속된 존재라고 보았습니다. 다음은 유명한 그의 《정치학》 제1권 국가 공동체의 본질 중 12장 '남편의 권위와 아버지의 권위에 대한 간단한 고찰' 중 일부입니다.

"가사 관리 기술은 세 부분으로 나뉜다. 하나는 노예들에 대한 주인의 지배, 다른 하나는 아버지의 지배, 남은 하나는 결혼 관계에서 남편의 아내에 대한 지배다. 아내에 대한 남편의 지배를 여기에 포함시킨 이유는 아내와 자식에 대한 가장의 지배는 자유민을 지배한다는 점에서는 같지만 지배하는 방식은 서로 다르기 때문이다. 즉 아내에 대한 가장의 지배는 동료 시민들에 대한 정치가의 지배와 같고, 자식에 대한 가장의 지배는 피지배자들에 대한 왕의 지배와 같기 때문이다.

자연에 배치되는 예외적인 경우 말고는 남성이 여성보다 본성적으로 지배하는 데 더 적합하며, 또 연장자와 성인이 연소자와 미성년보다 더 적합하다. 정치가가 지배하는 경우 대개 지배자와 피지배자는 서로 교대를 하며 — 당시 시민들은 실제로 번갈아 공직을 맡았다 — 국가는 차별 없는 평등을 지향한다. 그러나 한 사람이 지배하고 다른 사람은 지배받을 경우 지배자는 외형과 말투, 그리고 경청하는 태도에서 구별을 둔다. … 여성에 대한 남성의 관계는 바로 이와 같다."

아리스토텔레스가 '국가는 차별 없는 평등을 지향한다'라고 한 것은 어디까지나 아테네 시민 남성 내에서의 평등이고, 여성이나 노예는 분명하게 이러한 평등에서 배제됩니다. 아리스토텔레스의 철학적 사고들은 오늘날까지도 막강한 영향력을 미친다는 점에서 유감일 수 있습니다. 그러나 그도 그 시대의 주류적이고 일반적인 사고를 하고 그것을 철학적으로 대변한 것뿐이며, 누구나 시대적 한계를 넘어서 사고하는 것은 불가능한 것 같습니다. 사람들은 흔히 철학자, 특히 대철학자 아리스토텔레스 정도라면 어떤 사고든 훌륭한 사고만을 할 것이라 기대합니다. 그렇다면 그건 아마도 아리스토텔레스의 잘못이라기보단 사람들의 지나친 기대가 너무 비현실적인 것일지 모르지요. 바로 그 점에서 아마도 중세, 르네상스인 화가들이 아리스토텔레스와 필리스와의 모순적인 관계를 희화화한 것은 아주 뛰어난 의미를 갖는 것 같습니다. 아리스토텔레스를 철학자 이전에 한 인간으로 보게 해준다는 면에서 말이지요. 이상을 꿈꾸면서도 동시에 모순을 지닌 평범한 한 남성으로서 아리스토텔레스를 말입니다.

제 2 장

소크라테스의
외모 꾸미기 프로젝트

자크 루이 다비드의
〈소크라테스의 죽음〉(일부)

소크라테스의 외모꾸미기 프로젝트, 플라톤의 《향연》

아테네 거리에서 우연히 소크라테스를 만났을 때 누군가 이렇게 외쳤습니다.

"소크라테스, 그렇게 한껏 멋을 내고 어딜 가십니까?"

늘 맨발의 빈티지 스타일을 고수하던 소크라테스가 평상시와 전혀 다른, 멋진 패션을 갖추었기에 제자인 아리스토데모스가 놀라 물었던 것이지요. 소크라테스는 아리스토데모스의 물음에 다음과 같이 답합니다.

"아름다운 자의 집에 아름다운 자로 가려고 하네."

소크라테스는 추남이라고 알려졌는데, 여기서는 스스로를 아름다운 자라고 말하고 있습니다. 물론 자신이 외적으로 한껏 멋을 부린 모습을 아름다운 자가 된 것이라고 말한 것이지요. 대체 철학자 소크라테스에게 무슨 좋은 일이 생긴 것일까요?

이 이야기는 플라톤의 대화편《향연》에 나오는 내용으로 제자 아리스토데모스와 소크라테스가 나눈 대화입니다. 소크라테스는 철학에 관심이 없는 사람이라도 누구나 알만큼 너무도 유명한 철학자임에도 불구하고, 남긴 저술이 없어 주로 크세노폰이나 플라톤 등 다른 이들의 저술 속에서만 그의 사상과 행적을 찾아볼 수 있습니다. 플라톤의 저술 중 어디까지가 플라톤의 생각이고 어디까지가 소크라테스의 사유인가는 여전히 논의가 분분하지만, 여기서는 주로 복식이나 패션에 관한 문제를 다룰 것이므로 그런 사상의 문제는 잠시 판단중지입니다. 다만 소크라테스에 관한 개인적인 신상과 스타일에 대해서 일부는 플라톤이《향연》에 서술한 내용들을 바탕으로, 또 다른 일부는 고대 그리스의 역사, 문화, 미학, 교육, 전쟁사, 스포츠학, 복식사, 군복사 등의 도움을 받아 이야기해 보겠습니다.

소크라테스의 데일리룩 : 맨발의 스트리트 스타일

소크라테스의 패션 스타일, 들어보셨나요? 이런 주제에 대해서는 아무도 말한 적도, 관심을 기울인 적도 없습니다. 이렇게 훌륭한 분의 패션 스타일에 대해서는 감히 논의를 해서는 안 되는 것처럼 여겨져 오기도 했습니다. 그렇지만 우리가 흔히 알고 있는 소크라테스의 조각상과 플라톤의 《향연》 속 소크라테스를 종합해보면, 예상 외로 소크라테스가 아주 다양한 패션 스타일을 했음을 엿볼 수 있습니다. 일상의 철학자 스타일인 비지니스룩Business Look, 군복 스타일인 밀리터리룩Military Look, 아름답게 멋을 낸 데이트룩Date Look, 그리고 다음 장에서 다룰 그리스의 신체 훈련이나 올림픽 운동 경기와 관련된 나체 스타일, 나체룩Naked Look이 그것입니다.

소크라테스는 평상시엔 신발 따위는 신지 않고 맨발에 옷도 대충 걸치고 다녔다고 합니다. 물론 우리가 미처 예상치 못한 사실인데, 평상시 말고 아주 특별한 날, 그러니까 그의 마음을 설레게 하는 그런 사람을 만나러 가는 날엔 소크라테스도 이런 일상 패션이 아닌 다른 스타일을 했습니다. 소위 멋을 잔뜩 내고 설레는 사람을 만나러 갔더랬지요. 그 '멋남' 스타일은 잠시 후에 이야기하기로 하고, 소크라테스 스타일 중 우선 일상적으로 입고 다녔던 철학자룩 이야기를 해보겠습니다.

오른쪽 사진 속 조각상에서 소크라테스가 걸친 옷은 키톤이 아닌 히마티온입니다. 흔히 소크라테스는 추남이었다고 하기도 하고 기이한 외모를 지녔다고도 합니다. 조각상에서 보듯 소크라테스는 약간 뚱뚱하고 작은 키에 커다랗고 납작한 코와 두툼한 입술, 툭 불거진 눈을 가지고 있어 어딘가 인상적입니다. 그의 얼굴이 워낙 못생기다보니 알키비아데스는 그를 포도주와 풍요의 신 디오니소스를 섬기는 반인반수 괴물 사티로스*나 주신酒神 실레노스**에 비유할 정도였습니다. 그렇지만 소크라테스도 소년이었을 때는 아주 인기 있는 미소년이었다고 하니 추남이었다는 이야기는 지나치게 과장된 것이 아닌지 모르겠습니다.

소크라테스 옷차림은 여름이든 겨울이든 항상 같았습니다. 그는 늘 겉옷(히마티온) 하나만을 걸치고 맨발로 다녔다는 말이지요. 우선 맨발 이야기 먼저 해보겠습니다. 고대 그리스에서 맨발은 원래 거리의 노예나 노동자들의 스타일, 말 그대로 스트리트 스타일입니다. 소크라테스가 바로 이들의 스타일을 차용한 셈인데, 이게 흔치 않은 일이라 소피스트인 안티폰은 "그처럼 살아야 한다면 노예조차도 도망가 버렸을 것이다"라고 말하기도 했습니다. 당시 노예나 하류층 사람들은 신발을 신지 않았습니다. 그러니까 안티폰 말은 그야말로 저렇게 거지같이 입을 바에야 노예만도 못하다는 것이지요. 한겨울 전장에 나가서도 남들은 가죽샌들에 헝겊을 덧신고 다니는데 소크라테스는 맨발이었다고 합니다. 아마도 소크라테스하면 가난한 철학자 이미지가 떠오르는 것은 바로 이 때문인지 모르겠습니다. 사실 소크라테스는 그렇게 가난하거나 배고픈 철학자는 아니었는데 말이지요.

---

* 그리스 신화에서 잘 나오는 반인반수인 종족으로. 로마 신화에서는 파우누라고도 부릅니다. 상체는 인간의 몸이지만 하반신은 염소 몸을 가지고 있고 뿔이 있다고 전해집니다.

** 실레노스는 수염이 덥수룩하며 말馬의 다리와 꼬리를 가진 모습으로 표현되기도 할 정도로 용모는 추하나 지혜로운 괴물입니다. 대개 술에 취한 모습으로 그려지며 주신 디오니소스를 길렀고 그의 술친구였다고도 전해집니다. 소크라테스는 용모는 볼품없으니 지혜가 많다는 점에서 실레노스에 비유되기도 합니다.

어쨌든 그리스 아테네의 당당한 시민으로서 거리에서나 작업장에서 일하는 노예나 하류층처럼 보이는 맨발을 마다하지 않고 다녔다는 것은 소크라테스의 일면을 보여줍니다. 한마디로 사치스러운 그 어떤 것도 걸치지 않겠다는 것이겠지요. 다른 한편, 사람들의 이목에 별로 개의치 않는 과감하고 실용적인 모습의 소크라테스를 엿볼 수 있기도 합니다. 보통 계급사회에서 아랫사람, 특히 노예나 노동자처럼 보이는 것을 피해 더 화려하게 꾸미려 하는 경우가 대부분이란 점에서 편견 없는 그의 마음을 들여다 볼 수 있습니다. 아니면 과감하게 경계를 넘어서는 자유로운 사고라고나 할까요?

원래 고대 그리스 초기에는 일반적으로 모두 맨발로 생활했으나, 문화가 발달함에 따라 다양한 종류의 신발이 등장했습니다. 처음 나타난 샌들sandal은 파피루스나 가죽으로 구두창을 만들고 가죽끈으로 묶은 것이지요. 이 샌들이 복잡해진 것이 크레피스crepis와 버스킨buskin입니다. 크레피스는 아래 그림(맨 왼쪽)에서 보듯 발보다 약간 넓은 두꺼운 구두창에다 가죽조각에 세공을 하거나 가죽 줄을 교직한 것입니다. 버스킨(가운데 그림)은 여행용이나 군인용의 부츠로,

그리스 샌들, 크레피스와 버스킨

목이 무릎 밑이나 종아리까지 오며, 중앙에 있는 끈으로 조절하면서 윗부분에 짐승의 꼬리나 발 등을 장식했습니다. 헬레닉 시대기원전 510~336 이후 부자와 귀족층은 금으로 장식한 샌들을, 여자들은 자수나 보석을 장식한 화려한 샌들을 신었습니다. 이 시기는 그야말로 샌들의 황금시대였던 것이지요.

솔직히 그리스의 샌들은 21세기인 요즘 여름에 신어도 멋이 나는 스타일입니다. 철학자들은 보통 장식이 없는 검소한 샌들을 신었습니다. 한편 그리스와 로마 매춘부들은 샌들 밑창 장식 단추를 교묘하게 배치해 발자국마다 '나를 따라오라'는 상형문자가 나타나도록 했다고 합니다.

이렇게 철학자들도 보통 샌들을 신고 다니는 상황에서 소크라테스는 일상적으로 맨발로 다녔던 것입니다. 소크라테스는 아주 건강했던 것 같습니다. 아무리 지중해 기후라고 하지만 한겨울에도 맨발로 다녔으니 말이지요. 비록 플라톤처럼 우승을 한 것은 아니지만, 소크라테스 역시 레슬링 경기에 출전했다고 하니 레슬링 연습을 하면서 신체단련을 했을지도 모르겠습니다. 《향연》에는 소크라테스가 체육관에서 스무 살이나 어린 알키비아데스와 레슬링 경기를 하는 장면이 나옵니다. 당시 남자들은 오늘날 우리가 탁구나 배드민턴 치듯 가볍게 운동하러 가곤 했던 모양입니다. 더욱이 소크라테스는 아주 센 주당이었습니다. 밤새 술 마셔도 끄떡없는, 10년, 20년 어린 젊은이들 다 쓰러뜨리는 주당 말입니다. 정말이지 그는 술을 아주 잘 마셨습니다. 일명, 건강왕! 자기관리를 잘한 덕분이겠지요. 아니면 타고난 체질이 워낙 좋았던 건지도 모르지요.

고대 그리스의 향연, 심포지엄

고대 그리스 당시의 향연, 즉 플라톤의 대화편 제목이기도 한 향연은 심포지엄이라고 해서 굉장히 학술적인 토론대회로 알기 쉬운데요, 당시 향연이란 것은 시민인 남성들이 즐겼던 여흥 혹은 파티 문화라고 할 수 있습니다. 일반적으로 아테네인들은, 당시로선 당연했겠지만, 일찍 자고 일찍 일어났습니다. 따라서 사회활동은 대부분 낮시간에 이루어졌습니다. 그런데 향연은 저녁에 시작되어 새벽녘까지 계속되는 떠들썩한 주연파티였습니다. 대개 향연은 하루나 이틀 전 즉흥적으로 기획되어 열렸습니다. 주인이 몇몇의 지인들을 초대하고, 고급 매춘부인 헤타이라들을 초대해 춤을 추게 하거나 연극을 하는 배우들로 하여금 연극 중 일부를 공연하게 하기도 했습니다.

물론 초대한 자와 초대된 자들 모두 남성입니다. 초대된 집에 가면 향연을 위해 따로 준비된 방에 들어가기 전에 신발을 벗고 노예의 도움을 받아 발을 씻습니다. 그리고 방에 들어서면 참석자들이 편안하게 몸을 기댈 수 있는 2인용 긴 의자가 준비되어 있어 사람들은 쉽게 대화를 나눌 수 있었습니다. 물론 가장 단순한 향연은 이런 춤이나 연극이 없는 토론이었으며, 이렇게 토론이 중심인 향

만취한 손님을 편안하게
해주고 있는 헤타이라

연에도 의례 술이 따랐던 것은 말할 것도 없습니다. 물론 손님들이 음식만 먹고 음주를 하지 않으면 대화가 주를 이루었습니다.

그런데 떠들썩한 집안의 잔치인 향연에 정작 그 집 안주인은 참석할 수 없었습니다. 향연을 주최한 집주인의 아내는 향연에 감히 얼굴을 내비칠 수 없으며 오로지 내실에 있어야만 합니다. 향연에 참석할 수 있는 여자라고는 대부분 흥을 돋우는 연주자이거나 춤을 추는 헤타이라뿐입니다. 이런 향연에서 소크라테스는 모두들 술에 취해 쓰러지는데도 새벽녘까지 취한 기색 없이 남아 술을 마시다가 자리를 떴다고 합니다.

소크라테스에 대한 오해 :
배부른 돼지보다 배고픈 소크라테스가 낫다?

소크라테스는 늦은 나이에 크산티페와 결혼해 아이 셋을 두었다고 합니다. 크산티페가 악처라는 이야기는 《소크라테스의 회상》이란 저서에서 크세노폰이 잠깐 언급한 이후 2천 년을 훨씬 넘게 진실처럼 알려져 왔는데, 사실 그 근거가 미약합니다. 크세노폰은 그녀의 기질이 불같았다며 크산티페를 악처라고 전했지만, 당시 정황상 그녀가 바가지 긁는 여자였다는 증거가 없다는 주장이 더 설득력 있습니다.

소크라테스는 아버지로부터 석공 일을 물려받았는데, 그는 정작 가업인 석공 일은 하지 않았습니다. 잘 알다시피 아테네 거리에서 오가는 젊은이들에게 끊임없이 무엇인가를 묻고 이야기를 나누었습니다. 부인이 볼 때는 먹을 빵 대신 헛된 명성만 가지고 집으로 돌아오는 가장이었습니다. 덕분에 세 아이를 돌보며 석공 일로 가계를 꾸리는 일은 아내 크산티페가 도맡았습니다. 크산티페가 석공 공장을 이어갔는데, 당시 석공 일이라는 것은 묘비를 비롯해서 죽은 자를 경배하기 위해 필요한 여러 석상들과 장식물들을 주문받아 만들어서 납품하는 일을 말합니다. 크산티페가 소크라테스를 대신해서 노예 두세 명을 부리며 석공소를 관리해 가계를 꾸린 것이지요.

"배부른 돼지보다 배고픈 소크라테스가 낫다."

많이 들어보셨지요? 19세기 《자유론》의 저자 존 스튜어트 밀이 한 말입니다. 그런데 여기엔 오해할 여지가 많이 숨어 있습니다. 우선 소크라테스는 결코 가난하지고 배고프지도 않았습니다. 아내가 이처럼 노예들을 데리고 석공 일을 하며 내조한 것뿐만이 아니라 — 다음 장에서 보겠지만 — 소크라테스가 중장보병이었다는 사실이 이를 증명합니다. 당시 시민인 남성은 전쟁이 터지면 전투에 참여하는 것이 의무였는데, 이때 갖추어야 하는 중장보병의 갑옷과 방패, 창 등의 장비 값이 어마어마하게 비쌌습니다. 갑옷의 가치가 당시 황소 여섯 마리 정도였다고 하는데, 오늘날로 치면 비싼 외제차 한 대 가격 정도는 할 것 같습니다. 중장보병은 그러한 전투장비를 스스로 마련해야 했으므로 잘 나가는 자영업자 정도는 되어야 비용을 감당할 수 있었습니다. 시민계급이자 지배계급이면서 스스로 값비싼 장비를 마련해 전투에 참여하기에 '노블리스 오블리제'라고도 할 수 있을 듯합니다. 사정이 이렇다보니 모든 남성이 중장보병이거나 기마병이 될 수는 없었습니다. 이러한 전투 장비를 마련할 수 없는 시민도 있었으니까요. 그들은 비용이 많이 드는 중장보병이 아니라 다른 역할을 맡았습니다. 궁수나 해상전에 강했던 아테네에서 노 젓는 사공 말입니다.

중장보병이라는 것이 고대 그리스가 귀족사회에서 중산층이 많아지는 시대로 변해가던 시기에 등장한 것이므로, 중장보병이었던 소크라테스는 어느 정도 부유했거나 못해도 중산층은 되었던 셈이지요. 아마도 돈을 받고 수사학을 가르쳤던 소피스트들과 달리 돈을 받지 않고 청년들을 가르쳤다는 사실 때문에 소크라테스가 가난했을 거라고 생각하는 경우가 많은 것 같습니다. 그러나 가정경영을 도맡은 아내 크산티페의 내조 덕분에 소크라테스는 생계 걱정 없이 철학을 탐구하고, 청년들을 가르치고, 중장보병 장비를 마련해 시민 역할을 할 수 있었습니다. 사실 아내 크산티페의 이러한 역할은 당시 여성의 역할이기도 했습니다. 여성은 주로 남편이 정치 활동을 하거나 전쟁에 나갈 때 노예를 관리하며 집안 경제나 가정을 경영하는 역할이었으니까요. 크산티페는 크산티페대로 당시 여성의 역할에 충실했던 것이지요. 사정이 이러한데도 불구하고 크세노폰은 소크라테스의 아내를 악처라고 말한 것입니다. 그 때문에 2천 년을 넘게 '현명한 소크라테스와 악명 높은 아내 크산티페'로 불리어져 왔으니 크산티페로선 억울한 일이 아닐 수 없을 거 같습니다.

그렇다면 이 문장의 한국어 번역을 원문 그대로 번역해 볼까요? "It is better to be a human being dissatisfied than a pig satisfied. better to be Socrates dissatisfied than a fool satisfied."(《공리주의 Utilitarianism》) "만족한 돼지보다 불만족한 인간, 만족한 어리석은 자

보다 불만족한 소크라테스가 더 낫다."

소크라테스의 끊임없는 지혜 추구와 노력, 질문의 태도는 자기 자신이나 자기 자신의 지적 수준에 만족하지 않는 데서 출발합니다. 그리고 그의 지적인 불만족은 그로 하여금 계속해서 열정적인 대화를 이끌어가게 하는 에너지요, 원천이었음에 틀림없습니다. 종합해 보면, 소크라테스가 중장보병으로서 값비싼 전투 장비를 마련했다는 점에서나, 존 스튜어트 밀의 원문으로 볼 때 소크라테스는 가난했던 것이 아니라 앎의 열정이 강했고 경제적으로 이를 뒷받침할 수 있었다고 할 수 있습니다. 사정이 이러니만큼 어쨌든 앞으로 이 문장을 경제적으로 해석하는 것, 즉 가난한 소크라테스나 배고픈 소크라테스라는 해석은 배제되어야 할 것 같습니다.

다시 크산티페로 돌아가 이야기하겠습니다. 소크라테스가 재판정에 섰을 때가 60대인데, 그는 자신이 재판받는 모습을 크산티페가 지켜보지 못하게 했다고 합니다. 당연히 크산티페는 소크라테스의 말을 따라 재판정에 나타나지 않았다고 하고요. 당시 소크라테스의 막내아들이 젖먹이 아기였다고 하는데, 크세노폰이 말한 악처와는 전혀 다른 면모들입니다. 악처가 되려면 주장이 강해야 하는데, 이런 모습은 주장이 강하기보다는 순종적이라고나 할까요.

소크라테스의 철학자 스타일, 비지니스룩 1 : 수염

소크라테스의 패션 스타일 중 우리 모두 알고 있는 게 하나 있습니다. 그의 길고 하얀 턱수염 말입니다. 철학을 가르치는 교수는 으레 나이 지긋하고 수염을 기른 채 외모에는 신경 하나 쓰지 않는 아주 검소한 남자라고 상상하는 경우가 있곤 합니다. 물론 꼭 그렇지는 않은데, 정말이지 소크라테스가 바로 그러한 스타일을 했습니다. 그래서 그런 이미지가 떠도는 것인지 모르겠습니다. 소크라테스 조각상에서 보듯 하얀 수염 스타일 말입니다.

남자가 수염 기른 게 뭐가 대수냐고요? 그까짓 게 무슨 철학자 스타일이냐고요? 네, 대수입니다. 그것도 아주 많이요. 물론 지금도 모든 남자들이 수염을 기르는 게 아니지만, 고대 그리스에선 특히 계급적으로 아무나 수염을 기를 수 없었습니다. 긴 수염은 철학자나 되어야 할 수 있는 스타일이었습니다. 수염을 잘 다듬고 기른다는 것은 지금도 자존심을 내세우는 남자들만의 스타일이지만, 특히 당시에는 수염을 기르려면 절대적인 시간과 노고가 필요했습니다. 주기적으로 수염을 자르랴 다듬으랴 할 일도 많지만, 거기에 따르는 시간이며 필요한 물도 공급이 되어야 합니다. 그리스 지역은 비록 사막은 아닐지라도 우물에서 물을 길어다 쓰는 형편이기 때문에 물은 아주 귀한 것이었습니다.

얼마 전 국내 프로축구팀 소속의 한 선수가 도핑검사에서 금지약물을 복용한 사실이 드러나 국가대표팀에서 하차하는 일이 발생했습니다. 그 선수는 상대국과의 평가전을 치르기 전에 도핑 검사 소식이 밝혀진 바람에 짐을 싸야 했습니다. 이유는 어이없게도 수염 때문이었습니다. 수염이 잘 나지 않는 그 선수는 수염 좀 멋지게 길러볼 욕심에 발모제를 발랐는데, 그 발모제 성분에 스테로이드 성분이 들어 있었던 것이지요. 세계반도핑기구가 금지 약물로 정한 약품 말입니다. 물론 그 선수는 발모제에 그런 약물이 사용된다는 사실을 몰랐던 것 같습니다. 수염 한번 길러보고 싶었던 건데, 그동안 쌓은 탑이 물거품이 되고 말았습니다. 그다지 큰 욕심을 부린 것 같지도 않은데 말입니다.

여자들에게 긴 생머리가 엄청난 로망이듯이 그 선수 역시 남자로서 수염에 대한 로망이 있었나 봅니다. 그리고 보면 이전 시대의 사람들도 다르지 않았겠지요. 더구나 유사한 시기 사막에서 유랑의 삶을 살았던 유대인이나 그리스 노예와 같은 사람들은 주기적으로 수염을 다듬고 자를 시간과 물이 없었기에 수염을 잘 다듬어 관리하기가 거의 불가능했습니다. 고대 그리스 내에서도 플라톤과 같은 귀족계급 남성 자제들만이 머리칼과 수염을 잘 다듬을 수 있었습니다. 그러니까 그리스 도시국가에서 수염 기르는 것은 나이 든 시민들의 특권이거나 귀족 자제들에게나 가능한 일이었습니다.

그래서 미학자 에밀 우티츠Emil Utitz는 고대 그리스 시민 남성의 고귀함과 우월성은 지적 교육에 있지 않다고 지적합니다. 즉 귀족 신분이나 다름없는 이들의 우월성은 지적 교육보다는 의외로 체육학교의 훈련과 운동을 통해 획득하게 된 육체적 건강에 있었다고 합니다. 그러니까 지배계급인 시민 남성의 우월성과 그 외 여타 계급의 열등성을 대비시키는 지표가 내적인 지식이나 교양이 아니라 외적인 육체적 외모였던 것입니다. 지금도 사람들을 외모로 판단하는 경우가 많은데, 당시라 해서 다르지 않았나 봅니다. 특히 여기서 에밀 우티츠가 말하는, 당시 눈에 보이는 육체적 건강에는 바로 '세심하게 손질한 머리칼과 수염'이 가장 중요한 항목으로 포함됩니다. 물론 우리 인류의 지혜와 철학의 우상 소크라테스와 플라톤 역시 바로 여기에 속하는 것은 말할 것도 없지요.

그리스 초기에는 젊은 남자들도 수염을 길렀습니다. 당시 그리스에서 머리카락과 수염을 세심하게 손질하고 다듬는다는 것은 노예나 일반 평민은 할 수 없는 일이었기에 이들과 구별될 수 있는 멋진 패션 스타일이었습니다. 바로 이러한 외모와 패션 스타일이 이들을 다른 계급으로부터 구별시키며 특별하게 만들어주었으니까 말입니다. 이렇듯 수염은 페리클레스와 같은 정치가를 비롯해서 귀족적인 시민 남성들의 특권이나 다름없었지만, 특히 나이 많은 사람의 하얀 수염은 원숙함과 지혜, 존엄을 상징하는 철학자 스타일을 의미했습니다. 한마디로 소크라테스의 긴 수염은 특권적인 스타일, 오늘날로 치면 뭐랄까 오트쿠튀르Haute couture*까지는 아니라도 명문가 패션이거나 명사 스타일이라고 할 수 있겠지요. 이후 젊은 남자들은 수염을 기르지 않게 되었으니 말입니다.

헤로도토스의 기록에 따르면, 철학자나 지식인들이 수염을 기르는 것은 수염이 진지한 분위기를 연출해주었기 때문이라고 합니다. 소크라테스가 비록 노예의 맨발 스타일을 했을지언정, 수염의 이러한 진지한 이미지 효과에 대해서는 마음이 갔던 것 같습니다. 그게 의식적이든 무의식적이든 말입니다. 그렇다면 실제 사람의 내면이 어떠한가보다는 외적 이미지가 먹히는 21세기와 다를 바 없는 것 같습니다. 아마도 분명히 말입니다.

시민 남성들의 군사 훈련을 보실까요? 오른쪽 그림은 군사 훈련

• 오트쿠튀르란 고급 의상제작, 즉 원래 세계의 상류 계층의 개인을 고객으로 주문복, 오더 메이드를 기본으로 하는 샤넬, 디올 등 하이 패션을 말합니다.

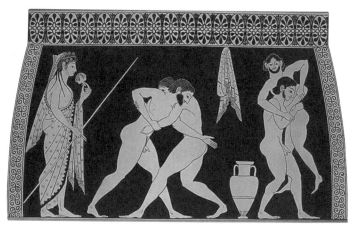
도자기에 그려진 그리스 군사 훈련 장면. 수염을 기르고 있다.

이 그려진 도자기입니다. 도자기에 그려진 그림이라 디테일이 많이 살아있는 그림이 아닌데도 짧고 검은 수염이 선명하게 보이시지요?

남자의 로망, 수염, 그 권력과 특권

원래 수염을 잘 다듬고, 온몸을 깔끔하게 면도하는 습관은 그리스의 많은 미용 정보들이 그렇듯이 주로 바다 건너 이집트의 선진 문물 풍속으로부터 전해져 온 것들 중 하나입니다. 피타고라스나 플라톤과 같은 학자들이 수학을 비롯해 새로운 학문을 배우기 위해 이집트로 건너갔을 만큼 이집트는 당시 지중해에서 여러모로 제일 잘 나가는 선진 문명을 자랑했습니다. 그런 이집트에서 수염은 권력의 상징이었고, 오직 파라오만이 수염을 기를 수 있었습니다. 수염은 신과 왕 정도 되어야만 기를 수 있는 '고급 패션'이자 '특권 패션'

이 황금마스크의 주인공은 기원전 1361년 아홉 살의 나이에 파라오에 즉위해 열여덟 살의 나이에 요절한 투탕카멘왕입니다. 이 황금마스크에서 보이는 턱수염을 여왕들에게도 만들어 붙였습니다.

이었던 셈이지요. 물론 그냥 무성하게 자라는 대로 두는 것이 아니라 잘 다듬는 것을 선호했고, 이것은 아무나 할 수 없는 것이었습니다. 그 결과 이집트에서 수염은 권력의 정통성을 과시하는 수단으로서 독특한 얼굴 스타일을 만들어냈습니다. 턱수염이 있을 수 없는 여왕들의 조각상에서도 수염이 발견되니까요. 그녀들의 권력을 과시하기 위해 여왕에게도 턱수염이 필요했던 것입니다. 어떻게 가능하냐고요? 아마 어디선가 보셨을 겁니다. 턱 밑에 수염을 장착한 황금마스크! 여왕의 턱에도 이처럼 턱수염을 만들어 붙였다고 합니다.

다니엘라 마이어Daniela F. Mayr의 《털》에서는 감옥에서 풀려난 요셉이 파라오의 면전에 나아가기 전에 깔끔하게 면도를 해야 했던 성경 이야기를 소개하고 있습니다. 왕의 권력 앞에서는 낮은 계급의 사람이 감히 수염을 길러서는 안 되기 때문이지요. 그 정도로 이집트에서 수염은 권위와 권력의 상징이었습니다.

플라톤과 아리스토텔레스는 일상적인 의복이나 신발만을 국가의 필수품목에 한정시키고 나서, 이러한 필수품을 넘어선 것, 그러니까 여성들이 아름답게 꾸미기 위한 화장 같은 것을 사치라고 여겼습니다. 그런데 자신들의 수염과 수염 관리는 외모를 아름답게 꾸미는 것이라 여기지 않았던 것 같습니다. 아니 알아차리지 못한 것 같습니다. 그냥 자연스러운 외모라고 여겼던 듯합니다. 고대 그리스에서 철학자들이나 지식인들이 진지한 분위기를 위한 이미지 연출로서 수염을 기르는 것은 굉장히 관리를 요하는 것이었는데 말입니다. 그러니까 그들조차 진지한 이미지를 위해 수염을 기르는 것이 곧 외모를 다듬고 꾸미는 것이고, 그것은 곧 권력적 특권을 드러내는 것이라는 사실을 전혀 몰랐던 것 같습니다. 수염을 기르느라 엄청나게 공을 들여야 하는 것이 진정한 의미에서의 사치, 즉 아테네 전체 남성 중 일부 시민, 특히 생산활동으로부터 자유로운 나이 든 시민만이 독점적으로 할 수 있었던 특권인데 말이지요.《유한계급론》에서 소스타인 베블런이 지적하는 사치가 바로 생산활동으로부터 자유로운 계급의 스타일이나 행위들을 의미합니다. 원래 특권을 누리는 자는 그것이 특권이라는 사실을 알아차리기 너무 어려운 것 같습니다. 당시 남자답게 혹은 권위 있게 꾸민다는 것 자체가 자연스러운 일이 아니라 문화적인 일로서 특권적 권력이 있어야만 가능한 것이었는데 말입니다. 한마디로 소크라테스나 플라톤이 속했던 시민 남성들의 삶에서는 수염 기르는 것이 당연하게 여겨졌기 때문에 그것을 특권이라고는 전혀 의식하지 못했던 것이겠지요.

그도 그럴 것이 철학자나 지식인들을 포함해 시민 남성 계급들이 수염을 기르는 것은 그들의 취향이라고 할 수 있고, 그들에게는 이 취향을 뒷받침할 만한 경제·문화적 배경이 있었습니다. 그런데 보통 취향이나 취미란 프랑스의 사회학자 부르디외 Pierre Bourdieu 가 지적하듯이, 각자 자라온 환경이나 계급, 인종, 성별, 나이, 문화 등등에 따라 다르기 마련입니다. 그리고 각기 서로 다른 취향의 소유자들은 자신의 취향을 가장 자연스럽다고 느끼게 됩니다. 그것의 특성이 자연본성적인 것은 아닌데도 워낙 어려서부터 오래도록 익숙해졌기 때문에 자연스러운 것처럼 느껴지는 것입니다. 그런데도 나의 취향과 패션 스타일은 자연스럽고, 다른 계급이나 타자의 취향은 부자연스러운 것이라거나 사치라고 여기게 됩니다. 사실 나에게 부자연스러워 보이지만, 상대에게는 자연스러운 것인데 말입니다.

문제는 이러한 취향의 소속감이 너무도 강력해서 누구도 자신과 다른 취향에 대해서 관용적이기 어렵다는 점입니다. 특히 공적으로 말할 수 있는 위치에 있는 자들, 즉 지배계급은 타자들의 취향이나 스타일은 부자연스러운 것을 넘어서, 타락한 것이라거나 사치라고 주장하며 비난을 가합니다. 취향의 정치적 독점이라고나 할까요? 그래서 그들은 자기 취향과 패션 스타일이 아닌 다른 계급이나 성, 인종의 취향과 스타일에 대해서 쉽게 혐오감이나 거부감 혹은 공포감이나 짜증 섞인 불쾌감을 표현하는 것입니다.

정확한 시기는 확인할 수 없지만 시간이 지나면서 젊은이들 사이에서 수염 기르기는 중단되었지만, 젊은이들 수염이든 철학자의 수염이든, 수염이란 사실 세심하게 관리해야 하는 것임에 틀림없습니다. 이렇듯 수염은 누구에게나 필요한 생활의 필수항목이 아니라 남성의 계급이나 신분상의 고귀함과 멋을 드러내는 특권이었음에도 불구하고, 시민 남성들은 그것을 특권적인 스타일이라고 여기지 않았습니다. 플라톤이 《국가》에서 사치라고 비난한 것들 중에 수염에 관한 것이 들어가지는 않으니까요. 본래 자신이 일상적으로 하는 스타일이나 옷은 아주 자연스럽게 느껴지기 때문에 그것이 지닌 특권을 인지하기란 쉽지 않기 때문이겠지요.

소크라테스   알키비아데스

　오른쪽 페이지에 있는 소크라테스의 철학자 수염을 미남 알키비
아데스와 비교해 보실까요? 왼쪽은 소크라테스 두상이고, 오른쪽은
아름다운 알키비아데스의 두상입니다. 젊은 알키비아데스는 수염이
없습니다. 조각상인데도 알키비아데스 아주 잘 생겼습니다. 소크라
테스의 경우는 아무래도 60살이 넘은 모습을 조각한 두상이고, 알키
비아데스의 경우는 아주 젊을 때 모습의 조각이므로 둘의 미모가 좀
더 대비되는 듯합니다.

아름다운 남자의 머리카락 : 연인들의 시선과 손이 머무는 곳

　조각상에서 알키비아데스의 헤어스타일이 예사롭지 않습니다.
오늘날과 비교해도 손색이 없는 멋쟁이 헤어스타일입니다. 물론 이
런 헤어스타일 역시 저절로 이루어진 자연스러운 형태가 아닙니다.

그러니까 이 헤어스타일 그냥 나온 것이 아니라 전문가의 손길이 닿는 값비싼 스타일이란 얘기입니다. 앞서 미학자 에밀 우티츠가 하층 계급의 사람들에 대한 지배계급 시민의 우월성은 '세심하게 다듬어진 머리칼과 수염'에 있다고 지적한 것에서 알 수 있듯이, 수염뿐 아니라 고대 그리스 남자들은 헤어스타일에도 많은 공을 들였습니다. 외모를 차별화해서 하층민보다 우월해 보이려는 외모 중심주의라고 할까요? 그래서 그들의 헤어스타일은 의외로 단순하지 않을 뿐 아니라 눈에 띄게 아름답기까지 합니다. 그만큼 머리카락과 수염은 귀족적인 신분을 드러냅니다.

물론 이건 모든 그리스 남성들이 아니라 어디까지나 지배계급이었던 시민 남성들 이야기입니다만, 헤어스타일은 수염과 함께 아주 중요한 멋 내기 포인트였습니다. 당시 남성들의 다양한 헤어스타일을 보면, 인공적인 컬(웨이브)을 만들어 그 컬이 있는 머리를 이마 위로 내리고 옆머리의 컬을 뒤로 곱실거리게 빗어 넘기는 형태, 옆머리를 짧게 깎고 뒤는 타래 머리를 하는 형태, 귀와 같은 길이로 둥글게 자른 형태 등등이 있습니다. 오른쪽 페이지 그림에서 보듯 금속 밴드나 은장식을 하기도 했습니다. 남자들이 이렇게 예쁘거나 멋진 헤어스타일을 할 수 있었던 것은 물론 혼자 힘으로 혹은 노예의 도움만으로는 불가능합니다. 오늘날처럼 전문가의 터치가 필요하지요. 즉 이들 헤어스타일은 바로 미용살롱 작품들 입니다. 아테네 아고라 광장에 '쿠레이아'라는 미용살롱이 생겨, 젊은 시민 남성들이 여기서 새롭게 유행하는 헤어스타일을 따라했습니다. 물론 오늘날 미용실이 그렇듯이, 사람들이 많이 모이는 곳이다 보니 이곳 미용살롱에서 각종 뉴스와 소문, 정보를 교환한 것은 말할 것도 없습니다.

그리스 남자들의 헤어스타일

단 이 미용살롱 역시 시민 남성들만 이용 가능했습니다.

이렇게 미용살롱에서 머리에 공을 들인 덕분에 그리스 남성들의 헤어스타일이 아주 다채롭습니다. 젊은 남성들의 경우 차츰 수염을 기를 수 없게 되면서 남자들, 특히 소년들의 아름다움을 나타내는 중요한 부위 중 하나가 바로 헤어스타일이 되었기 때문이기도 한 것 같습니다. 머리카락을 아름답게 꾸미기 위해 지체 높은 금수저 자제들은 공을 많이 들였으니 말입니다. 특히 그리스에서 남성 동성애가 엘리트 남성들의 트랜드였던 만큼 남성들은 심지어 소년들이나 남성 연인들의 화사한 머리카락을 오래도록 바라보거나 검게 뒤엉킨 머리 타래를 찬미하는 것을 즐기기도 했습니다. 예를 들어 당시 한 시인은 아름다운 남성의 헤어스타일에 대해 이렇게 노래하고 있습니다.

> "오! 그대 금발이 너울거리며 빛나는구나!
>
> (중략)

그는 아무리 봐도 흠잡을 데 없이 부드러운 머릿결의 아름다움을
잘라버렸지만, 전에는 그것을 발랄하게 뒤로 쓸어 넘기곤 했다"
— 한스 리히트,《그리스 성풍속사 2》중에서

아마도 오늘날 긴 머리 여성들이 하듯이 손으로 머리카락을 쓸어
넘기는 모습을 했나봅니다. 시인이 묘사하고 있는 주인공이 말입니
다. 시인은 시의 모델이 된 남성이 전에 긴 머리를 쓰다듬곤 했던 모
습을 그리워하고 있습니다. 아마도 시인의 연인이었을지도 모르겠
습니다. 어쨌든 당시 소년들과 남자들이 헤어스타일에 대해 무척 자
부심을 갖고 있음을 엿볼 수 있습니다. 워낙 오래된 옛날 옛적에도
머릿결을 뽐내거나 염색을 했을까 의아할 수 있겠지만, 우리의 예상
과 달리 의외로 당시 남자들은 염색이며 웨이브를 넣는 등 수염만
큼이나 머리 손질에 무척 신경을 썼습니다. 이들은 페르시아와 싸워
이긴 용맹무쌍한 그리스 전사들인데, 그 상남자들이 이렇게 예쁘게
머리 손질을 했다는 사실은 정말이지 의외입니다. 그러나 동성애 시
대 대외활동이 많았던 만큼 실제로 외모에 더 공을 들이는 쪽이 남
성인 것은 어쩌면 당연하지도 모르겠습니다.

고대 그리스 초기에는 뒤로 쓸어내릴 수 있을 만큼 길었던 긴 머
리가 사랑받았지만 점차 짧은 스타일로 바뀌었습니다. 전쟁을 많이
치르게 되면서 일반 남성들에게 군인 머리 스타일, 즉 요즘의 군대
를 연상시키는 짧은 헤어스타일이 대세가 된 것입니다. 더구나 전투
에 방해가 된다는 이유로 알렉산더 대왕이 모든 군인에게 면도를 명
령했다고 합니다. 아마도 창과 방패 혹은 검을 들고 맨몸으로 싸웠
던 고대 전장에서 수염은 방해가 될 소지가 많기 때문이겠지요. 알

렉산더 대왕의 야심이 컸던 만큼 본격적으로 전쟁에 임하는 몸을 만드느라 그런 명령을 내렸나 봅니다.

당시 주요 의상이었던 키톤이나 다른 의상들이 단순한 편이라 그리스인들은 머리 치장에 관심이 많았던 것이라고도 합니다. 머리를 깨끗이 감고, 오늘날처럼 컬을 만드는 것 외에도 잿물로 표백하고 노란 꽃을 으깬 물에 머리를 헹궈 황금색으로 염색하는 것이 유행했으니 말입니다. 이렇게 하려면 사실 오늘날보다 더 큰 노력이 필요했을 텐데요. 그런데 누군가는 이러한 머리 손질에 대해 그리스인들이 금발을 아름답게 여기고 자연적인 모습 그대로의 미를 표현하고자 했다고 평가합니다. 글쎄요. 이렇게 머리 손질에 정성을 많이 쏟으며 자신의 스타일을 만든 것이 자연적인 미일까요? 아름답게 치장하고 꾸미면서 본래의 자연스러운 모습을 바꾸었는데도 말인가요? 물론 이렇게 꾸민다는 것은 있는 그대로의 자연이 아니라 문화고, 인위적인 인간의 행위, 패션입니다. 특히 모든 그리스 남자들이 이렇게 머리카락을 기르고 컬을 만들고 염색을 했던 것은 아닙니다. 이런 세심한 헤어스타일은 귀족이나 다름없던 일부 남성들만이 가능했으니까요.

그럼에도 불구하고 당시 그리스 시민 남성들은 이렇게 꾸미는 것이 인간의 자연스러운 모습일 거라고 생각했을 겁니다. 대체로 사람들은 자신들의 방식을 가장 자연스러운 것이라고 여기는 경향이 있으니까요. 물론 특권층일수록 이러한 경향은 더 강하지요.

여성들이 히마티온을 입는 다양한 방식

소크라테스의 철학자 스타일, 비지니스룩 2: 히마티온

길고 하얀 턱수염 외에 소크라테스의 철학자 스타일을 만드는 또 다른 아이템이 바로 하나의 사각형 천으로 만든 의복 히마티온himation입니다. 수염과 히마티온은 시민 남성들 중에서도 입는 사람들이 있었겠지만, 특히 철학자들이 했던 스타일이라 철학자룩이라고 이름 지어 보았습니다. 조각상에서 소크라테스가 걸치고 있는 히마티온은 맨몸 위에 걸치기도 하고, 키톤 위에 걸치기도 하는 일종의 외투 같은 것입니다. 물론 히마티온은 남녀 모두 착용하던 의복이지만, 남녀의 착용방식이 완전 다릅니다. 남성의 경우 긴 장방형의 천을 왼쪽 어깨 앞에서 뒤로 걸치고 오른쪽 겨드랑이 아래나 어깨 위를 덮어 앞을 지나 다시 왼쪽 어깨에 걸치거나 왼팔에 감는 등 취향에 따라 두르는 방식은 다양하지요. 여성들은 추위로부터 몸을 보호할 목적으로 큰 사이즈의 히마티온을 키톤(가장 일반적인 드레스) 위에 몸 전체를 감싸듯이 어깨에서 발목까지 두르고, 작은 사이즈의 히마티온은 어깨에 걸쳐 핀으로 한쪽 어깨를 고정시켰습니다. 악천후惡天候나 상喪을 당할 때에는 머리를 감싸서 입고요. 가난한 사람들은 히마티온을 낮에는 의복으로 착용하고 밤에는 침구로 사용했습니다.

여성들의 히마티온 입는 방식이 왼쪽 그림에서처럼 아주 다양합니다. 결혼한 여성들은 숄처럼 머리 부분을 감싸기도 했습니다. 여인의 조각상에서 보듯이 참 멋지고 고급스러운 느낌입니다. 여인들은 (시민의 아내) 집 안에서는 키톤을 입고, 공공장소로 외출할 때는 히마티온 차림을 해야 했습니다. 한편 남자들이 히마티온을 걸치면 멋스럽고 탐나는 망토가 되기도 합니다. 원래 남성들은 기본적으로 울과 리넨으로 만든 키톤을 입고, 그 위에 히마티온을 걸쳐 입었습니다. 그러나 철학자나 젊은 청년들은 키톤을 입지 않은 채 맨몸 위에 히마티온만을 두르기도 했습니다.

앞선 조각상(77쪽)에서 보듯 소크라테스는 키톤이 아닌 히마티온만을 평상복처럼 걸치고 다녔던 것으로 유명합니다. 늘 철학자 스타일을 고수한 셈이지요. 히마티온은 사실 사각형의 원단을 오른팔은 제외하고 왼쪽 어깨로부터 늘어뜨리는 스타일로, 당시 남자가 히마티온만 적절하게 입어도 아주 잘 차려입은 것이었습니다. 담요의 역할도 했으며, 흰색의 키톤과 달리 색상도 아주 다양했습니다. 화이트, 브라운, 블랙 등의 내츄럴한 색상뿐 아니라 스칼렛이나 진홍색,

그리고 보라색으로 염색한 히마티온도 있었다고 하니 말입니다. 다양한 패턴이나 장식을 가미하기도 했고요. 고대 그리스는 의외로 염색이 발달했습니다. 나사조개 껍데기 가루를 이용한 염료를 비롯해 천연염료를 이용해 이렇게 다양한 히마티온을 만들었습니다. 소크라테스가 아닌 다른 남자들이 히마티온 입은 모습 보실까요?

그런데 소크라테스의 경우에도 그랬지만, 가만히 보면, 시민 남성들이 히마티온 입는 방식은 여성들과 완전히 다릅니다. 남아도는 천을 왼팔에 두른 모습에서 차이가 있습니다. 확실히 뭔가 있어 보입니다. 이렇게 계속 왼팔을 내밀어 천을 감고 있는 행위는 사실 매우 불편한 일인데, 당연히 여성들에게서 이런 스타일을 보신 적은 없을 겁니다. 이것은 어디까지나 시민 남성들만이 가능한 방식이었으니 말이지요. 천을 휘감으며 내밀고 있는 왼팔은 남성 성기를 상징한다

남성들이 히마티온을 입는 방식

고 합니다. 그래서 그런지 뭔지 모르지만 참 신기하게도 왼팔에 척 두름으로써 항상 왼팔을 내밀고 있어야 하며 불편했겠지만, 뭔가 권위 있어 보입니다. 전근대 사회에서 패션은 편리함보다는 권위나 권력의 과시가 중요한 것이니, 시민 남성들은 아마도 기꺼이 이런 불편함 정도는 감수했던 것 같습니다. 소크라테스 역시 자연스럽게 받아들였던 것으로 보이고요.

몸짓 기호학에 따르면, 우리의 손짓 발짓 몸짓은 자연스러운 것이 아닙니다. 사회적으로 약속된 체계가 있습니다. 그래서 이런 몸동작이나 제스처 하나하나는 자연스러운 것이 아니라 한 사회문화 안에서 정해진 지위나 계급, 성별에 의해 터득되고 학습된 것입니다. 히마티온의 왼팔 두르기 착장 방식 역시 고대 그리스에서 사회적으로 약속한 체계에 의해 시민 남성적 권력이나 지위, 그리고 권위를 담는 방식이었던 것입니다. 권력과 우월감을 위해 패션뿐 아니라 이렇게 사소한 몸동작에까지 신경 쓴 것을 보면 아무래도 패션의 역사는 단순한 사회적 구별이나 신분 구별에 머무는 것이 아니라 외모 차별주의의 역사라 할 수 있을 것 같습니다. 그리스보다 좀 더 유연하고 여성의 권리가 보장되었던 로마 시대에도 여성이 이런 제스처로 옷을 입는 방식은 없습니다. 암튼 소크라테스는 낡을 대로 낡은 히마티온만을 주구장창 입었는데, 그게 그렇게 아무렇게나 혹은 아무나 막 입는 스타일이 아니었던 것입니다. 그래서 뭔가 있어 보였나 봅니다. 철학자 스타일이 괜한 것이 아니었던 것 같습니다. 어쨌든 다시 봐도 멋집니다.

영화 〈300〉을 보면, 젊은 남자가 어깨에 파볼라로 장식을 한 히마티온을 입고 있습니다. 히마티온이 그렇게 멋질 수가 없습니다. 나이 든 도리안 쪽 사람들은 이것을 유일한 의복으로 맨몸 위에 입었다고 합니다. 보통은 키톤 위에 입어야 하는데 말이지요. 이오니아인 소크라테스도 딱 이렇게 입었던 것입니다. 키톤을 입지 않고 히마티온만 입는 방식 말입니다. 히마티온은 가벼운 소재가 쓰이기 전까지는 외출용으로만 주로 입었으니까 뭐 그래도 되었던 것 같습니다. 아직 속옷이 발달한 때도 아니었으니 말입니다.

특권의 자연스러움

고대 그리스의 남자들이 헤어 컬을 만들고, 머리에 밴드도 둘러 헤어스타일이 눈에 띄게 아름다웠다는 사실은 참 신기합니다. 고대 남자들이라면 머리 정도는 대충 쓱쓱 빗거나 신경 안 썼을 줄 알았는데, 더구나 갑옷을 입고 격렬한 군사 훈련을 했던 옛날 옛적 남자라면 더더욱 그럴 것 같은데 정말이지 의외입니다. 아니 또 생각해보면 예전이나 지금이나 사람 사는 것은 똑같은 것인가 봅니다. 하기는 남성 동성애가 일반적이었던 시대 남자 연인들 사이에서 사랑의 시선이 머무는 곳이 바로 머리카락이었다고 하니, 지체 높은 금수저 남자가 헤어스타일에 신경 쓰는 것은 어쩌면 너무나 당연한 건지도 모릅니다.

앞서 언급했듯이 고대 그리스에서 머리카락과 수염을 세심하게 가다듬는 것은 시민 남성 중에서도 아주 고귀한 남성들의 특권이자 의무였습니다. 호메로스 시대나 페르시아전쟁 이전이나 이후에도 큰 전쟁과 도시국가들끼리의 작고 소소한 전투로 인해 자주 혹은 적어도 2~3년에 한 번씩은 전쟁에 출정해야 했던 상황을 고려해 볼 때 전사이자 시민인 남성들의 외모에 대한 이런 시간 투자와 노력은 놀랍습니다. 스파르타만이 아니라 아테네 역시 평상시 군사 훈련과 신체 훈련을 받아야 하는 것 외에, 60세까지는 전쟁이 터지면 출정을 해야 하는 아주 남성적인 군사문화가 중심이 된 군국주의 사회였는데 말입니다. 하기는 우리나라 군인의 짧디 짧은 헤어스타일도 군인 머리쯤이야라고 우습게 보면 안 된다고 합니다. 거기에도 유행과 스타일이 있다고 하니까요. 그렇다면 전쟁터의 남자라도 사람이라면 누구나 언제나 이렇게 꾸며서 잘 보이고 싶어 하는 게 본능과 같은 것인가 봅니다. 심지어 거미와 같은 곤충들도 그러하니 유한계급이었던 시민 남성들이야 말할 나위도 없겠지요.

주목할 것은 시민 남성들은 혈통과 전통, 신체적인 우수성과 군인다운 기율을 중시하는 아레테(덕), 극기와 자제, 절도 등등을 이상으로 삼으면서, 이러한 이상을 외모 가꾸기로 드러내며 천민 대중과의 차별성을 꾀했다는 사실입니다. 세심하게 손질한 머릿결과 헤어스타일, 그리고 수염은 감히 가난한 시민은 할 수 없었고 하물며 노예는 꿈도 꿀 수 없는 것이었기 때문입니다. 이러한 외모와 헤어스타일을 통해 출신 성분의 우월성이 증명되니 말이지요. 그런데 이들이 혈통의 우수성을 드러내는 이러한 외모 가꾸기는 사실 실용적이지는 않습니다. 그것은 분명 플라톤 식으로 말하자면, 필요를 넘어선 것임에 틀림없습니다. 이후 보시겠지만, 플라톤은 《국가》에서 여성들의 외모를 꾸미는 미용용품들을 사치라고 배격하고 있으니 말이지요.

또한 소크라테스의 긴 수염과 히마티온 스타일의 철학자룩은 인류 최초의 비즈니스룩 혹은 오피스룩이 아닐까 합니다. 철학자룩은 분명 특권적인 룩이면서도 당시 산업 노예 노동자들의 벗다시피한 스타일과 구별되고 또 다른 여성 직업군 헤타이라의 비즈니스룩과도 구별되며 우월합니다. 헤타이라에게도 성적 매력 뚝뚝 묻어나는 시스루룩을 포함한 비즈니스룩이 있었지만, 거기에는 시민 남성의 히마티온 제스처에서 풍기는 권력이나 권위 같은 것은 없습니다. 그러니 소크라테스의 철학자룩과 헤타이라의 비즈니스룩 간의 품격의 차이는 현저할 수밖에 없습니다. 권위와 특권이 있느냐 없느냐하는 면에서 말입니다. 그러니까 소크라테스의 조각상에서 보여지는 그의 철학자룩은 가난의 상징 같은 것이 아니라는 이야기입니다. 소크라테스를 비롯해서 귀족적인 시민 남성의 외모가 이렇게 중요한 것을 보면, 정신적 이데아를 파악하는 이성적인 능력만큼 이러한 외모와 스타일도 중요했던 것 아닐까요?

그런데도 아테네 인구 중 일부만의 이러한 차별적 패션 스타일이 마치 자연스럽고 당연한 것인 양, 심지어 가난의 상징인 양 사회에서 받아들여지고 역사적으로도 그렇게 평가되어 왔습니다. 그래서 그동안 그 특권적 스타일이 보이지 않게 되었던 것 같습니다.

인문학 노트

플라톤의 《향연》에 대하여

플라톤 연구 학자들은 플라톤의 《향연》이 기원전 404년 전후쯤

써졌을 것이라고 추정합니다. 소크라테스의 제자가 10여 년 전인 기원전 416년경 비극경연 대회에서 첫 우승을 했던 아가톤의 집에서 벌어진 향연에 대해 자신의 동료들에게 전해주는 이야기가 그 배경입니다. 다시 말해서 10여 년 전의 일에 관해 플라톤이 쓴 것입니다. 등장인물들은 소크라테스를 비롯해서 모두 실존인물들입니다. 그렇지만 어디까지가 소크라테스의 생각이고 어디서부터가 플라톤의 생각인지는 명확하지 않습니다 물론 플라톤이 묘사한 소크라테스도 실제 소크라테스와 완전히 일치하지는 않을 것입니다. 그럼에도 대부분은 일상의 소크라테스를 묘사했을 것으로 추정됩니다. 특히 그의 맨발 패션이나 일상의 옷 입는 습관, 그리고 아가톤이나 알키비아데스와의 관계는 역사가들에게 익히 알려진 사실들이니까요. 어쨌든《향연》속 소크라테스를 통해 당시 시민 남성들의 외모 관리를 엿보고 있다고 생각하시면 될 것 같습니다.

제 3 장

소크라테스, 멋지게 차려입고 어딜 가시나요?

: 내 안의 남자, 남자가 꾸미고 싶을 때

죽어가는 병사

소크라테스의 밀리터리룩 : 중장보병 스타일

잘 알려지지 않은 사실인데, 인류 역사상 누구도 갖기 어려운 거대한 존재감을 자랑해온 소크라테스도 전쟁에 나가 싸우곤 했습니다. 하긴 고대 아테네 시민 남성이라면 군 복무와 전쟁시 참전은 필수입니다. 소크라테스의 군대 내 지위는 그리스의 유명한 중장보병Man at arms, Heavy armed foot solder입니다. 그리스의 중장보병은 호플리트hoplite: ὁπλίτης라고 하는데요. 크고 둥근 방패인 호플론ὅπλον을 들고 있어서 붙여진 이름입니다. 고대 그리스 도시국가들의 중장보병은 사용 장비를 모두 개인이 사비로 구입해야 했기 때문에 경제력이 있는 중상류층이 대다수였습니다.

우리는 보통 고대 그리스 하면 조각, 철학, 연극과 같은 문화 그리고 민주주의 정치제도를 떠올리며 현대 서양문화의 원류라고 생각하는 데 익숙합니다. 그러나 정작 그리스 조각, 철학, 연극의 주요 주제가 무엇인지 아시나요? 바로 전쟁입니다. 고대 아테네 역시 스파르타와 마찬가지로 전쟁이 정치, 문화, 철학 그리고 일상 곳곳에 스며들어 있었습니다. 페르시아와의 전쟁이나 해외 식민지 전쟁 외에도, 고대 그리스는 100여 개가 넘는 도시국가들로 이루어져 있었던 탓에 서로 다른 도시국가들 간의 전투가 끊임없이 일어났기 때문입니다. 그야말로 전쟁이 삶이고 삶이 전쟁인 나라였던 것이지요. 이 때문에 그리스 조각들과 항아리에 남겨진 그림들은 전사들과 전투 장면들을 가장 많이 묘사하고 있고, 현재 남아 있는 비극과 희극들은 전쟁과 전투를 주요 주제로 묘사하고 있습니다. 그리고 알려지지 않아서 그렇지, 많은 그리스 철학 역시 중장보병과 시민군인의 역할에 대해 관심을 기울였습니다. 영국 오스프리출판사의《군복사Man at arms》시리즈 집필에 참여한 니콜라스 세쿤다Nicholas Sekunda는 그리스 중장보병만을 다룬《그리스 호플리트Greek Hoplite》에서 전쟁이 고대 그리스인들의 종교에까지 스며들어 있었다고 지적합니다. 즉 고대 그리스인들에게 계시적인 지혜를 담은 성서는 없었지만, 그에 아주 가까운 것이 있었으니 그게 바로 호메로스의《일리아스》라는 서사시입니다. 호메로스의 작품들이야말로 고대 그리스 시대 벌어졌던 전쟁을 배경으로 하면서 제국주의적인 전쟁을 미화하며 그리스인들의 삶의 목적을 제시하고 있으니 말이지요.

이러한 전쟁의 시대에 그리스 도시국가의 시민 남성은 18세가 되면 2년 동안(스파르타는 30세까지) 군대에서 복무해야 했으며, 이후 기본적인 군사훈련을 하여 60세까지는 전쟁이 나면 언제든 전장에 나가야 했습니다. 물론 이것은 원칙일 뿐이고 도시국가마다 약간씩 달라서 아테네의 경우 해외 원정 참가는 50세까지로 한정되었고, 그리스 도시국가 간의 전투는 60세까지 출정해야 했습니다.

중장보병의 장비는 기본적으로 청동으로 만든 투구와 흉갑, 정강이받이입니다. 이것들의 무게는 약 27킬로그램 정도이고, 주 무기는 도리δορύ라고 부르는 창으로, 길이는 약 2.4미터 정도입니다. 방패는 나무에 청동을 도금한 아스피스ασπις를 사용했으며 약 6.2~9킬로그램 정도입니다. 이 방패는 무게를 줄여 제작하려다 보니 외적 공격으로부터 몸을 보호하는 방패의 기능은 조금 떨어졌다고 합니다. 그리고 창이 부러지거나 놓쳤을 때, 그리고 대형이 무너졌을 때 사용할 보조무기로 크시포스ξίφος라고 하는 양날 한 손 검을 가지고 있었습니다. 국가 재정으로 이러한 장비들을 구입할 수 있는 여력이 없었으므로 개인들이 사용하는 이 모든 장비는 시민들 각자 스스로 구입해야 했습니다. 그 결과 장비들이 오늘날처럼 표준화되지는 않았습니다. 물론 표준화되지는 않았다고는 해도 각 도시국가에 따라서 일정한 규칙은 존재했다고 합니다.

이들 중장보병은 창과 보조무기인 칼, 투구와 방패를 착용하고 팔랑크스 대형을 짜고 있다가, 상황에 맞춰 대형에서 이탈해 싸우는 전법을 훈련받았습니다. 펠로폰네소스 전쟁 후 중장보병 외에 또 다른 보병이 등장했는데요, 호플리테스의 장비를 줄인 경보병 에크도로모이Εκδρόμοι입니다. 경보병Light Infantry은 말 그대로 중장보병Heavy armed Infanyru과 달리 갑옷과 방패, 투구, 창이 없는 경보병입니다. 에크도로모이(경보병)란 '길 위의 사람들'이라는 뜻인데, 그 용어에는 약간 비하적인 의미가 들어가 있었다고 합니다. 중장보병은 전투 시엔 보병으로서 싸웠지만, 이동할 때는 그래도 형편이 되는 대로 말이나 당나귀 등을 구해 탔습니다. 그리고 돈 들인 갑옷과 장비도 나름 폼

이 납니다. 이에 반해 경보병들은 전투할 때에나 이동할 때나 걸어 다녔던 데다, 갑옷도 투구도 방패도 없었으니 경멸을 당한 것이지요. 원래 그리스는 돈으로 군인계급을 나누었으니, 오늘날의 관점에서 보면 차별도 이런 차별이 없습니다. 그리고 보면 중장보병이 얼마나 명예로운지 감이 오실 겁니다. 그럼 소크라테스가 입었을 왼쪽 페이지 그림의 중장보병 갑옷 차림을 좀 더 자세히 보실까요?

그림 왼쪽이 경멸을 한 몸으로 받았던 경보병이고, 가운데가 소크라테스가 속했던 멋진 중장보병, 그리고 오른쪽이 투석전사입니다. 중장보병의 패션이 단연코 우월하지요. 그런데 플라톤의 《향연》에서 알키비아데스가 전하는 바에 의하면, 소크라테스는 다른 중장보병들보다 훨씬 더 용감했다고 합니다. 알키비아데스는 한겨울 전장에 나갔을 때(그리스 겨울은 영하로 내려가지는 않습니다)를 회상하며 이야기합니다. 당시 서리가 아주 많이 내려서 모두들 밖에 나가려 하지 않고 안에서만 있었다고 합니다. 혹시 누군가 밖으로 나갈 경우에는 아주 두껍게 옷을 껴입고 신발 위에 털과 양가죽으로 감발을 치고 나갔다고 하지요. 그런데 소크라테스는 이런 날씨에도 평소처럼 늘 입고 다니던 외투를 걸치고, 역시 신발을 신지 않은 맨발로 나가 다른 중무장을 한 사람들보다 더 쉽게 얼음 위를 걸어 다녔다고 합니다. 그래서 다른 병사들은 소크라테스가 자신들을 깔보는 거라고 생각하면서 소크라테스를 흘끔거리며 보았다고 합니다. 알키비아데스 자신은 기마병이어서 소크라테스를 말 위에서 내려 보았고요.

소크라테스, 그리스 투구 쓰다

고대 그리스 중장보병 스타일 중 이야기하고 싶은 게 하나 있습니다. 바로 투구입니다. 당시 청동 투구를 보면, 머리에 썼을 때 두 눈과 입이 나오고 콧등에서 코끝까지 가리도록 만들어졌으며, 머리 뒷부분은 목까지 완전히 보호하도록 되어 있습니다. 눈과 입의 노출을 위해 도려낸 부분과 목과 접촉하는 부분에는 윤곽선을 따라 실을 꿸 수 있도록 구멍이 있습니다. 청동투구를 썼을 때 머리가 받는 충격을 완화하기 위해 투구 안쪽에 천을 댈 때 쓰는 바늘구멍입니다.

사진에서 보듯이, 전체적으로 이 투구는 얼굴 전체를 덮는 동글동글한 모양입니다. 한 장의 얇은 청동판을 손으로 가공해서 만들기 때문에 접합 부분이 없지요. 별개의 접합선 없이 얼굴 전체를 방어한다는 특징과 타격을 분산 흡수하는 특유의 동글동글한 디자인은 이 투구를 사상 최강의 투구 중 하나로 만들었다고 합니다. 물론 특유의 디자인 덕분에 귀까지 막아 버려 소리가 잘 들리지 않는다는 치명적인 약점이 있지만 말입니다. 다행히도 당시 그리스의 주된 전투방식이 팔랑크스 밀집 대형을 이룬 보병들이 밀고 당기면서 싸우는 식이라 복잡한 명령을 듣고 기동할 필요가 없었기 때문에 투구로 인해 잘 들리지 않는다 해도 큰 문제가 되지 않았다고 합니다.

위 사진은 초기의 코린트식 투구입니다. 고대 그리스에서는 전리품으로 얻은 투구를 신전에 봉납하는 관례가 있었는데, 신전 측에서는 주기적으로 파쇄해서 땅에 묻곤 했다고 합니다. 덕분에 신전 유적지를 파보면 투구 조각들이 많이 나온다고 하는데, 이 투구도 그런 운명을 맞았다가 다시 복원된 것으로 보입니다.

투구와 모자 : 모자를 쓰지 않았던 그리스 시민들

고대 그리스 투구로 말할 것 같으면, 이렇게 멋진 외형 말고도 꼭 짚고 넘어가야 할 이야기가 있습니다. 역사적으로 볼 때 모자는 대개 지배층의 패션인 경우가 대부분입니다. 그런데 유독 그리스인들만은, 물론 전투시 머리를 보호하는 투구를 제외하고는, 모자라는 것을 싫어 했습니다. 왜냐하면 모자란 그들에게 있어 시민권자가 아닌 체류 외국인들이나 노예의 상징이었기 때문입니다. 그래서 아테네 시민들은 지중해 여름의 뜨거운 태양이 내리쬐는 한낮에도 좀처

투구를 쓴 그리스인

럼 모자를 쓰지 않았습니다. 신기하지요? 고대 그리스인들은 이성적이고 합리적인 철학과 민주주의로 유명한데, 뜨거운 태양 아래서도 모자를 거부했다는 점에서 참 비합리적입니다. 더운 태양 아래서 모자는 머리를 보호해주는 것이 틀림없는데도 말입니다. 이런 점에서 우리는 기능과 실용을 생각해서 합리적으로 옷을 입는 것이 아니라 우리의 사유와 의미를 입는다고 할 수 있습니다. 몸의 필요와 기능을 위해 입는 것이 아니라 한 사회 내에서 통용되는 상징과 기호를 입는 것이지요. 그러니까 패션이 되는 것입니다. 물론 시민 남성의 경우 일상에서 모자를 쓰지는 않았지만 전투 시 투구는 열심히 썼습니다. 각자 투구에 서로 다른 멋도 한껏 부린 것은 말할 것도 없고요. 아래 그림에서처럼 말이지요.

투구의 이런 장식은 기능성이나 실용성을 위한 것이 아니라 어디까지나 순전히 멋 때문입니다. 폼생폼사이지요. 좋습니다. 이에 반해 노예들, 외국인 체류자들이 썼던 오른쪽 117쪽 그림 속 모자 좀 보실까요? 태양이 뜨거웠던 데다 그게 신분질서였으니 말입니다. 투구가 일반적인 모자와는 다른 용도이기는 하지만, 그래도 동일하게

머리에 쓰는 모자류라고 할 때 그 화려함이나 장식성이 비교됩니다.

이 그림은 브리티시 박물관에 있는 불의 신 헤파이스토스 청동상의 일부입니다. 모자와 부츠가 특징적인 그림 속 의복은 아테네나 이오니아식 스타일과 다른 도리아 스타일의 짧고 풍성하지 않은 키톤으로 오른팔 아래를 지나 왼쪽 어깨에 고정되었던 노예 노동자 스타일입니다. 이 그림 속 모자는 노예와 같이 신분이 낮은 사람들이 썼던 스타일이고, 부츠는 여행자나 노동자가 신던 형태입니다. 복식사가 지배계급만을 중심으로 서술되어온 탓에 노예 노동자 스타일들에 대한 연구는 거의 이루어지지 않아 왔습니다. 그래서 이 부츠도 노동자의 것이라고만 소개하고 있습니다. 고대 그리스를 민주사회라고 하면서 지배계급인 시민 남성을 중심으로만 연구해 온 역사관을 복식 연구자들도 그대로 받아들였기 때문입니다. 워낙 보기 힘든 자료라 약간 막연함에도 불구하고 소개해 보는데, 부츠를 신은 것으로 보아 아마도 광산 노예 노동자가 아닐까 추정됩니다. 일반 노예들의 경우엔 맨발이 일반적이었으니 말입니다. 확실히 지배계급 시민 남성들이 입었던 갑옷은 물론이거니와 소크라테스가 보통 때 입는 철학자룩 히마티온과도 뚜렷이 구별됩니다. 비록 소크라테스는 맨발이었다고 해도 말입니다. 이 차림은 몸으로 일하는 자, 피지배계급의 모습으로서 어떤 권위라거나 지위라는 것이 보이지 않으니 말입니다.

밀리터리룩, 남성성의 원천

오른쪽 페이지 그림 속 군인들은 모두 중장보병입니다. 모두 짧은 남성용 리넨 키톤 위에 갑옷을 입었습니다. 멋지고 아름답습니다. 오늘날의 시선에서 보면 깜찍하기도 합니다. 짧은 키톤을 속에 입고 그 위에 가슴받이 갑옷(흉갑), 정강이받이, 창과 둥근 방패, 그리고 화룡점정으로 투구를 썼습니다. 투구가 특히 화려하지요? 투구 위에 다양한 색과 형태의 깃털을 장식했습니다. 앞서 언급했듯이 개인이 장비를 준비하다 보니 각 개인의 개성에 따라 장식을 하면서 다양한 스타일의 투구가 선보이게 되는 것입니다. 방패 문양도 통일된 것이 아니라 각자 가문의 상징을 그려 넣는 등 다양한 문양이 사용되었습니다.

이렇게 갑옷과 투구로 이루어진 밀리터리 패션은 고대 그리스에서 가장 멋지고 화려한 패션 중 하나라고 할 만합니다. 일반적으로 갑옷이나 군복, 즉 밀리터리룩은 성적인 표현을 배제한 중립적이고 기능적이며 이성적인 의복으로 생각하기 쉽습니다. 그러나 실은 그렇지 않습니다. 밀리터리룩이라는 것이 대체로 남성의 넓은 어깨와 근육이 잘 발달된 가슴으로부터 점차 가늘어져 날씬한 배와 가는 허리에 긴 다리를 가지는 남성의 이상적인 인체미를 드러내는 경우가 많습니다. 그 결과 군복은 남성성의 이상을 과시하며 남성적인 신체미의 매력과 아름다움을 가장 돋보여주는 옷이 되었습니다. 물론 거기에는 아무나 갑옷을 가질 수 없다는 점에서 권력의 힘을 포함하고 있었으니, 갑옷을 입은 지배계급의 남성성이 더욱 더 돋보였던 것은 말할 것도 없습니다.

그리스 중장보병

그런데 잠깐 궁금해집니다. 사람 목숨이 왔다 갔다 하고, 죽고 사는 전쟁터에서 아무리 명예로운 남성다움을 뽐내기 위해서라도 저렇게 멋진 차림새를 해도 되는 걸까요? 제 정신인지 모르겠습니다. 아니면 군복이라는 것이 죽음을 무릅쓰며 국가를 지킨다는 남성성의 이상과 자부심, 권력을 표현하기에 전쟁터로 나서기 전 전쟁에 임하는 자세로서 당연한 것일까요? 어쨌든 군복이 지니고 있는 이러한 자부심과 이상으로 인해 군복은 역사 이래 남녀유행을 선도하는 경우가 많은 거 같습니다. 예를 한 가지 얘기해 볼까요?

남성 재킷 소매나 몸판에 슬래시slash되거나 조각들을 이어 만들어 입는 것이 16세기 유럽 전역에서 유행했습니다. 본래 슬래시 패션은 스위스 병사들이 1477년 남프랑스 버건디 공과 싸워 이긴 후 칼자국이 있는 군복을 자랑스럽게 여겨 옷을 길게 잘라 천막 끈으로 기워 입은 데서 유래합니다. 그런데 천민으로 손가락질 당하던 용병의 이 의복이 당대 유럽 남성들의 유행이 된 것입니다. 특히 이 슬래시 패션은 이후 다채롭고 환상적이며 매우 과장된 형태로 발전하고 유행하게 되었습니다. 스위스를 넘어 독일에서 유행하고, 이어서 프랑스와 영국, 이탈리아에도 영향을 미쳤으니까요.

슬래시는 요즘 흔히 입는 찢어진 청바지처럼 옷을 일부러 벌어지도록 절개를 해서 터놓은 사이로 속에 입은 고급옷감이 보이도록 하는 과잉 장식이자 멋내기입니다. 이 유행이 15세기에 시작되어 16세기까지 계속된 것이지요. 덕분에 16세기엔 내내 슬래시가 들어간 소매나 슬래시가 들어간 상의는 남성은 물론이고 여성 패션에서도 응용되면서 최신 유행의 핫 아이템이 되었습니다. 요즘 유행하는 옷들 중에서도 군복을 응용한 경우가 한둘이 아닙니다. 디지털을 비롯한 다양한 군복무늬와 카키색 이미지들이 어린 남아와 여성들에게까지 유행하듯이 말이지요. 아무래도 일상에는 없는 무늬라서인지 어떤 신선한 매력을 지니는 것 같습니다.

전근대 사회에서 의복이나 패션은 늘 위에서 아래로, 즉 상류층의 의복을 하류층이 모방하고 따라한다는 패션 연구가 많습니다. 그런데 용병들의 패션이었던 슬래시의 유행은 이런 주장을 뒤집습니다. 슬래시처럼 상류층 전반으로 유행

했던 것은 아니지만 소크라테스의 맨발 스
타일도 하층 계급의 맨발로부터 온 것
입니다. 비록 맨발이 개인적인 취향
이라고는 해도 노예들의 복장이기에
비난을 많이 받았고 그래서 소크라
테스의 자유정신이 돋보이는 것 아
닌지 모르겠습니다.

16세기 중반 스페인
르네상스기 의상 슬래시

이런 맥락에서 아마도 남성들의
의복을 가장 멋진 패션으로 만들어주
는 곳은 바로 군대라고 할 수 있습니다. 남
성들이 스스로 생각하는 가장 남성적인 모
습을 군대라는 공간에서 만들어내기 때문에 시대마다 다르기는 하
지만, 각 시대마다 가장 섹시한 남성미를 끌어내는 것 같습니다. 잠
시 남성다움은 아름다움이나 꾸미는 것과는 거리가 먼 것처럼 알려
진 고정관념이 잘못된 것은 아닐까 의심해 봅니다. 고대 그리스 시
대 중장보병은 뭔가 의미를 부여하며 빨간 깃털, 파란 깃털로 투구
를 장식했겠지요. 물론 소크라테스도 그림 속의 다양한 투구 중 하
나를 썼을 것입니다. 그도 분명한 중장보병이었으니까요.

중장보병과 노예(하인)의 군 복무

시오노 나나미鹽野七生의 전쟁 3부작 중《로도스 공방전》을 보면,
십자군에 출정하는 귀족 집안의 기사가 언제나 시종을 거느리고 다

니는 것을 볼 수 있습니다. 전쟁터까지 말입니다. 세르반테스의《돈키호테》에서 돈키호테를 따라다니며 시중들었던 판초처럼 말입니다. 고대 그리스도 예외가 아닙니다. 고대 그리스 중장보병들은 전쟁터에도 각자 개별적인 하인, 즉 개인노예들을 대동하고 다녔습니다. 이 노예들은 보조원이나 짐꾼 등등으로 불리었는데 어쨌든 이들은 대부분 노예들입니다. 물론 스파르타만큼은 아니지만 아테네 사회 역시 노예의 노동을 통해 경제활동이 이루어졌다고 평가받을 만큼 많은 노예가 있었습니다. 한 집안에 노예 두세 명은 기본이요 그 이상이 있는 경우도 많았으니 말입니다. 경우에 따라서는 젊은 친척을 전쟁터에 대동하고 다니기도 했습니다.

그런데 이런 노예들은 그냥 폼으로 데리고 다닌 것이 아닙니다. 노예는 그야말로 중장보병의 수족이 되어주었습니다. 그들은 전쟁 중일 때는 물론 전쟁이 잠시 휴지기일 때도 주인인 중장보병의 갑옷과 방패, 창을 챙겨 들고 다녔습니다. 그 외에도 여타 '중장보병님'들이 필요로 하시는 배낭과 같은 침구류 등등의 세트, 그리고 식량들을 도맡아 짊어졌습니다. 요리를 위해 필요한 땔나무, 말 사료, 식수를 책임지고, 자신의 주인인 중장보병의 식사 준비와 잔심부름을 도맡았습니다. 그러고 보면 소크라테스를 비롯해 용맹한 우리의 중장보병들은 노예시종 거느린 기사님들입니다. 중세 기사만 귀족이 아니었던 거지요. 귀족들의 노블리스 오블리제는 이렇게 노예들의 노역 위에 존재한다고, 아니 노예들의 희생과 헌신을 기반으로 한다고 해야 할 것 같습니다.

또 하나 이들 노예의 주요 임무는 중장보병이 전투 장비를 착용할 때 옆에서 돕는 일입니다. 갑옷은 앞뒤 어깨와 연결되어 엉덩이 바로 위에서 종 모양의 굴곡을 이룬 동판으로 만들어진 흉갑입니다. 최소 18킬로그램이나 나가는 청동갑옷을 모직 혹은 리넨 튜닉 위에 동여매려면 누군가의 도움을 받지 않을 수 없었습니다. 이 상태에서 다리에 장딴지와 무릎보호용 청동 정강이를 착용하고, 또 발목 위까지 올라오도록 끈을 매는 군화를 신으려면 노예의 도움은 필수였습니다. 이 모든 게 혼자서 쉽게 할 수 있는 게 아니라서 노예가 주인님 곁에 바싹 붙어서 갑옷 입는 것을 도와주었던 것이지요. 때로 갑옷을 청동이나 가죽이 아닌 리넨으로 만들기도 했는데, 리넨으로 만든 갑옷 역시 의외로 무게가 많이 나가 혼자 입기 쉽지 않았습니다. 그래서 갑옷 수발은 으레 노예가 하는 것이 당연시 되었습니다. 오늘날 남성들의 로망이자 미래의 밀리터리룩을 상징하는 아이언맨 슈트가 몸의 센서와 연결되어 자동으로 몸에 입혀지는 과정을 고대 그리스에서는 노예가 대신한 것입니다.

군대가 행진할 때면 보통 노예와 중장보병이 2열 종대로 행진을 하는데, 이때 노예들은 중장보병의 방패며 침구류를 들고 행진을 했습니다. 그리고 적에 가까워지면 노예들은 얼른 뒤로 빠졌습니다. 무거운 장비들은 마차로 실어 나르기도 했습니다. 예를 들어 삽이나 톱과 같이 전쟁터에 필요한 장비들 말입니다. 흙을 나르는 바구니 같은 것도 말이지요.

사정이 이렇다면, 의문이 생깁니다. 중장보병과 노예가 함께 전투에 나갔는데도 보통 그리스군 하면 중장보병만 이야기합니다. 대체 누가 고대 아테네 사회를 민주주의 사회라고 부르기 시작한 것일까요? 이들 하인이자 노예들은 요즘으로 치면 취사병과 보급부대, 수행비서 역할까지 담당했으니 분명 군 병력에 포함시켜 기록되어야 하는데 말입니다. 그들의 존재는 민주주의라는 이름으로 빛나는 그리스 역사에서 보이지 않는 유령이 되어 버린 셈입니다. 그리스인이 쓴 페르시아 전쟁사나 펠로폰네소스 전쟁사에서 이들은 거의 소개도 안 되니 말입니다. 전투시 중장보병 뒤에 있다고 적의 화살에 안 맞는 것도 아닐 텐데 말입니다. 추측컨대 18, 19세기 유럽이 전 세계 대부분을 식민지화하면서 서구가 인류 문명을 이끌만한 우월함을 지니고 있다는 점을 정당화하기 위해 고대 그리스의 부분적 민주주의를 지나치게 미화하거나 이상화한 것이 아닌지 의심됩니다.

아래 그림은 노예 복장 이미지 입니다. 앞서 121쪽 노예 노동자 의복에서 부츠 대신 맨발, 각진 모자 대신 머리에 꼭 맞는 둥근 밀짚모자를 쓰면 바로 이렇게 노예의 스타일이 됩니다. 이곳 전장에서 자신의 주인인 중장보병과 기마병들이 먹고 자고 전투할 수 있도록 모든 준비를 해주는 노예들의 스타일 말입니다. 아마도 중장보병들의 갑옷이나 투구를 보좌하면서 옆에서 왔다갔다 분주했을 그들은 컬러풀한 그림 속에 색칠을 하지 않아 잘 보이지 않는 밑그림이나 아예 보이지 않는 유령의 모습 같았을 것입니다. 당시 시민 남성들의 눈으로 볼 때는 말입니다. 그러나 지금 우리가 보면 분명 거기에서 존재하며 활발하게 중장보병을 보필하며 움직였던, 살아 있던 사람들임에 틀림없습니다.

소크라테스가 유혹하고 싶을 때, 데이트 스타일

딱딱한 군복이나 군사 훈련 이야기는 좀 지루할지 모르니, 중장보병 이야기는 이쯤에서 잠시 중단하겠습니다. 군복 이야기는 이후 플라톤의 기마병 패션을 다룰 때 다시 이야기하기로 하고, 이번에는 소크라테스의 '멋남 스타일' 이야기를 해보겠습니다. 소크라테스가 늘 전쟁을 위한 군사 훈련이나 체력 단련만 한 것은 아니기도 하니 말입니다. 평상시 소크라테스는 2장에서 보았던 차림대로 히마티온 하나만 걸치고 맨발 스타일로 거리를 누볐습니다만, 이번에는 다릅니다.

플라톤의 《향연》을 보면, 소크라테스가 어느 날 눈에 띌 만큼 한껏 멋 부린 패션을 하고 설레는 이를 만나러 가는 장면이 제자의 눈에 포착되었습니다. 소크라테스는 저녁에 있을 술자리 연회에 초대되어 가는 도중이었지요. 이 장면은 보통 플라톤의 저술을 연구하는 수많은 철학자들이나 여타의 학자들이 거들떠 볼 필요를 느끼지 않아 사소하게 여기며 지나쳤던 광경입니다.

가슴 설레는 사람을 만나러 갈 때 옷장 앞에서 고민한 적 있으시지요? 아니 전날부터 입을 만한 옷들을 세팅해보고, 아니 약속 날이 다가오기 며칠 전에 미리 입을 만한 옷들을 장만하거나 이리저리 세팅을 해보기도 합니다. 거울 앞에서 준비한 옷들을 입어보고, 액세서리도 옷에 맞춰보고, 구두나 힐도 거울 앞에 가져와 신문지 깔고 그 위에 전신 풀 샷으로 서보기도 합니다. 가슴 설레는 사람을 만나러 기대에 부풀어 평소에는 잘 입지 않는 옷과 신발로 나의 모습을 뽐내며 길을 나선다는 것만큼 세상에서 행복하고 즐거운 기분은 없을 테니 말입니다. 이렇게 설레는 마음이 가득한 날은 정말이지 인생에서 축복받은 날 중 하나일 겁니다. 어떻게 입으면 예쁘고 멋져 보일까 행복한 고민에 빠지는, 그 어느 날보다 행복한 날이지요. 생각만으로도 행복한 순간이기도 하구요. 가슴 두근거리는 누군가를 생각하며 옷차림에 신경 쓰는 일만큼 기분 날아가는 날도 없을 겁니다.

그런데 지금 소크라테스도 바로 그런 마음으로 한껏 차려 입고 길을 나서고 있었던 것입니다. 아름다운 자를 만나러 소크라테스 자신도 아름다운 자가 되어서 말입니다. 믿기지 않지만 소크라테스도 한 남자로서는 오늘날 우리와 다를 바 없는 것 같습니다. 이름 하여 소크라테스식 데이트룩을 하고서 말입니다. 대철학자 소크라테스가 보통 때는 좀처럼 하지 않던 목욕도 하고 신발도 신은 채 변신을 하고 말입니다.

"소크라테스, 멋지게 차려입고 어딜 가십니까?"

우연히 스승과 마주친 아리스토데모스가 소크라테스의 멋쟁이룩을 보고 놀라 이렇게 묻습니다. 아리스토데모스가 이렇게 묻지 않을 수 없었던 이유가 소크라테스는 워낙 맨발의 허름한 스트리트 스타일로 유명했기 때문에 말이지요.

플라톤의 《향연》 뒷부분을 보면, 당대 절세미남으로 유명했던 알키비아데스가 여러 가지 작전을 펼치며 소크라테스를 유혹하는 장면이 나옵니다. 이때 알키비아데스 가슴을 후벼 팠던 소크라테스의 옷차림 이야기가 나옵니다. 알키비아데스를 만나는 어느 날 소크라테스가 허름하다 못해 헤진 옷을 입고 있음을 알키비아데스는 알아차림니다. 나는 열심히 기대하고 나갔는데 상대는 허름하고 헤진 옷을 입고 나왔다고 상상해 보십시오. 오늘날에도 여자나 남자나 상대가 옷 입는 스타일이 마음에 안 들면 만나다 헤어지기도 하는 경우가 있으니 말이지요.

알키비아데스는 소크라테스의 이런 모습과 태도에 정말이지 실망한 것 같았습니다. 소크라테스에 대한 유혹과 집착을 거의 체념한 것이 바로 이때였으니 말입니다. 소크라테스가 이렇게 헤진 옷을 입고 있는 것은 알키비아데스에게 이렇게 말하는 것과 다름없다고 생각한 것 같습니다. '나는 너에게 관심이라곤 전혀 없다. 티끌만큼도 없다.' 뭐 이렇게 말이지요. 알키비아데스는 그제야 소크라테스의 마음을 알아채고 자신의 생각을 접어야 한다는 것을 깨달은 것 같습니다. 아프지만 진실을 받아들일 때가 되었으니 말입니다.

평소에는 물론 알키비아데스를 만날 때에도 이렇게 자신의 외모라곤 거들떠도 보지 않았던 소크라테스였지만, 그래도 좋은 사람을 만나러 갈 때는 전혀 딴판이었나 봅니다. 소크라테스에게도 실은 숨겨둔 패션센스가 있었던 것 같습니다. 신상 히마티온에 신발도 신고 목욕하고 수염도 더 정성스레 다듬고 말입니다. 이에 소크라테스는 대답합니다.

"아가톤의 집에서 열리는 향연에 가네. 어제 아가톤이 상을 받아 열린 우승 기념 파티에는 워낙 사람들이 많아 이를 피해 나왔거든. 그러면서 오늘 참석하겠다고 약속했지. 그래서 이렇게 멋을 냈네. 아름다운 자의 집에 내가 할 수 있는 가장 아름다운 자로 가려고 말이네."

소크라테스의 남자들, 알키비아데스와 아가톤

그러면 소크라테스가 만나러 가는 멋있는 자 혹은 아름다운 자 아가톤은 대체 누구일까요? 아가톤은 당시 소크라테스보다 스물다섯 살 정도 젊고, 알키비아데스보다는 다섯 살 젊은 비극시인입니다. 아가톤은 소크라테스가 이렇게 차려 입은 바로 전날 상을 받았습니다. 그래서 그는 상 받은 기념으로 자신의 집에서 축하 파티를 벌이기로 하고 소크라테스를 비롯해 몇 명의 친구들을 초대한 것이지요.

거리에서 스승과 마주친 아리스토데모스는 사실 아가톤으로부터 초대를 받지 않았는데, 소크라테스가 함께 가자고 부추깁니다. 그리하여 아리스토데모스는 엉겁결에 초대도 받지 않은 상태에서 소크라테스와 함께 아가톤의 향연장에 동행하게 됩니다. 사실 소크라테스가 평소에 신지 않았던 신발, 샌들은 현대인의 시선에서 보면 보잘 것 없어 보일 수 있습니다. 소크라테스가 한껏 멋 부리며 신은 신발이라야 파피루스나 가죽으로 구두창을 만들고 가죽 끈으로 묶은 버스킨 샌들일 테니까요. 사실 요즘 여름에는 샌들이 낭만적으로 보이지만, 당시 사람들에게는 그저 평범한 신발이었습니다. 그러나 소크라테스가 전장에서만이 아니라 평소에도 맨발로 다녔으니 그의 샌들 착용은 그야말로 획기적인 일인 거지요.

혹시나 아리스토데모스가 놀라워하는 모습에 소크라테스 자신도 찔리는 게 있어 굳이 변명하면서 함께 가자고 부추긴 것은 아닌지 모르겠습니다. 소크라테스 본인 자신도 아름답게 멋을 내고 있음을 의식하고서 쑥스러웠던 것일지도 모르니까요. 그래도 소크라테스는 꽤 정직하게 변명하는 편 아닌가요? 아니면 평소와 너무도 명백하게 달라 발뺌하기 어려운 상황일는지도 모르고요.

우리는 모두 소크라테스처럼 일상의 평범한 하루하루를 지내다가 가끔 아주 특별한 차림으로 모양내고 나갈 때가 있습니다. 다른 사람의 결혼식 같이 남을 위해서가 아니라 내가 주인공이 되는 그런 날 말입니다. 좋은 사람, 내게 매력적으로 보이는 그 사람에게 나도 매력적으로 보이기 위해 특별한 차림으로 나가고 싶은 그런 날 말이지요. 그건 아마도 이 세상에서 우리에게 주어진 몇 안 되는 기회일 겁니다. 자신의 외모를 멋지게 치장하며 자신의 '존재감'을 즐기는 순수한 순간들이니 말입니다. 그래서 자신을 가능한 매력적이고 아름답게 보이고 싶은 마음으로 가슴이 부풀어 오르는 신나는 선물 같은 날이니까요. 이런 마음으로 우리의 소크라테스 역시 평소와 달리 목욕재계하고 신발도 신고, 옷도 정갈하게 입어 아름답게 꾸미고는 아가톤을 행해 갔던 것이지요. 그리곤 아리스토데모스의 물음에 이렇게 답합니다.

"아름다운(멋진) 사람을 만나러 가는 데 아름답게 하고 가네."

소크라테스는 아가톤만이 아니라 스스로도 멋있는 자 혹은 아름다운 자라고 표현하고 있습니다. 그것도 알키비아데스와 논쟁하며 자신의 정신적 아름다움을 육체적 젊음의 아름다움에 비교했던 것과 달리, 지금은 분명하게 자신의 외모와 패션 스타일을 아름답다고 말하고 있는 것입니다.

알키비아데스, 소크라테스를 알몸으로 유혹하다

《향연》에서 소크라테스는 당대 최고의 미남으로 인기를 끌었던 알키비아데스의 유혹을 뿌리친 것으로 서술되어 있습니다. 알키비아데스의 미모로 말할 것 같으면 여자들뿐 아니라 남자들에게도 인기가 좋았을 정도로 잘 생겼다고 합니다. 몸매 역시 올림픽에서 두 번이나 상을 탔을 정도였으니 완벽했겠지요. 아름다운 미모와 콧대로 유명한 클레오파트라가 제 아무리 아름답고 매력적이었다 해도 남자들의 관심만을 끌었을 뿐입니다. 그러나 알키비아데스의 미모는 여자와 남자 모두의 관심과 사랑을 받았다고 하니, 콧대로 치면 클레오파트라 뺨 두세 번 치고도 남을 것 같습니다. 그렇게 하늘 높은 콧대를 자랑하는 알키비아데스가 술에 잔뜩 취해 향연 맨 마지막 손님으로 아가톤의 집에 왔습니다. 그리곤 좌중에게 자신이 소크라테스를 유혹하려 온갖 방법을 다 동원했다고 고백하기 시작합니다.

미남 중의 절세미남, 젊은 알키비아데스가 술에 취해 늘어놓는 고백 좀 들어보실까요? 다음은 플라톤의 《향연》 후반부에 알키비아데스가 소크라테스를 유혹하기 위해 체육관으로 유인하는 대목입니다

"그분(소크라테스)이 내 꽃다운 청춘에 관심을 갖고 있을 거라고 믿으면서 나는 이게 아주 기가 막힌 행운이라 생각했네. 소크라테스 선생님께 다정하게 대하면 이 분이 알고 있는 것들을 모두 들을 수 있을 것이라고 생각했으니까. 나는 정말이지 내 꽃다운 청춘에 대해 무척 자신감을 가지고 있었거든. 그런데 이전에는 소크라테스 주

변에 워낙 따르는 사람들이 많아 그분과 단둘이 있어 본 적이 없었어……"

"여보게들, 그런데 이제 난 그분과 단둘이만 있었기에 사랑하는 자가 소년 애인에게 나누는 내밀한 대화들을 그분과 내가 나눌 것이라고 상상하면서 즐거워했네…… 그런데 그 비슷한 일도 벌어지지 않았어……"

알키비아데스는 여기에 실망하지 않고 작업을 계속했다고 이야기합니다. 이번엔 정말 말 그대로 육탄전, 알몸으로 유혹하기 작전입니다. 소크라테스에게 레슬링을 하러 체육관에 가자고 했으니 말입니다.

"이 일이 있고 얼마 후 나는 소크라테스에게 운동을 하러 가자고 권유했고 그래서 소크라테스와 함께 운동을 하게 되었어. 나는 이를 기회 삼아 거기서 뭔가를 이뤄 낼 생각이었지. 소크라테스와 나는 단둘이 레슬링을 했으니까…… 분명 우리 말고는 주변에 아무도 없었던 적이 여러 번씩이나 있었지."

알키비아데스는 처음엔 단둘이 대화 시간을 가졌다가 유혹에 실패하자, 다음에는 체육관에서 체력 단련하면서 자연스럽게 소크라테스의 몸을 만지며 스킨십 아닌 스킨십으로 소크라테스를 유혹하려 했다고 털어 놓습니다. 당시 체육관이라 함은 일종의 가장 잘 나가는 핫플레이스이자 데이트 장소였습니다. 비록 우승한 기록은 없지만 소크라테스도 레슬링 경기에 출전했고, 알키비아데스는 판크라티온에 출전해 우승한 기록이 있습니다. 꼭 올림픽에 출전하는 운동선수가 아니라도 아테네 시민 남성이라면 전투훈련의 일환으로 체육관에서 신체단련을 하는 것이 자연스러운 일이었습니다. 군 복무 후에도 60세까지는 전쟁이 터지면 참전해야 했기 때문입니다. 그리스의 주요 전술이 팔랑크스 대형으로 싸우는 것이기는 했지만, 여차하면 맨몸으로 싸우는 백병전으로 싸워야 했으므로 평상시 체육관에서 개인적인 체력 훈련을 기본적으로 했습니다.

로마는 라틴 동맹국으로부터는 조세를, 로마 동맹국들로부터는 직접세로서 군사를 제공받았습니다. 덕분에 로마시민이라도 전쟁이 터질 때마다 징집에 응할 필요가 없었고, 한 해 걸러서 다음 해에 가는 방식으로 휴지기를 가질 수 있었습니다. 반면 그리스는 이렇게 유연한 징집 방식을 취하지 못했습니다. 그 이유는 아테네가 워낙 순수혈통을 중시하다보니 아테네군은 전적으로 아테네인들로만 이루어져 있었기 때문입니다. 그러다보니 아테네 시민 남성들은 전쟁이 일어날 때마다 언제나 전투에 나가야 했습니다. 그러므로 소크라테스뿐 아니라 시민 남성들에게 평상시 체력 단련과 군사 훈련은 필수적이었습니다. 당시 시민 남성들이 훈련을 했던 체육관은 플라톤과 같은 귀족이 다니는 체육관과 평민 시민이 다니는 체육관으로 나뉘어져 있었습니다. 고급 체육관을 다니던 플라톤이 일리소스 강변 키노사르게스 김나지움을 찾아가 소크라테스를 처음 만나게 된 것을 계기로 스승과 제자 사이가 되었던 곳도 바로 체육관입니다.

특히 이런 체육관이 핫플레이스인 이유가 있는데, 바로 체육관에서 운동할 때 파격적인 패션을 했기 때문입니다. 즉 당시 체육관이란 시민 남성들 모두가 나체로 운동하는 곳이었습니다. 그러니까 지금 알키비아데스가 소크라테스에게 체육관에서 운동하자고 제안했다는 것은 알키비아데스 나름대로는 일종의 데이트를 신청한 셈입니다. 오늘날 우리가 볼 때는 너무나 생뚱한 제안일 텐데요. 알키비아데스는 워낙 미남이었던 데다가 운동을 통해 다져진 근육을 가진 몸짱이었기 때문에, 자신의 매력을 한껏 보여줄 수 있는 체육관에서라면 소크라테스도 유혹에 넘어올 것이라 기대를 한 것 같습니다. 그래서 체육관으로 데이트 신청을 한 것이지요.

그런데 말이지요. 안타깝게도 그게 도통 안 먹혔던 것 같습니다. 그러자 이번에는 밤에 소크라테스를 찾아가 이야기하며 시간을 끌어 보기도 하고, 술 먹으며 시간을 끌어 보기도 하고, 침대로 유인해 보기도 합니다. 물론 그의 작업은 번번이 실패합니다. 알키비아데스의 이런 구애는 사실 소크라테스를 사랑하고 흠모해서라기보다는 서경덕을 떠보는 황진이 같은 마음이 아니었을까 싶습니다. 자신의 미모에 대한 자만심 때문에 소크라테스를 시험에 빠뜨리는 악마의 유혹처럼 말입니다.

사정이 이러한 만큼 알키비아데스가 자신과 소크라테스 단둘만이 있었다고 굳이 강조하는 이유가 있습니다. 말하자면 소크라테스를 유혹하기 위해 알키비아데스는 단둘이 알몸으로 레슬링을 여러 번 했었기 때문입니다. 소크라테스와 알키비아데스 단둘이 알몸으로. 마치 다음 페이지 그림처럼 말이지요.

다시 말씀드리지만, 당시 레슬링은 알몸으로 하는 운동입니다. 체력 훈련은 모두 알몸으로 하는 것이 시민 남성의 명예이자 권리이니

레슬링 하는 남자

까요. 그런데 그림에서 보시다시피 아무래도 이건 좀 야하네요. 아무리 남자들끼리라지만 말입니다. 아닌가요? 남성 동성애가 최고의 사랑이자 도덕이었던 시절 알키비아데스가 소크라테스를 유혹하고자 하면서 체육관으로 유인한 것도 바로 이러한 이유 때문이라면, 더욱 더 야시시한 거 같습니다. 아무리 체력 단련이라는 명분이 그럴싸해도 말이죠. 그건 그렇고 그래서 결과는 어떻게 되었느냐고요?

"굳이 말해 무얼 하겠나? ……전혀 아무런 진전을 보지 못했지 뭐야."

알키비아데스가 푸념하듯이 대답합니다. 물론 그의 육탄전은 거기에서 멈추지 않았지만요.

미론의 〈원반 던지는 사람〉이라는 조각상은 경기에서 승리한 선수를 기념해서 조각한 작품입니다. 미론뿐 아니라 당시 제작된 많은 도자기에는 이렇게 남성들의 나체가 묘사되어 있는 경우가 많습니다. 이전의 해석가들은 이러한 그림이나 조각상이 인간의 나체를 있는 그대로 사랑하는 자유로운 그리스인들의 정신을 보여준다고 했습니다. 과연 그럴까요? 호메로스 시대부터 내려온 남성 동성애 풍습으로 볼 때 이런 조각상에서의 나체를 과연 자연 그대로의 인간 모습이라고 할 수 있을까요? 전쟁하는 군인이나 운동하는 선수 등등을 온통 나체로 그리거나 조각했던 것은 남성 동성애를 이상적인 사랑으로 생각하고, 그것이 남성 나체에 대한 찬양이나 숭배로 이어지면서 가능했던 것으로 판단되기 때문에 말입니다. 언제나 여성과 노예는 배제하면서 말이지요.

우리는 보통 밀로의 비너스에 익숙한 나머지 그리스하면 여성 나체를 떠올리기 쉽지만, 사실 상황은 정반대입니다. 그리스의 그림이나 조각이라고 하면 대부분 남성의 나체 조각들, 운동을 하거나 우승선수 혹은 전투 중인 군인(남자)의 몸을 묘사한 것들이 대부분입니다. 밀로의 비너스 상은 전신이 나체인 남성 조각상과 달리 상반신만 나체입니다. 게다가 당시 나체로 묘사된 여성 그림이나 조각은 몇 점 되지 않은 데다가, 그것도 대부분 그리스 후기에 만들어진 것들입니다. 여성 나체 조각이나 그림이 적은 이유는 현실적으로 체육관과 같은 공적인 장소에서 나체를 할 수 있는 사람은 시민 남성들뿐이었기 때문입니다. 다시 말하자면, 여성의 나체나 몸은 시민 남성의 나체와 달리 찬양의 대상이나 숭배의 대상이 아니었기 때문입니다. 심지어 여성의 나체는 범죄였으며, 자칫 사형에 처해질 수도 있었습니다. 그러니 남성들이 나체로 운동하는 것을 단순히 스포츠에 대한 사랑이라고 평가하거나, 그렇게 나체로 운동하는 모습을 담은 그림이나 조각상들을 단순히 인간의 신체를 있는 그대로 사랑하는 자유로운 정신이라고 이해하는 것은 중요한 사실을 감추는 것 같습니다. 남성 나체 그림이나 조각은 분명 남성 동성애가 찬양되었던 도덕과 철학을 기반으로 해서 나온 예술작품이었으니 말입니다. 물론 고대 그리스인들 중에는 아마도 정말 동성애자도 있을 수 있고 그렇지 않았을 수도 있을 겁니다. 비록 알키비아데스가 소크라테스를 알몸으로 유혹하기는 했지만, 아무래도 소크라테스, 아리스토텔레스는 후자에 속하는 것 같습니다.

이렇게 시민 남성들은 늘상 운동을 하며 신체를 단련하다보니, 운동선수나 특정 남자들은 몸매가 거의 완벽했던 것으로 보입니다. 그래서인지 소크라테스를 상대로 썸 좀 타볼까 하는 심정이었던 알키비아데스처럼 체육관에 썸 타러 혹은 애인을 구하러 오는 남자들이 많았다고 합니다. 당연하지 않을까요? 호랑이 잡으러 호랑이 굴에 들어가는 거지요. 아 호랑이가 아닌가요?

축하드립니다. 소크라테스!

다시 아가톤 이야기로 돌아가겠습니다. 그리스어에서 '아름다운kalos'이란 단어는 '훌륭한/좋은/멋진agathos'이란 단어와 동일한 의미로 쓰이기도 했습니다. 그런데 아가톤agathonn의 이름도 '훌륭한, 좋은'과 같은 의미를 지닙니다. 그래서 소크라테스의 마지막 말 즉, "멋있는 자의 집에 멋있는 자로 가려는 것이네"라는 말은 "아름다운 자(아가톤)의 집에 아름다운 자로 가려는 것이네"와 동일한 말입니다.

이렇게 볼 때, 분명 소크라테스는 아가톤에 대한 더없는 호의와 사랑, 기대에 부푼 마음을 그의 패션 스타일뿐 아니라 가려는 목적지를 말하는 문장에서도 표현하고 있습니다. 보통 때 소크라테스는 향연, 즉 함께 모여 술을 마시는 자리에 이런 차림을 하지 않기 때문이지요. 아가톤이 마련한 향연에서 이미 파이드로스, 파우시니아스, 아리스토파네스, 에릭쉬마코스, 아가톤에 이어 소크라테스의 이야기가 끝났습니다. 그런데 당대의 미남이자 소크라테스와 썸 관계를 가졌다고 하는 알키비아데스가 잔뜩 취해서 뒤늦게 향연에 도착해 이렇게 만취고백을 한 것입니다.

그리곤 아가톤과 알키비아데스 그리고 소크라테스가 자리 문제로 말다툼이 시작됩니다. 뒤늦게 온 알키비아데스가 술에 취해 얼떨결에 아가톤과 소크라테스 중간에 끼어 앉았기 때문입니다. 그랬더니 소크라테스가 이 상황을 그냥 넘기지 않고, 알키비아데스가 자신과 아가톤 사이를 질투한다면서 알키비아데스를 책망합니다. 그리곤 누구도 아가톤과 자신을 갈라놓을 수 없을 거라 말합니다. 무슨 견우와 직녀 났습니다. 그리곤 바로 행동에 들어갔습니다. 즉 소크라테스는 아가톤을 알키비아데스와 서로 바꿔 앉게 해 아가톤을 애써 자기 옆에 앉혔던 것입니다. 아무래도 소크라테스와 아가톤은 그렇고 그런 사이가 확실한 것 같습니다.

하기는 소크라테스가 바로 이 순간을 위해, 아가톤과 함께하는 이 자리를 위해 멋진 스타일을 꾸미고 왔는데 말입니다. 덕분에 미남 알키비아데스는 낙동강 오리알이 되고 말았습니다. 그래도 알키비아데스에게 다행인 것은 취한 덕분에 자기가 유혹할 때는 헤진 옷을 입었던 소크라테스가 지금 아가톤 옆에서 아주 멋진 차림을 하고 있다는 사실을 알아차리지 못했다는 사실입니다.

플라톤의 《향연》은 2500여 년이 지난 오늘날까지 엄청난 영향력을 끼친 인류의 철학적·미학적 자산이라고 합니다. 그런데 그 책은 이런 하찮은 자리싸움 이야기를 굳이 시시콜콜 서술하고 있습니다. 아마도 《향연》이라는 책의 주제이자 그날 열린 향연의 주제가 바로 에로스(사랑)이기 때문에 이런 시시콜콜한 사랑싸움이나 질투를 세세하게 그려 넣게 된 것 아닌가 합니다. 의도적이든 의도적이지 않았든 말이지요. 우리가 전혀 몰랐던 사실인데요. 사실 소크라테스는 평생 단 한 번도 마음 설레며 누군가를 좋아하지 않은 적이 없었다고 합니다. 그러니까 지금은 바로 그 상대가 아가톤인 것이지요.

아가톤은 비극 작가입니다. 알키비아데스와 견줄 만큼은 아닌지 모르겠지만, 아가톤 역시 미남이었다고 알려져 있습니다. 소크라테스에게 이렇게 저렇게 차인 알키비아데스는 질투에서인지 몰라도 좌중에게 소크라테스에 대해 다음과 같은 질투 어린 고백을 합니다.

"소크라테스 선생님은 아름다운 자들에 대한 사랑에 끌리는 성향이 있고, 늘 이런 자들 주변에 있으면서 매혹된다는 걸 아마 자네들도 알 걸세……. 그러나 이보게 술친구들, 그분의 내면을 보면 이분이 얼마나 절제로 가득 차 있는지 모르네."

사실 알키비아데스가 소크라테스를 유혹하고자 한 이유는 비록 알키비아데스 자신은 이미 소년이 아니지만, 당대의 '소년 사랑'과 같은 열망을 지녔기 때문입니다. 알키비아데스는 자신이 훌륭한 자가 되는 일보다 중요한 일은 없으며, 이를 위해 자신을 도와줄 멘토로 소크라테스보다 더 권위 있는 사람은 없다고 생각해서 소크라테스를 유혹하고자 했다고 말하니 말입니다. 비록 그 소망은 실패로 끝을 맺었지만 말이지요.

　이랬던 그가, 이렇게 당대 내로라하는 미남 알키비아데스를 냉담하게 뺑 차버리고 콧방귀도 안 뀌었던 소크라테스가 이번에는 어린아이처럼, 사춘기 소년처럼 들떠 옷을 차려입고 멋진 샌들을 신고 몸을 단정하게 하고 멋을 낸 것입니다. 소크라테스도 평범한 우리처럼 말이지요. 알키비아데스를 만날 때는 헤진 옷을 입고 만나 알키비아데스의 한숨을 자아냈었는데 말입니다.

　소크라테스의 데이트룩이 평상시와 달랐다면, 아마도 다음 페이지 그림 속 차림 아니었을까요? 히마티온 말입니다. 소크라테스가 제자나 다른 사람의 눈에 띌 만큼 옷을 잘 차려입고 갔다면, 그리고 소크라테스 자신도 아름답게 차리고 간다고 말하는 것을 보면 아마도 이런 차림 아니었을까요?

　멋쟁이로 변신한 소크라테스 모습입니다. 이 조각상은 앞에서 보

• 소년사랑: 고대 그리스의 동성애를 말합니다. 고대 그리스에서는 성인 남성이 남색, 즉 소년을 사랑하는 것이 보편적이었습니다. 시민 남성은 완벽한 존재로 여겨졌으며, 이 완벽한 존재로 성장할 가능성의 총아인 '소년'은 사랑받아 마땅할 숭배의 대상이었습니다. 성인 남성은 소년에게 군사 및 정치적인 훈련을 시켜준다는 점에서 교육적 측면을 지닙니다.

소크라테스 조각상

았던 소크라테스 조각상과 완전 딴판이지요? '신상' 히마티온에 샌들, 멋진 헤어와 세심하게 정리된 수염, 지적이고 섹시해 보입니다. 그런데 히마티온 안에 긴 키톤을 입었는지, 어깨가 드러나 있지 않습니다. 소크라테스도 좋아하는 사람을 만나러 가는 날을 위해 이와 유사하게 멋지게 꾸몄겠지요. 아리스토데모스뿐만 아니라 이 천년이 훨씬 더 지난 우리도 소크라테스의 이런 변신에 놀라지 않을 수 없습니다. 맨발에, 맨몸 위에 낡은 옷만 걸치던 소크라테스, 이게 무슨 일이신가요? 뭔가 엄청나게 좋은 일이 있으시군요. 암튼 축하드립니다. 소크라테스 !!!

이 조각상이 소크라테스 맞냐고요? 네 맞습니다. 이 또한 분명 소크라테스 조각상입니다. 젊은 날의 소크라테스 혹은 젊은 날에도 가능하지 않았을 만큼 소크라테스를 너무 미화시킨 거 아니냐고요? 글쎄요.

원래 소크라테스 그리스 조각상들은 몇 가지 버전이 있습니다. 소크라테스가 의롭지 못한 재판으로 사형에 처한 후 아테네 폴리스는 그의 조각상을 청동으로 다시 만들어 세워 소크라테스의 명예를 회복시켜 주게 됩니다. 이 조각상이 바로 그중 하나입니다. 원래 처음 소크라테스의 조각상은 2장에서 보았듯이 실레노스Silenos의 얼굴로 조각했습니다. 실레노스는 그리스 신화에 나오는 반인반수의 괴물로서 숲의 신 디오니소스의 동반자 혹은 양아버지입니다. 늙고 추하나 현명하고 술을 즐기며, 음악을 알고, 앞일을 예언하기도 하는 신화적 존재지요. 그래서 앞 장에서 보았던 소크라테스 조각상은 아리스토파네스나 크세노폰이 묘사하듯이 툭 불거져 나온 눈에 머리칼은 언제나 길게 늘어져 있고 맨발이었습니다. 아리스토파네스는 아예 소크라테스가 풍족한 생활을 경멸해 메마른 몸매를 가지고 있다고까지 과장합니다. 사실 소크라테스는 배불뚝이가 맞는데 말이지요.

어쨌든 세월이 흐르면서 소크라테스에 대한 평가가 달라지면서, 새롭게 만들어진 소크라테스 조각상은 탁월한 영혼과 정신의 소유자임을 보여주는 용모로 표현되었습니다. 이전 조각상에서 보였던 실레노스의 특징들은 부드럽게 각색되거나 감추어지고 서서히 사라졌습니다. 그리고 새로운 조각상들은 이 조각상처럼 진리를 추구하며 지혜를 사랑하는 철인의 품위가 풍기는 넓은 이마, 잘 다듬어진 머리카락, 부드러운 선을 이루는 탐스러운 턱수염으로 바뀐 것입니다. 실레노스의 흉악한 용모에서 철인의 지혜로운 용모로 변모된 것이지요.

물론 이 조각상 사진에도 비밀이 하나 있습니다. 사실 이 조각상은 아래에서 찍은 사진이라 뱃살이 안 보여서 그렇지 옆 면에서 보면 배가 살짝 볼록하게 나왔습니다. 아마 그것까지 보정하기엔 소크라테스를 너무 왜곡하는 것으로 여겼나 봅니다. 고대 그리스 후대의 제작자가 말이지요.

소크라테스의 인본주의적 사치

소크라테스처럼 멋진 사람, 좋은 사람을 만나러 가는 날 멋진 차림으로 가고 싶어 하는 것은 아마도 이 세상에 존재하는 모든 존재들의 가장 본연의 소망이자 욕망일 것입니다. 그리고 이러한 인간의 솔직한 모습을 소크라테스와 플라톤에게서 발견할 수 있다는 사실은 확실히 상징적입니다. 왜냐하면 스파르타의 경우 남녀 간에 서로 잘 보이려고 하는 데서 사치가 발생한다고 생각해 모든 꾸미는 감성을 억압, 아니 삭제해버렸기 때문에 그들에게는 어떤 문화랄 것이 남아 있지 않습니다. 군국주의적 라이프스타일 외에 인간적인, 인본적인 것이 남아 있지 않습니다. 아테네 역시 스파르타와 마찬가지로 호메로스의 군국주의적 이상을 종교처럼 떠받들었으나, 다행히 이러한 감성과 욕망을 살려 두었기 때문에 수많은 조각, 그림, 연극 등을 길이길이 남기게 된 것 아닌지 모르겠습니다. 비록 앞에서도 이야기했듯이 그 조각, 그림, 연극의 상당 부분 내용이 전투 중인 전사들의 모습을 다루기는 하지만 말입니다. 이렇게 자신들의 삶의 모습을 아름답게 바라볼 수 있는 감성이 바로 소크라테스의 데이트룩, 더 나아가 그리스 인본주의를 낳은 것이겠지요. 아름답고 멋지게 보이고 싶은 그 마음들 덕분에 말입니다.

그런데 혹시 소크라테스 자신은 알고 있었을까요? 아니 소크라테스의 데이트룩을 무의식적으로 묘사한 플라톤은 알고 있었을까요? 이러한 데이트룩은 생존의 단순한 필요를 넘어서는 일이라는 사실 말입니다. 뿐만 아니라 외모를 아름답게 꾸미고자 하는 것은 비단 여성만이 아니라 소크라테스 자신조차 벗어날 수 없었던 남성들의 본성이기도 했다는 사실 말입니다. 왜냐하면 이후 8장에서 보시겠지만, 플라톤은 소크라테스의 입을 빌어 필요한 것들로 만족하는 정의로운 국가와 달리 '필요' 이상의 것을 탐하는 여성들의 아름다움에 대한 욕망을 사치로 보고, 그러한 사치스러운 국가를 비판하고 있으니 말이지요. 물론 사치스러운 국가를 배격하자는 주장이었겠지요.

사실 '생존을 위한 필수품'이라는 것은 절대적인 규정을 하기 어렵습니다. 국가의 목적을 어디에 두느냐에 따라 필수품 혹은 필요한 것은 달라지기 때문입니다. 스파르타나 플라톤의 이상국가에서 필수품이란 전쟁에서 승리하고 국가의 영토를 확장하기 위한 군국주의적, 제국주의적 국가에서 필요한 것들만을 의미합니다. 그래서 개인의 감성적 욕구와 충동 같은 것은 불필요하게 됩니다. 그러나 이러한 '군국주의적 국가'가 아닌 '개인을 위한 국가'라고 할 때는 상황이 달라지겠지요. 개인의 삶에서 중요한 욕망과 필요를 만족시켜주려 하는 것이 곧 국가의 목적일 수 있는 것이니 말입니다. 그런 점에서 아테네는 스파르타와 달리 그러한 국가와 개인의 생존권 간의 균형이 비교적 잘 이루어졌던 것 아닌가 싶습니다. 비록 시민 남성들 내에서만 그렇다는 한계는 있지만 말입니다.

고대 그리스 아테네의 인본주의 철학은 보통 불, 물, 바람, 공기 등 자연적인 원소들로 세계를 설명하는 것에서 인간에게 눈을 돌려 관찰하고 연구했다는 점에 그 의미가 있습니다. 그런데 국가의 팽창이라는 필요로만 이루어진 군국주의 전체주의 국가 스파르타를 이상국가로 삼으면서도, 다행히 소크라테스, 플라톤은 아테네를 이렇게 인간의 사소하고 개인적인 감정들이 살아있는 지극히 인본주의적인 토양으로 만들고 있습니다. 전체주의 국가에 대해 개인이 살아남을 수 있는 데이트룸으로 말입니다. 소크라테스의 데이트룸에 진심 어린 박수를 보냅니다. 오늘날 멋쟁이 남성들도 이같은 마음일 겁니다. 브라보 소크라테스!

제4장

소크라테스, 플라톤의 나체 스포츠웨어

: 땀 흘리는 남자는 언제나 섹시하다

그리스 체전의
우승자

플라톤, 승리의 화관을 쓰고

왼쪽 대리석 조각상은 고대 그리스 체전에서 승리한 우승자의 모습입니다. 그리스에서는 우승자 머리에 승리의 리본을 묶는 풍습이 있었습니다. 우승자들이 제전의 수호신을 모신 제단을 따라 자랑스럽게 행진을 벌이는 마지막 날, 이 리본 위에 월계수 화관이 씌워졌습니다. 비록 이때 우승자에게 주어지는 포상은 화관 하나에 불과했지만, 오늘날 올림픽 메달 선수들처럼 일단 고향으로 돌아가면, 그는 각 도시국가로부터 포상금과 식량을 지급받았습니다. 뿐만 아니라, 그의 멋진 모습을 새긴 동상과 그를 기념하기 위해 특별히 지어진 노래를 비롯해 평생 동안 누릴 수 있는 다양한 특권을 부여받았습니다.

다음 페이지의 그림은 고대 그리스 올림픽 우승자에게 승리의 화관을 수여하는 장면입니다. 알몸으로 화관을 받는 모습이 멋진 것

올리브화관을 수여받는 우승자

을 넘어서 참 아름답습니다. 우승자의 아름다운 근육과 머리의 올리
브화관 그리고 시상자 혹은 전년도 수상자의 히마티온 모습이 낭만
적인 시詩 같습니다. 이 도자기 그림처럼 고대 그리스의 아름다운 조
각이나 그림 중에는 올림픽 선수들을 대상으로 하는 경우가 굉장히
많습니다. 확실히 이렇게 아름다운 승리의 나체들은 고대 그리스 문
화예술을 낳은 커다란 축이라고 하기에 충분한 것 같습니다. 그리고
서양 철학의 거장 플라톤도 바로 이 장면처럼 아름다운 근육의 알
몸을 드러낸 채 화관을 받았겠지요. 플라톤도 운동 선수로서 경기에
나가 승리를 했었으니 말입니다.

이번 장에서는 이렇게 그림으로나 조각으로 많이 남아 있기도 한 고대 그리스 우승자들과 시민 남성들의 나체 이야기를 해보려 합니다. 물론 앞서 이야기했듯이 소크라테스도 알키비아데스나 다른 시민 남성들과 레슬링 경기를 할 때면 나체를 했고, 운동 실력이 월등히 뛰어났던 플라톤도 나체로 체력 훈련을 했고 경기에 임했습니다. 고대 그리스 시민 남성들에게 신체 훈련이든 군사 훈련 시 스포츠웨어가 바로 나체였기 때문이지요. 패션의 역사에서 주목받지 못해 온 나체 패션 말입니다.

플라톤의 판타스틱 운동 실력과 미친 존재감 : 판크라티온, 레슬링 우승자

플라톤(기원전 428 또는 424~기원전 348)은 잘 알다시피 소크라테스의 제자로서, 아테네에 오늘날 대학의 원형이자 세계 최초 고등 교육 기관 아카데미아academia를 세운 철학자입니다. 그는 아카데미아에서 폭넓은 주제를 강의했으며, 특히 정치학, 윤리학, 형이상학, 인식론 등 많은 철학적 논점들에 대한 대화편들을 저술했지요. 그렇지만 여기에서는 플라톤의 어려운 철학 이야기는 제쳐 두고, 패션과 관

플라톤의 조각상입니다. 소크라테스처럼 학식나 특뷘칙힌 시민 범싱 칠학사나 할 수 있는 멋진 수염을 자랑합니다.

련해 그의 넘치는 스포츠 사랑을 이야기해 보겠습니다.

고대 그리스 도시국가들 내에서 레슬링과 격투기의 일종인 판크라티온은 아주 인기 있는 운동경기였습니다. 플라톤, 소크라테스 역시 이 경기에 푹 빠졌지요. 여기서 푹 빠졌다는 말은 단순히 경기 관람자가 아니라 직접 운동하고 경기에 출전하기도 했다는 이야기입니다. 더구나 플라톤은 이들 경기에서 우승을 두어 차례 거머쥐었고요. 지성과 사색의 상징으로 알려진 대철학자가 운동 중에서도 가장 격렬한 운동을 좋아하고 경기에 출전했다는 사실이 마냥 신기합니다. 그런데 웬걸요. 플라톤은 일찍부터 최고의 운동선수가 꿈이었다고 합니다. 그리스가 원래 신체 단련과 지식 획득의 조화를 강조했는데, 플라톤은 누구보다 앞장서 체력 단련에 힘쓰며 이를 실천했던 것이지요. 그의 노력과 열정 덕분에 올림픽과 함께 그리스 4대 체전이었던 이스트미아 경기에서는 판크라티온 경기에 출전해 두 차례나 우승했던 전력이 있습니다.[*] 알렉산더 대왕의 아버지 필립포스 2세도 판크라티온 선수였고, 알렉산더 대왕 자신도 판크라티온 마니아인지라 정복 전쟁을 나서는 원정길에도 선수들을 대동했다고 합니다. 물론 그의 부대들은 판크라티온으로 체력 단련을 했음은 말할 것도 없고요.

플라톤 철학의 진수는 뭐니 뭐니 해도 이데아론입니다. 플라톤이 말하는 이데아란 현실의 감각적인 세계를 벗어난, 영원불변의 정신적이고 완전한 이상세계입니다. 따라서 플라톤에게 있어 이데아 세

---

[*] Thomas A. Green & Joseph R. Svinth Ed., *Martial Arts of the World [2 volumes]: An Encyclopedia of History and Innovation*, ABC-CLIO, LLC, 2010, 411쪽.

계를 본뜬 현실의 감각적이고 육체적인 세계는 불완전할 뿐 아니라 진정한 세계가 아닌 셈이지요. 철학 이야기를 하려는 게 아니라 이런 주장을 해서 2천 년이 넘게 서양철학을 주름잡았고, 서구 기독교 문화를 이론적으로 형성하게 했던 플라톤이 이런 격렬한 신체 경기에 나가 우승까지 했다니 놀라지 않을 수 없다는 얘기를 하려는 것입니다. 최고의 지성이자 최고의 싸움꾼이라니 말이지요.

이런 이야기들을 철학에서는 거의 다루지 않습니다. 그러나 국내에서나 국외에서 체육 연구자들이나 운동선수들 사이에서 플라톤의 선수 활동은 이미 아는 사람은 다 아는 상식입니다. 어쩌면 플라톤이나 소크라테스가 이렇게 격렬한 상남자 운동 경기에 빠졌었고 선수였다는 사실은 그들의 철학에도 중요한 영향을 미쳤을 수 있습니다. 특히 고대 그리스 문화에서 지知와 체體, 문과 무는 우리나라 유교문화처럼 서로 완전 분리된 것이 아니라, 밀접하게 관련되어 있었으니 말입니다. 시가(음악)교육과 체육교육을 통한 문무겸비의 인간상이 그리스의 이상적 인간상이었으니까요. 그런 만큼 플라톤은 아마도 당대 최고의 남성이었을 것 같습니다.

귀족들의 경기 판크라티온과 엄친아 플라톤의 스포츠웨어, 나체

혹시 예상하셨나요? 판크라티온 운동 연습과 시합 역시 모두 나체로 했습니다. 그러니까 서구가 자랑하는 최고의 위대한 지성인 플라톤 역시 당시에 다른 그리스 시민 남성이 하듯이 알몸으로 훈련하고, 알몸으로, 정말이지 실오라기 하나 걸치지 않고 경기에 나가 당

판크라티온 경기를 하는 선수들

당하게 승리를 거머쥔 것입니다.

최고의 지성을 자랑하는 플라톤이 말입니다. 물론 지혜의 스승, 소크라테스 역시 나체로 연습을 했습니다. 앞 장에서 보았듯이 미남 알키비아데스와 나체로 레슬링 연습을 했습니다. 이렇게 영원불변의 '정신적' 이데아론을 주장한 플라톤이나 소크라테스가 나체로 경기를 했다니 놀라지 않을 수 없습니다. 첫째로 놀라운 점은 이성과 정신을 강조하는 소크라테스나 플라톤이 정말이지 나체로 이 경기를 했다는 사실입니다. 물론 당시 남성들의 운동이나 경기, 군사 훈련 모두 나체로 했습니다. 위 그림에서처럼 말이지요. 고대 그리스 시민 남성의 한 일원으로서 플라톤도 그런 관례를 따른 것입니다. 다음으로 놀라운 점은 플라톤이 이런 극렬한 경기에서 승리까지 했던 운동선수라는 사실입니다.

그렇다면, 그렇다면 말입니다. 아마도 플라톤의 신체에 대한 사고나 느낌은 우리가 이해해온 그의 이론과 조금 다르지 않았을까요? 단순히 감각 현실 세계보다 영원불변한 이데아 세계를 진정한 세계라고 믿었다고 하는 그의 이론 어딘가에 그의 나체 운동 감각이 스며들게 되지 않았을까 해서 말이지요. 물론 플라톤이 지성뿐 아니라 이렇게 운동 실력까지 뛰어났던 것은 플라톤만의 자질은 아닙니다. 당시 고대 그리스는 지식과 신체의 조화, 문무일치를 중시했기에 학자들 역시 시민의 한 사람으로서 운동 경기에 나서는 경우가 있었으니까요.

하나 알아두어야 할 중요한 사실은 판크라티온 선수들은 순수한 그리스인이며 귀족들이었다는 점입니다. 판크라티온 선수로 활약한 플라톤 역시 귀족계급 출신이라는 이야기지요. 당시 판크라티온 경기는 귀족들만 출전이 허용되었으니까요. 물론 플라톤은 그런 경기에 나가 승리를 거머쥐었으니, 요즘으로 치면 엄친아라 할 수 있을 겁니다. 지성이면 지성, 스포츠면 스포츠, 게다가 출신 성분까지 귀족이라니, 플라톤은 정말이지 모든 것을 다 가진 남자입니다. 실제 플라톤의 어머니, 아버지 모두 아테네의 명문 귀족 집안으로 플라톤은 그야말로 정통 금수저를 물고 탄생했던 것입니다. 아니 다이아몬드 정도 되나요? 플라톤의 저서에서 그의 가족들이 여러 차례 등장하는데요, 플라톤은 《국가》에서 아버지 가계의 형제들 아데이만토스, 글라우콘을 언급합니다. 플라톤의 어머니가 재혼해서 낳은 안티폰은 《파르메니데스》에서 대화의 전달자로 나오고요.

뿐만 아닙니다. 플라톤은 기럭지 또한 커서, 과장이 있겠지만 장대한 키(기록상으로는 2미터에 가까웠다고 할 정도)에 대단한 거한이었다고 합니다. 그야말로 외모와 내면, 갖출 수 있는 것은 모두 다 갖춘 인재입니다. 원래 플라톤은 10대의 소년 시절에 피타고라스 학파의 대가로 알려진 크라틸로스에게서 천문학, 수학, 음악을 공부했습니다. 그 후 플라톤은 당시 정치와 가깝게 있었던 소피스트, 프로타고라스와 고르기아스를 찾아가 공부를 했는데, 이유인즉 귀족 출신인 플라톤에게 원래 정치적인 야심이 있었던 때문이지요. 스승 소크라테스가 사형 당하기 이전까지는 말입니다.

한편 플라톤은 4년마다 열리는 올림픽 경기에 참여하고자 체력 단련장(gymnasion, 체육관 혹은 학교)에서 꾸준히 훈련을 했습니다. 일찍이 플라톤의 10대 소년 시절부터 말이지요. 플라톤이 20세 즈음에 소크라테스를 처음 만났다고 하고. 플라톤이 체육관에서 운동을 하고 샤워를 마치고 나와 소크라테스와 처음 만났다고도 하고, 플라톤이 소크라테스의 강연을 듣고 감동을 받았다고도 합니다. 그러나 실은 귀족 체력 단련장에서 운동을 했던 플라톤이 일리소스 강변에 있던 시민 체력 단련장(키노사르게스 김나지움)으로 소크라테스를 만나러 갔다고 합니다. 일반적으로 김나지움, 즉 체육관이란 체력 단련장도 있고, 목욕실과 홀 그리고 기타 공간이 있어서 철학자들, 시인들, 웅변가들 등등이 서로 친교를 나누었던 일종의 공개적인 사교장이었기 때문입니다. 이렇게 소크라테스를 만난 플라톤은 이후 소크라테스의 가르침에 푹 빠지게 되었습니다. 플라톤은 소크라테스나 아리스토텔레스가 결혼을 했던 것과 달리 평생 싱글이었습니다. 물론 헤타이라를 만나기도 했고, 당대의 관습에 따라 동성애도 한 것으로 알려지지만 정식 결혼 생활은 하지 않았다는 이야기이지요.

플라톤이 판크라티온 경기에서 우승했다고 했는데, 판크라티온 경기의 승자는 다른 어느 경기의 승자보다 범 그리스적인 명성을 얻었습니다. 이는 판크라티온이 가장 위험할 뿐만 아니라 정확한 훈련과 비범한 태도, 민첩함, 강한 인내심이 요구되는 경기였기 때문입니다. 물론 경기 승자에게 주어지는 상이라야, 오늘날의 선수에게 주어지는 상과는 달리, 달랑 올리브 식물로 만든 화관과 명예뿐입니다. 그럼에도 이 명예는 신들로부터 주어지는 것이라고 생각해 그리스인들은 무엇보다 이러한 명예를 얻는데 엄청 관심이 많았던 것이지요.

중독적인 고대 그리스 판크라티온

판크라티온은 기원전 648년 열린 제33회 올림픽에서 정식종목으로 채택된 후 고대 그리스에서 가장 인기가 있는 스포츠였습니다. 거의 리얼 전투 같은 경기였다고 합니다. 판크라티온Pankration은 '모두'를 의미하는 그리스어 판pan과 '힘'을 의미하는 크라토스kratos를 접붙인 합성어입니다. 신체의 모든 부위를 사용해 경기를 한다는 뜻이지요. 기본적으로 주먹과 발을 사용하는 것은 물론이고요, 대표적으로 이용되는 신체 부위는 팔꿈치, 무릎, 발, 손바닥, 손등이었으며, 각 경기자의 특성에 따라 손끝을 이용한 공격도 펼치곤 했다고 합니다. 현재의 이종격투기 비슷하면서 좀 더 많이 리얼합니

〈판크라티온 선수들〉(작자미상, 현 우피치(Uffizi) 박물관에 소장). 벌거벗은 두 근육맨들의 판크라티온 경기를 하는 모습.

다. 가령 경기 도중에 몸의 어떤 곳이든 만지는 것이 허용되었으며 심지어 성기를 잡는 것도 가능했습니다. 손발로 치거나 손발을 비틀거나 조르는 것 등이 허용되고, 다만 입으로 물어뜯는 것과 눈을 찌르는 것은 금지되었습니다. 물론 용감한 스파르타에서는 물어뜯기, 눈 후비기 등의 공격도 허용되었다고 하는데요, 그렇지만 정작 스파르타인들 스스로 그리스 모든 주민 중 전투적으로 가장 위대하다는 부담감에 올림픽과 같은 큰 체전에서 열리는 판크라티온 경기에는 참가하지 않았다고 합니다.

이렇게 레슬링과 복싱이 혼합되어 지상에서 가장 거친 격투 경기라 할 수 있는 판크라티온은 원래 거친 상남자 운동경기이기도 하지만, 특히 당시에는 출전 선수 중 한쪽이 항복을 할 때까지, 그야말로 거의 죽을 때까지 싸웠다고 합니다. 당시 판크라티온은 지금과 달리 체급에 대한 규제도 없고 경기 시간에 대한 제한과 라운드 구분도 없어 말 그대로 죽을 때까지 싸우게 되는 거지요. 더구나 한쪽이 죽거나 항복할 때까지 경기가 계속되었다고 하는데, 상대가 항복할 새도 없이 주먹을 퍼붓거나 목을 졸라야만 하는 특성상 사망 사고가 많았다고 합니다. 사고가 많은 건 레슬링도 마찬가지이고요. 갈비뼈가 부러지면서 장기가 손상되거나 목뼈가 부러져 상대 선수가 죽는 사례가 많았던 것이지요. 그야말로 죽음을 부르는 전쟁 같은 경기로서 중독적인 데가 있었던 거 같습니다. 이런 낯선 경기를 굳이 소개하는 이유는 이데아와 이성의 철학자 플라톤이 바로 이런 경기를 통해 다졌을 신체와 정신에 대해 이해하기 위해서입니다.

그리스에서 이렇게 격렬하고 잔인한 경기가 있었던 이유는 두 가지입니다. 첫째 이유는 당시 그리스가 식민도시를 거느리고 확장해

나가며 전쟁을 계속적으로 치르고 있었기 때문에, 전통 운동이라는 게 모두 그렇듯이 판크라티온도 젊은이들로 하여금 그들의 적과 육탄전이 벌어질 때 적을 이기기 위한, 일종의 군사 훈련이었다는 점입니다. 판크라티온은 물어뜯거나 음낭을 공격하는 행위 정도만 반칙으로 인정되었고, 그 이외에는 특별한 규칙 없이 상대방이 항복할 때까지 경기가 계속되다보니 죽고 죽이는 잔혹함에도 불구하고 그리스인들은 이 경기를 무척 즐겼다고 합니다. 그 이유인즉 판크라티온이야말로 실제 전투에서 백병전을 맞아 상대방을 제압해야만 생존할 수 있었던 극한 상황을 대비해주는 훈련으로 여겼기 때문입니다. 생생한 군사 훈련으로서 말입니다. 다른 이유는 야생짐승을 사냥하기 위해 이런 잔혹한 경기를 통해 신체를 훈련한 것이라고 합니다. 아무래도 첫째 이유가 훨씬 설득력 있습니다.

그런데 플라톤이 바로 이런 죽고 죽이는 잔혹한 경기에서 승리를 거두고 올리브 화관을 머리에 쓴 것입니다. 서구 역사에서 최고 지성으로 여겨지는 플라톤이 동시에 이렇게 최고의 명예를 거머쥔 나체의 운동선수였던 것입니다. 플라톤만이 아니라 인류 역사에서 그 누구보다 존경받는 현인 소크라테스도 이렇게 나체로 판크라티온이나 레슬링을 즐겼다면, 이들에 대해 지금까지와는 뭔가 달리 봐야 하지 않을까 싶습니다.

그리스 올림픽 공식 스프츠웨어, 나체

다음 페이지 그림은 운동선수들 모습입니다. 모두 나체로 연습

중입니다. 이들은 모두 올림픽 경기를 준비 중인 시민인데, 정작 올림픽 경기 대회날만이 아니라 경기 전 연습도 모두 이렇듯 나체로 했습니다. 시민 남성에게 나체는 신체 훈련이나 군사 훈련에서 기본 중 기본입니다. 지금껏 패션 연구나 패션의 역사에서는 이러한 시민 남성의 나체를 주목하지도 않았을 뿐 아니라 그것을 하나의 패션 현상이나 패션 스타일로 보지 않았습니다. 이유인 즉, 그것이 인간의 있는 그대로의 모습, 즉 자연이라고 생각해서입니다. 그리스 민족은 아름다운 인체의 자연스러움을 있는 그대로 받아들이고 사랑했다고 말입니다.

과연 고대 그리스의 시민 남성의 신체 훈련이나 운동경기 중 나체가 자연일까요? 있는 그대로의 인간 모습, 자연스러운 인체의 노

고대 그리스에서 올림픽 5종 경기 중
하나인 멀리뛰기 연습 장면입니다.
멀리뛰기 선수가 더 먼 거리를 뛰기 위해
양팔에 무거운 도구를 들고 연습하고 있습니다.
그 옆에서는 전문 트레이너가 멀리뛰기를
지도하고 있습니다.

육상경기 모습

출이라고 할 수 있을까요? 그 나체가 하나의 특수한 계층의 사람들만이 독점한 특별한 문화가 아니라요? 반면 최근 국내외 고대 그리스 스포츠 관련 연구 논문들은 이 나체가 하나의 패션 현상임을 제기하고 있습니다. 인간의 몸을 변형시키면서 거기에 무엇인가 의미를 부여하고, 다른 계층이나 성, 인종과의 차별성을 과시하는 아름다운 패션 현상이라는 것이지요.

위 그림은 육상경기 모습입니다. 젊은 육상선수들이 허벅지를 허리까지 높이 올리며 힘차게 결승선을 향해 전속력으로 질주하고 있습니다. 이런 육상경기는 지금도 인기가 좋지만 당시에도 인기가 많은 종목이었습니다. 육상경기의 거리는 24곳에 달하는 경기장의 길이에 따라 아주 다양한 차이를 보였는데, 흥미로운 것은 한 특별경주에서는 참가자들이 방패와 투구를 비롯해 정강이받이까지 착용하고 경기장을 달렸다고 합니다. 아예 전투복장을 한 것이지요. 좀

전차경주를 묘사한 그림

과한 것 같지만, 말씀드렸듯이 고대 올림픽이 그대로 실전훈련, 전투훈련이나 다름없기 때문이지요.

그런데, 말이 나왔으니 말이지 신성한 올림픽 정신 운운하는 것은 요즘 이야기입니다. 당시 올림픽 경기란 잔인하기 이를 데 없었습니다. 올림픽 경기는 원래 제우스 신에게 제사 드리는 것이 기본 정신이었던 탓에, 개막에 앞서 리케이온에 있는 제우스 제단에서 인간 희생이 이뤄졌다는 이야기가 고대 문건에서 다수 나왔었습니다. 그러던 차에 2016년 그리스 문화부에 의해 구성된 그리스와 미국 연구진이 가축을 희생 제물로 바치던 터인 리케이온 산에서 인간(청소년) 유골을 발견했다고 합니다. 이에 반박하는 주장도 없진 않지만, 어쨌든 문명의 요람, 민주주의, 철학의 발생지인 고대 그리스가 동시에 잔혹한 신화의 무대일 가능성도 많은 것 같습니다. 또 권투와 레슬링 역시 실제로는 얼마나 잔인했던지 상대방이 항복할 때까지 목을 부러뜨리거나 허리를 꺾었으며, 귀가 떨어지고 코가 없어지는 경우가 허다했다고 합니다. 특히 판크라티온 경기에서는 규정을 어기고 눈알을 파내는 등 혈전을 벌여 선수가 목숨을 잃는 경우가 잦았다고 합니다. 심지어 아라키온이라는 선수는 상대방이 목을 너무 졸라 자신이 우승한 순간, 아라키온 자신도 질식해서 죽은 것으로 기록되었습니다. 죽은 자가 챔피언이 된 희한한 케이스지요. 소크라테스와 염문을 뿌렸다고 알려진 알키비아데스도 판크라티온 경기 도중 내던져지지 않으려고 필사적으로 애쓴 나머지 상대방 선수의 손을 물었다는 이야기가 전해집니다.

"너 물었어. 여자처럼, 알키비아데스!"
"아니, 사자처럼이지"

이미 말씀드렸듯이 모두 나체로 훈련하고 출전을 했습니다. 물론 옷을 입고 한 경기도 있습니다. 전차경주입니다. 왼쪽 페이지 그림과 오른쪽 그림에서 보듯, 보통 남자들의 키톤은 길지 않은데 전차경주에서는 선수들이 여성의 키톤처럼 긴 키톤을 입고 경기에 출전했습니다. 긴 키톤을 입은 이유는 아마도 우승을 위해 속도를 내다보면 전차가 전복되는 경우가 많기 때문에, 전복시 가능한 신체를 보호하기 위해서가 아닐까

운동하는 청년

합니다.

　선수들은 출전이 결정되면 경기가 열리기 10개월 전부터 훈련했고, 당연히 나체로 훈련을 했습니다. 물론 올림픽 출전 선수들만 나체로 경기하는 것은 아닙니다. 일반 시민 남성도 운동장에서 신체 단련을 할 때는 언제나 나체로 했습니다. 대체 몇 살부터 이렇게 나체로 운동을 하며 나체에 익숙해지는 것일까요?

청소년의 신체 훈련 : 체육관과 운동장

　다음은 청소년들의 체육활동에 대한 이야기입니다. 그리스 청소년들은 14~15세쯤, 부유한 집의 아이들은 특별히 사설 체육학교(palaistra ; 판크라리온 레슬링 도장)에서 공립 체육학교(김나시온 ; gymnasium)로 진학하여, 2년간 체육교사paidotribe의 전문적 지도 아래 높은 수준의 신체 단련 운동을 했습니다. 물론 이러한 청소년들의 교육과 신체 훈련은 시민이 되기 위한 교육입니다. 군 복무라고 할 수 있는 18~20세 에페보스 이전에도 이미 그리스 시민을 만들기 위한 교육이나 훈련이 시작된 것이지요.

왼쪽 페이지 그림은 기원전 500년경 스포츠를 즐기는 청소년 모습을 새긴 부조입니다. 청소년들의 복근이 아주 선명합니다. 장난이 아닙니다. 이들 역시 나체로 운동하고 있습니다. 그렇습니다. 청소년 시절부터 이렇게 나체로 운동을 시작하고, 올림픽 경기에서만이 아니라 각 지역 체육관에서 하는 신체 훈련이 모두 나체로 이루어졌습니다. 청소년들은 하루의 4분의 3정도를 벗고 있었을 만큼 운동하고 또 운동하고 했습니다. 원래 체력 단련장 혹은 체육관gymnasion(라틴어gymnasium)이란 단어에서 김노스gymnos가 바로 '벌거벗은' 이란 의미를 지닙니다. 그만큼 청소년뿐 아니라 시민 남성이라면 알몸으로 벗고 운동하는 것이 얼마나 일상적이고 중요한 문화인지 짐작하시겠지요.

그런데 체육관에서 나체로 운동하는 것은 아마도 특권적인 의식 같은 의미를 지녔을 겁니다. 특정한 곳에서 특정한 옷차림(비록 나체이지만)으로 동질의식을 다지는 소수만의 전용 클럽 같은 것 말입니다. 물론 체육관은 남성들의 교육을 위

서로의 몸을 씻겨주는 선수들

해 만든 장소로 어떤 여성이나 노예도 발을 들여 놓을 수 없었던 건 말할 것도 없었지요.

혹시 미국 오거스타 골프 클럽Augusta National Golf Club에 대해 들어 보셨나요? 골프에 조금만 관심이 있는 사람이라면 한 번쯤은 들어봤을 골프장 이름입니다. 미국 조지아 주에 위치한 오거스타 국립 골프 클럽은 상위 0.01%의 명사들만을 회원으로 받아들이고 있는 명문 골프장입니다. 마스터스 대회가 열려 유명하기도 하지만 코스의 경관도 세계 10대 골프장에 들만큼 수려함을 자랑합니다. 매년 마스터스 골프 대회가 열리는 오거스타에서의 승부처는 일명 '아멘 코너'라 불리는 11~13번의 3개 홀인데 숲을 시계 방향으로 끼고 돌며 설계되었습니다. 이 코스를 통과하려면 '아멘'하는 탄식 소리가 절로 나온다 하여 아멘 코너로 불리게 됐다고 합니다.

마스터스 대회에 참가하는 선수들은 1982년까지만 해도 오거스타 클럽에 소속되어 있는 캐디만 쓸 수 있었습니다. 게다가 이 클럽의 캐디는 흑인만을 고용했습니다. 오거스타 클럽이 미국 내 인종차별 관습이 가장 심하고 오랜 기간 지속되었던 남부지역에 위치한 탓에 이런 보수적인 관례가 계속되었습니다. 물론 지금이야 이런 악습이 사라지고 각자의 캐디를 데리고 경기에 임합니다. 그런데 문제는 백인 남성들의 뿌리 깊은 인종차별주의 때문에 흑인 골퍼는 1975년에서야 마스터스 대회에 처음으로 출전을 할 수 있었습니다. 흑인의 클럽 회원 가입은 1990년에 처음으로 허용되었고요.

마스터스 대회 하면 가장 먼저 떠오르는 이미지가 바로 챔피언에게 수여되는 그린 재킷Green Jacket입니다. 남자 골프선수에게는 이 그린 재킷을 입는 것이야말로 최고의 영광이라고 합니다. 현재까지는 잭

니클라우스가 총 6번의 우승을 하여 가장 많이 재킷을 입었습니다.

그런데 오거스타 클럽은 인종차별주의보다 더 보수적인 면모를 지니고 있었으니, 바로 오랫동안 여성회원을 받아들이지 않는 룰을 지키고 있었다는 사실입니다. 남부의 보수적인 분위기가 영향을 미쳤다고도 하지만, 흑인보다 여성에게 늦어도 한참 더 늦게까지 이룰을 적용했다는 사실이 놀랍습니다. 21세기에도 이렇게 일종의 체육관이랄까 스포츠클럽이 폐쇄적이었던 셈입니다. 1990년 흑인의 입회가 허락되고 나서도 무려 25년이 지난 2015년에야 처음으로 금녀禁女의 문이 열렸으니 말입니다. 클럽이 2015년 콘돌리자 라이스 전 미국 국무장관과 사업가인 달라 무어의 입회를 허용한 것입니다. 당시 라이스 전 장관은 필 미켈슨과 연습 라운딩을 하기도 했습니다. 그리고 우승자는 아니지만, 마스터스는 여성회원 클럽 입회 자격증 수여 기념인지 그린 재킷을 라이자에게 허락해 그 사실이 언론에 대서특필 되었습니다.

고대 그리스 체육관 이야기를 하다 난데없이 왜 명문 골프 클럽 이야기냐고요? 사람들은 고대 그리스 시대 체육관에서 운동하는 것쯤이야 별것 아닌 일처럼 생각할지도 모르겠습니다. 또 거기서 하는 나체 패션이야 남자들끼리니까 하고 넘길 지도 모르겠습니다. 그러나 미국과 같이 골프가 대중적인 운동인 곳에서 오늘날 이렇게 특수한 룰을 만들어 놓고 그 틀 안에 특정 계층이나 성, 인종에게만 회원의 자격을 제한하는 것은 확실히 민주나 평등이란 사고와는 거리가 먼 것임에 틀림없습니다. 부유한 계급이 부를 통해 권력을 행사하며 정치에 영향력을 행사하는 고대 그리스 금권정치와 다를 바가 없으니 말입니다. 돈이나 권력으로 자격을 제한해 특권적인 동질의식과 자부심으로 여타의 사람들과 분리시키며 차별화하는 일이니 말입니다. 특히 클럽은 2015년까지 회원 자격에서 금녀禁女원칙을 고수하며 돈이나 권력 외에 성차별까지 행했습니다. 클럽이 이러한 금녀 원칙을 깨고 콘돌리자 라이자에게 그린 재킷을 수여함으로써 뒤늦게나마 여성회원을 허용했으니 환영할 만합니다. 그러나 인간 사회의 다른 영역과 달리 실력으로만 평등하고 정정당당하게 겨룬다는 스포츠 정신이 현대의 스포츠 영역에서도 아직 실현되지 못하고 있는 것 같아 불편한 것 같습니다.

오거스타 클럽을 고대 그리스 체육관과 관련시켜 이야기해 보겠습니다. 고대 그리스 체육관이나 기타 운동경기장은 어렸을 때부터 익숙하게 운동했던 곳이므로 시민 남성들에게는 너무나 친숙하고 자연스러운 공간입니다. 그러나 시민 남성 외 타자들에게 이곳은 단순히 운동하는 곳, 이런 정도가 아닙니다. 분명하게 노예, 여성, 외국인 체류자들로부터 철저하게 보호막을 치고 시민 남성들만의 동질성과 특권의식을 확인하고 다지는 명문귀족 클럽으로서 높디높은 벽이었던 것입니다. 그런 만큼 고대 그리스 체육관은 현대의 오거스타 멤버십 스포츠클럽과 다를 바가 없습니다. 물론 체육관 안에서의 나체는 오거스타 골프 클럽의 그린 재킷처럼 멤버십이나 자격조건을 제한하며 다른 계층, 성, 인종과 차별성과 우월감을 부여하는 패션 스타일인 것이지요.

올림픽이나 4대 체전에서 나체가 언제부터 시작되었는지는 명확하지 않지만, 어느 때부터인가 분명히 올림픽 경기에서 선수들의 나체는 하나의 유행이 되었습니다. 김나지움에서 벗고 운동하는 것이 먼저였는지 아니면 경기에서의 유행이 먼저였는지는 불명확하지만 말입니다. 특히 남성 동성애가 가장 이상적인 사랑으로 추앙받았던 트렌드였던 시대였던 만큼 여성도, 외국인도, 노예도 불가능한 나체는 남성 동성애적 섹슈얼리티와 결합된 권력의 패션이었던 것입니다. 한마디로 나체는 시민 남성들을 여타의 사람들과 확연하게 구별해주는 우월하고 특별한 특권 패션인 셈이지요. 불평등한 외모의 질서에서 맨 앞에 우뚝 서는 자랑스러운 패션으로서 말입니다.

섹시 도발 스포츠웨어 : 나체 핫바디

이렇듯 고대 그리스에서 올림픽 경기에 참가하는 것은 시민들 중에서도 귀족들만의 특권이었습니다. 그들만이 경기를 위해 생업에서 벗어나 몇 달 동안 준비에 전념할 수 있었고, 실제로 경기에 참여할 수 있는 수단을 보유할 수 있었기 때문이지요. 그런 만큼 명예가 달린 운동선수들은 나름대로 식이요법을 통해 식사를 조절하며 승리를 위해 모든 것을 걸었습니다. 오늘날처럼 운동선수들의 아버지가 코치 역할을 하기도 했고, 지난 대회 우승자가 코치로 초빙되는 일도 많았습니다.

원래 선수들은 일종의 허리두르기(로인클로스Loin cloth)를 입었습니다. 그러나 이 짧은 의상이 자주 흘러내리거나 잃어버리는 문제가 발생하면서 아무것도 입지 않는 것이 오히려 유행을 타게 되었던 것입니다. 이런 유행을 부추긴 이유 중 하나가 바로 남성들 자신이 자신의 근육과 햇볕에 그을린 신체를 자랑스럽게 여겼기 때문이라고 합니다. 딱 하나 걸치는 게 있다면 경기 열리기 전 선수들이 피부에

운동 경기에 참가한 선수의 등을
마사지해주고 있는 안마사

양껏 바르는 올리브기름뿐이었습니다. 훈련 중이나 시합 중에 운동
선수들은 몸에 먼지가 묻어 더러워지는 것을 방지하기 위해 올리브
기름을 바르고 아마포로 문질러 윤을 냈으니까요.

　나아가 선수들의 몸은 오늘날과 마찬가지로 의학적으로나 체력
적으로나 전문가에 의해 관리되었고 식단의 조절도 물론 필수였습
니다. 경기요원들 중 한 명은 의사였으며, 고대 그리스로마 의학에
서 전문기술의 발전은 운동의 발전과 관련될 정도로 오늘날과 비교
해도 손색없는 과학적인 선수 관리가 행해졌습니다. 이뿐만이 아닙
니다. 체육관에는 운동기술을 가르치는 훈련교관gymnotribai이 있었고,
경제적으로 여유가 있었던 운동선수들은 아예 오늘날처럼 개인적
으로 전문가를 고용해 소위 PT 같은 것을 받기도 한 거지요. 이렇게
철저한 관리와 훈련을 통해 만들어진 선수들의 나체인 만큼, 오늘날
등 근육, 가슴 근육, 복근으로 무장한 유명배우처럼 깎아 놓은 조각

같은 몸이 나온 거 아닐까요? 가히 아름다운 조각상으로 새겨 남길 만 한 것 같습니다. 오늘날 남자들이 SNS에 멋진 등 근육 사진을 올리듯이 말입니다. 물론 요즘에도 더 잘 나온 사진을 올리거나 사진 보정을 하듯이, 그때도 몸을 더 이상화시켜 조각을 했다고 합니다.

옆의 그림처럼 선수들이 몸에 올리브기름을 바르는 표면적인 이유는 선수들의 뭉쳐진 근육을 풀어주는 의미 외에도 더운 태양으로부터 피부를 보호하기 위해서입니다. 경기 전이나 훈련 전에 올리브기름을 발라두면 태양열로 인한 화상을 줄일 수 있었기 때문이지요. 그리고 경기 후엔 몸긁개Strigil를 이용해 먼지와 기름을 긁어냈습니다. 그런데 오일 바르는 걸 아무나 쓱싹 바른 것이 아니라, 그림에서 보듯이, 전문 마사지사 혹은 체력 단련 전문가가 마사지하며 정성들여 발라주었습니다. 오늘날 여성들이 경락마사지를 받는 것처럼 말이지요. 덕분에 올리브기름으로 마사지를 하고 몸긁개로 닦아내면 피부가 아주 탄력 있고 섹시해 보였다고 합니다. 오늘날 보디빌더들이나 여름철 여성들의 태닝 노출처럼, 올리브기름 마사지는 특히나 단련된 근육의 몸을 아주 아름답게 해주었습니다. 피부보호라는 기능에 덧붙여, 탄력도 잡고 아름다움도 잡는 이중 미학으로 말입니다. 경기에 참여하는 선수들이 나체인 또 다른 이유를 누군가는 구속과 형식으로부터 해방된 자유정신의 추구라 하기도 하고, 여자의 참가를 금지하기 위한 조치로 옷을 벗었다고 하기도 합니다. 과연 그럴까요?

어찌 됐든 올림픽 경기에서의 공식패션이자 일상의 시민 남성 운동복 나체는 분명 인류 역사상 가장 실험적이고 자극적이며 자신감에 넘치는, 섹시 도발 패션으로 남게 되었습니다. 그런데 오늘날에도 감히 상상하기 어려운 이 대담무쌍한 섹시 나체 패션에 대해 의외로 철학자 플라톤이 옹호를 하고 있습니다. 앞서 보았듯이 가장 잔혹하고 격렬하다고 알려진 판크라티온과 레슬링 대회에 나가 우승을 했을 만큼 체격도 아주 건장했고 뛰어난 운동감각을 지닌 운동 마니아였던 만큼, 플라톤이 시민 남성의 운동하는 나체에 대해서 남다른 애정과 관심을 가졌던 것은 어쩌면 당연한 일인지 모르겠습니다. 플라톤이 나체를 대체 어떻게 옹호하고 있는지, 그리고 무엇보다도 나체가 어떻게 있는 그대로의 인간의 모습이 아니라 하나의 패션일 수 있는지 다음 장에서 살펴보겠습니다.

인문학 노트

올림픽과 판크라티온에 대하여

1. 올림픽

잘 알다시피 고대 그리스 도시국가들의 연합 스포츠제전인 올림픽은 제우스신에 대한 숭배하기 위한 것으로 제사이자 축제입니다. 기원전 8세기 중반 이후 그리스 전역에서 펼쳐진 여러 운동 경기들 중에서 가장 중요한 것이 올림피아, 그리고 퓌티아Pythia, 네메아Nemea, 이스트미아Isthmia 경기입니다. 올림피아와 퓌티아 경기에서는 성인부와 소년부로 나누어진 시합들이 있었고, 네메아와 이스트미아 경기에서는 여기에 청년부도 추가되었습니다. 운동 연습은 대체로 김나지움에서 행해졌고, 달리기의 경우에는 야외에서 하는 것이 일반적이었으며, 모두 나체로 행해졌습니다.

호메로스의 서사시《일리아스》에 그리스의 운동 경기 묘사가 처음 등장하는데요. 그리스군 최강의 전사 아킬레우스의 절친한 친구 파트로클로스의 장례식을 기념해 운동 경기가 열린 것입니다. 그리스에서는 이렇게 장례식 때 경기가 열렸습니다. 여기서 여덟 가지의 운동이 거명되고 있는데, 전차 경주, 권투, 레슬링, 달리기, 투창, 검투 경기, 투원반, 궁술 경기가 그것입니다.

초기에는 올림픽 경기가 초기 단거리 경주로 시작해서 시대에 따라 변화하고 종목 수가 증가하기도 했지만, 점차 육상경기와 격투기, 마술경기로 나뉘었습니다. 육상경기에는 단거리, 중거리, 장거리 달리기와 5종 경기, 즉 멀리뛰기, 창 던지기, 원반던지기, 달리기, 레슬링이 속했고, 격투기에는 레슬링, 판크라티온, 권투, 그리고 마술경기에는 전차 경주와 노새 전차 경주, 경마 등이 속했습니다.

이들 경기들 중 당시 전쟁터에서의 백병전을 흉내낸 3종류의 시합이 있었는데, 레슬링, 복싱, 판크라티온이 여기에 속합니다. 물론 창 던지기도 실전에서 유래한 경기였습니다. 그러니까 올림픽이나 4대 체전은 모두 시민으로서 전투를 위한 사실상 실전 준비, 사전 신체 훈련이자 군사교육이라고 할 수 있습니다. 그러므로 올림피아 제전 이면에는 호전적인 그리스 도시국가들의 식민지 개척에 따른 끊임없이 전쟁을 벌이던 당시 상황을 배제할 수 없을 것 같습니다. 고대 그리스의 문화, 예술, 철학 등 서양 고대 문명의 진원지라는 이미지 덕분에 그와 상반된 그들의 제국주의적 호전성은 묻히기 일쑤입니다.

누군가는 원반던지기 정도가 순수한 스포츠 정신을 엿볼 수 있을 것 같다고 합니다. 그 외에는 모두 전쟁에서 직접 사용될 수 있는 몸의 기술들이니까요. 그러니까 격렬한 판크라티온 외에도 올림픽 종목이라는 것들을 보면, 한마디로 전쟁을 위한 전투훈련인 셈입니다.

2. 판크라티온

판크라티온은 기원전 648년 제33회 고대 올림픽부터 정식 종목으로 채택돼 가장 많은 인기를 누렸습니다. 상대를 주먹과 발로 때리고, 관절을 꺾고 목을 조르는 격투기인 판크라티온은 권투와 태권도, 레슬링과 유도를 합쳐놓은 형태로 이빨로 물거나 눈을 찌르는 것만 빼고는 모든 공격이 허용돼 실제 싸움보다 더 치열했습니다.

판크라티온은 두 가지 형태로 구성되었는데 즉 상대가 땅바닥에 떨어진 뒤에도 시합이 계속된 카토kato 판크라티온과 선수들이 서 있는 상태로 시합을 하는 아노ano 판크라티온이 있었습니다. 판크라티온은 현대의 레슬링과 복싱, 유도, 삼보, 태권도와 비교했을 때 몇 가지 유사점이 발견됩니다. 상대방이 패배를 시인할 때까지 목숨을 걸고 한 잔인한 격투기였다는 점과 경기에서 주로 사용되었던 카토판크라티온은 오늘날의 유도, 삼보, 레슬링, 등과 기술이 유사하며, 간이 시합에서 사용되었던 아노 판크라티온은 오늘날의 태권도, 킥복싱, 복싱, 유도(매치기술), 씨름, 스모, 등과 유사하다고 할 수 있습니다.

판크라티온은 로마 때에도 수많은 격투기사들이 원형경기장에서 대회를 했다는 기록도 있습니다. 최근 현대 스포츠에서도 판크라티온을 스포츠화하기 위해 노력하는 모습이 그리스를 중심으로 일어나고 있습니다.

제5장

플라톤의
나체 옹호

: 남성적 아름다움과 권력

레슬링 시합을 참가한 선수들

플라톤의 나체 옹호

어쩌면 의외이면서도 당연한 일인지 모르겠습니다. 나체로 운동하고 나체로 우승하고 나체로 군사 훈련을 했던 플라톤이 나체를 옹호했다면 말입니다. 네, 그렇습니다. 플라톤은 《국가》에서 나체로 운동하는 것을 적극 지지하고 있습니다. 나체로 운동하는 것이 당시 시민 남성의 특권이자 일종의 룰이었고, 플라톤 자신이 직접 판크라티온이나 레슬링 같은 경기에 나체로 훈련하고 출전했던 선수였으니 그저 바라보기만 하는 구경꾼들이 보지 못하는 어떤 장점들을 인식했을 수 있습니다. 워낙 건장했던 플라톤으로서는 운동으로 다져진 몸으로 훈련하고 경기하는 것이 자랑스러웠을 수도 있고요. 이런 점에서 보면 확실히 플라톤은 스포츠 철학자라고도 할 수 있을 것 같습니다. 그래서 그런지 철학 전통의 학문 연구에서는 이런 점에 대해서 거의 주목하지 않았는데, 체육 연구가들에게 플라톤은 고대의 레슬링, 판크라티온의 영웅이자 체육 사상가로 통하고 있습니다.

그럼 플라톤은 알몸으로 훈련하는 것을 대체 무어라 옹호한 것일까요? 너무나도 유명한 《국가》에서, 플라톤은 소크라테스의 입을 빌어 자신의 견해를 펼칩니다. 플라톤의 많은 저작들은 주로 등장인물들의 대화로 이루어져 있는데, 특히 소크라테스를 많이 등장시키고 있습니다. 물론 작품 속 소크라테스의 이야기는 정말 소크라테스의 입장일 수도 있고 아니면 이에 대한 플라톤의 해석일 수도 있습니다. 플라톤의 《국가》를 보실까요?

소크라테스는 말합니다.
"우리는 남자들에게 시가교육과 체육교육을 시켰네."

그러자 글라우콘이 답합니다.
"네, 그렇습니다."

다시 소크라테스가 말합니다.
"우리는 여자들에게도 이 두 교과목을 가르치는 것은 물론 군사 훈련도 시켜야 하네…."

지금 소크라테스는 여자들에게도 남자들과 똑같은 체력 단련과 군사 훈련을 시킬 것을 제안하면서 이럴 경우 여성들이 놀림감이 될 거라고 말합니다. 여기서 소크라테스가 여자들이 놀림감이 된다고 걱정하는 이유가 있습니다. 그리스에서 운동을 한다는 것은 곧 알몸으로 운동하는 것을 의미하기 때문입니다. 즉 여자들이 체력 단련과 군사 훈련을 한다는 것은 곧 여자들도 시민 남성들처럼 알몸으로 운동해야 한다는 것을 의미합니다. 스파르타에서야 여자들이 옷을 벗고 운동했다고 하니 문제가 없겠지만, 아테네에서는 그런 관습이 없었기 때문에 소크라테스가 이런 걱정을 하는 것이지요. 그런데 어째 그 뒤에 이어지는 소크라테스의 말을 보면, 여자들이 알몸으로 운동하는 것 자체만 문제는 아닌 듯합니다.

"자네가 볼 때 무엇이 가장 꼴불견일 것 같은가? 분명 여자들이 체육관에서 옷을 벗고 남자들과 함께 체력 단련을 하게 되면, 젊은 여자들뿐만 아니라 늙수그레한 여자들도 하게 될 텐데 말이네. 마치 남자 노인들이 온통 주름투성이인 몸으로 체육관에서 체력 단련에 열을 올리는 것을 보면 보기에 안좋지 않은가?"

"제우스에 맹세코, 꼴불견이겠지요."라고 글라우콘이 대답합니다.

아니, 놀랍게도 젊은 여자들이 알몸으로 체력 단련하는 것은 문제가 아닌데, 나이 많은 여자들까지 주름투성이로 운동하는 것은 추하다고 이야기하고 있는 것입니다. 이게 소크라테스의 생각이든 플라톤 자신의 생각이든 정신이나 영혼을 중시하는 철학자들이 맞나 의심스럽습니다. 남자든 여자든 나이 든 사람들의 몸을 부정적으로 보고 있으니 말입니다. 다행스럽게도 이후 소크라테스는 일부 사람들이 이런 저런 놀림을 하더라도 여성들에 대한 체력 훈련을 도입해야 한다고 말합니다. 그리고 남자들의 나체 훈련에 대해서 다음과 같이 말합니다.

"남자들이 나체로 운동을 하는 것에 대해 오늘날 그리스인이 아닌 대부분의 사람들은 그것을 창피하고 꼴불견이라고 말을 하네. 그렇지만 얼마 전까지만 해도 그리스인들 사이에서조차도 그것에 대해 창피해했다네. 제일 먼저 크레타인들이, 그리고 이어서 스파르타인들이 나체로 체력 단련을 시작했을 때 당시 익살꾼들은 그것을 마구 놀려댔다네."

우리는 보통 고대 그리스 사람들은 나체로 운동하고 훈련하는 것을 기정사실화하며 자연스럽게 받아들였을 것으로 생각하기 쉽습니다. 그런데 이런 이야기를 하는 것을 보면, 아무래도 그게 아니었나 봅니다. 당시 알몸으로 훈련하는 것에 대해 사실은 그리스인들 내에서도 비난이 있었던 것입니다. 즉 이러한 대화로 미루어 볼 때, 올림픽 경기는 아테네뿐 아니라 그리스 전 지역이 휴전을 하고서라도 했던 경기인데, 비非 그리스인은 물론이고 그리스인들조차 처음에는 알몸으로 운동하는 것에 대해 입방아가 많았음을 알 수 있습니다. 왜 아닐까요? 인류 역사상 이렇게 과감하고 야한 '섹시 도발' 패션이 없었던 데다, 나체가 다른 문화권에서는 야만성이나 노예를 의미하기 때문입니다. 비슷한 시기 고대 그리스가 아닌 지역, 예를 들어 유대인들의 경우 부자와 권력자들은 부와 권세를 과시하기 위해 금과 은으로 된 옷을 입고 값비싼 장신구를 걸쳤던 반면, 매춘부, 노예, 광인들은 벌거벗었습니다. 유대인들에게 나체는 가난과 노예 상태를 의미했던 것이지요.

그리스 아테네는 말이 민주주의 사회지 사실상 계급 사회였고, 노예의 경우 웃통을 벗거나 때로 알몸으로 일했기 때문에, 시민의 나체는 자칫 노예계급과 유사하게 보일지도 모릅니다. 그러나 그런 걱정일랑 전혀 필요가 없습니다. 현실 속에서 시민 남성들의 나체는 운동으로 단련된 아름다운 근육 나체였기에 그렇지 못한 노예의 나체와 분명한 차이를 보였으므로 양자가 혼동될 우려가 없었으니 말입니다. 시민 남성들은 아름다운 근육과 잘 다듬어진 머리카락, 그리고 피부에 올리브기름을 발라 탄력적인 멋을 냈기 때문에 운동을 통해 다듬어지지 못한 노예의 알몸과는 분명하게 차별화되었기 때문입니다.

플라톤, 나체운동을 이성적이라 변호하다

이어서 플라톤은 다시 소크라테스의 입을 빌어 나체로 훈련하는 것에 대해 다음과 같이 이야기합니다.

"(운동할 때) 옷을 입는 것보다 옷을 벗고 알몸이 되는 것이 모든 면에서 더 낫다는 것이 경험을 통해 밝혀지고, 이성에 의해서도 최선인 것으로 드러난 만큼 더 이상 나체운동을 비웃지 않게 된 것이네."

플라톤은 지금 운동을 할 때 옷을 완전히 벗고 알몸으로 하는 것이 (옷을 입고 운동하는 것보다) 더 낫고, 그게 경험적으로나 이성적으로 생각해 볼 때 최선이라고 합니다. 과연 그럴까요? 아무래도 중요한 이야기니만큼 요모조모 따져봐야겠습니다. 플라톤이 나체로 훈련하는 것이 이성적으로 판단할 때, 최선이라는 말은 대체 어떤 의

미일까요? 알몸으로 운동하는 것이 이성적이라는 이야기인지, 이성적으로 판단할 때 알몸으로 운동하는 것이 최선이라는 것인지, 명확하지 않습니다. 그러나 어쨌든 솔직히 둘 다 설득력이 부족합니다. 아무리 플라톤이라지만 이거 웬 자다가 봉창 뚜드리는 소리인가요? 만일 운동 자체가 이성적인 것이라고 주장한다면 어느 정도 이해할 만합니다. 경기에서 수치화시킬 수 있는 것들이 있으니 말이지요. 그러나 '운동이 이성적'이라는 것과 '나체로 운동하는 것이 이성적'이라는 사실은 전혀 다른 문제입니다. 과연 플라톤의 말대로 운동할 때 나체가 적절한 옷보다 더 나을 수 있을까요? 아무리 사람들마다 조건이 다르다 해도 분명 알몸으로 운동하는 것이 최선이기는커녕 아주 불편한 일일 텐데 말입니다. 레슬링, 판크라티온처럼 서로 몸이 붙어 싸우는 경기는 더더욱 말입니다.

고대 그리스 성풍속사가 한스 리히트는《그리스 성풍속사》1권에서 딱히 플라톤을 옹호하려는 것은 아니지만 다음과 같이 주장합니다. "역사상 가장 건강했으며 체력적으로 가장 완벽했던 민족으로 알려진 그리스인들은 신체의 다른 부분은 가리지 않고 성기 부분만을 가리는 것은 부자연스럽다고 느껴 나체를 했다"고 말입니다. 그러나 이런 주장은 논리적으로 타당하지 않습니다. 남녀노소 모두가 나체라면, 그런 신체의 일부만을 가리는 것이 부자연스럽다고 주장하는 것이 확실히 타당할 수 있습니다. 그러나 시민 남성 이외의 아테네 인구 대부분이 옷을 입고 있는데, 일부 소수만이 체육관이나 올림픽 경기장에서 옷을 벗고 알몸으로 운동하는 것 자체가 과연 자연스러운 것일까요? 즉 성기 부분만을 가리기 때문에 부자연스러운 것은 결코 아닙니다. 7장에서 보겠지만, 헤타이라의 경우에는 연극에서 알몸을 보였다고 사형에 처할 위기에 처하게 됩니다. 특정인들의 패션은 그 자체로 고유한 의미를 지니는 것이 아니라 다른 사람들과의 관계 속에서, 전체적인 패션의 지형도와 사회적 제도와 함께 살펴보아야만 명확하게 해석할 수 있습니다. 즉 소수만이 독점적으로 나체를 했다면 그것은 정치적·사회적 역학관계의 문제이지, 인간 자유나 자연의 문제가 아니라는 이야기입니다.

한스 리히트는 이런 주장이 부족하거나 문제가 있다고 느꼈는지 《그리스 성풍속사》 2권에서는 다시금 나체에 대해 다음과 같이 옹호합니다. "그리스인들은 나체에 대해 부끄러움을 느끼기는커녕 경외심을 느껴야 할 대상으로 생각했다. 나체가 생명을 창출하고 고갈되지 않는 다산성을 보장하는 자연의 상징이자 번식의 신비한 도구로서 거의 종교적 숭배물로 취급했다." 한마디로 고대 그리스 시민 남성들이 자신들의 나체에 대해 신적 경외심을 가졌거나 가지려 했다는 것입니다. 물론 그래서 나체 조각상도 아주 많이 나올 수 있었던 것이겠지요. 이에 덧붙여 한스 리히트는 고대 그리스에서는 어린 시절부터 이러한 경외심의 싹이 키워졌음을 지적합니다. 즉 미래의 시민이 될 소년들 역시 나체로 운동하면서 자신의 아름다움에 대해 긍지를 느끼며 정신과 육체의 우수성을 칭찬하는 것을 명예로 생각했다고 말입니다.

한스 리히트의 말대로 나체에 대해 종교적 경외심을 느낀 것은 사실일 수 있습니다. 그러나 이러한 경외심, 자부심, 명예 등을 느끼게 하는 몸은 그리스에 사는 모든 사람들의 몸이 아닙니다. 여성 나체 조각상이나 노예의 조각상은 없으니까요. 즉 여기서 주목해야 할 것은 시민 남성들이 자신들의 나체만을 신성시했다는 점입니다. 그렇다면 거기에는 어떤 이유가 있을 겁니다. 분명 일부 사람들만이 나체를 했을 때는 그들의 특권적인 의식이나 그것을 뒷받침하는 지배와 권력 등의 사회적·정치적 역학관계가 있을 것이란 이야기지요. 무엇보다 문제는 한스 리히트가 시민 남성들의 나체를 마치 그리스인 전체의 나체로 간주하고 있다는 점입니다. 나체는 그리스 전체 인구 중 일부만이 한 것인데 말입니다. 아니면 한스 리히트가 아예 대다수 인구를 제외한 시민 남성들만을 그리스인으로 보았던 당대의 특권적 사고를 그대로 인정해주는 역사관을 지닌 것일 수도 있습니다. 이런 현상은 시민 남성들의 나체에 대한 긍정적이고 의미 있는 해석과 미화 노력이 오늘날에도 계속되고 있음을 의미합니다. 잠시 후 보겠지만, 나체가 지니는 긍정적인 의미가 있습니다. 그러나 그것이 가지고 있는 한계도 있는 만큼 무조건적인 미화는 조금 곤란하지 않을까 합니다.

어쨌든 플라톤에게는 유감이지만, 아무래도 나체로 운동을 하기 때문에 이성적이라 하기는 어려운 듯합니다. 여기엔 뭔가 애매한 구석이 있기는 하지만, 어쨌든 플라톤은 나체로 운동하는 것이 이성적이라 주장할 만큼 당시 나체 경기와 나체 운동에 대해 단연코 옹호하기로 한 것 같습니다.

분명 플라톤은 아테네의 체력 단련 방식을 넘어서 스파르타의 제도를 선망했던 것 같습니다. 호전적인 아테네를 넘어선 병영국가로서 여자들에게도 체력 훈련을 허용했던 스파르타 방식을 말이지요. 그러나 스파르타가 아테네처럼 조각이나 그림과 같은 예술을 발달시키지 못해서인지 실제로 여자들이 옷 벗고 훈련했었는지를 확인할 수 있는 자료가 현재는 거의 없습니다 기껏해야 아래 그림 이미지 정도의 조각상이 겨우 남아 있습니다. 달리기 경기에 나간 여성 모습입니다.

　이 청동 조각상은 한쪽 가슴과 어깨를 드러내고, 허벅지를 보이며 달리는 소녀의 모습입니다. 보시다시피 옷을 입었습니다. 흔히 보이는 남자 조각상처럼 완전 나체가 아니지요. 글쎄요. 당시 (오늘날에도) 여자가 공개적인 장소에서 이 정도 벗었다면, 벗은 것일 수 있겠지요. 다른 그리스 여인들과 비교해볼 때 말입니다.

　어쨌든 육체를 영혼의 감옥으로 생각했던 플라톤의 철학을 생각해볼 때, 생생한 현실의 불순한 육체, 그것도 나체로 운동하는 것을 플라톤이 옹호하는 것은 아무래도 현재의 우리에게는 무척 낯설고 모순적인 듯 보입니다. 그러나 당시 그리스인들은 체육관과 올림픽 경기에서 시민 남성의 나체에 대해서는 그런 논리를 적용하지 않은 것 아닌가 추정됩니다. 운동으로 단련된 나체는 아무래도 일상에서 힘든 노역에 허덕이는 노예들의 육체와는 구분되는 근육의 탄력과 아름다움이 빛을 발하고 있으니 말입니다. 시민 남성의 나체와 비교 확인을 위

스파르타의
달리는 소녀

해 이번엔 노예 노동자의 알몸에 대해 이야기해 보겠습니다.

노예 노동자의 알몸 스타일

고대 그리스에서 노예는 집에서 부리는 노예 외에도 산업 현장에서 일하는 장인노예 노동자 등 다양했습니다. 원래 고대 그리스 경제와) 산업은 노예들이 이루어냈다고 할 수 있으니 말입니다. 노예 중에서도 집안 노예가 아닌 노예 노동자는 더운 여름 웃통을 벗고 일하거나 때로 알몸으로 일을 했습니다. 다음 그림은 바로 시민 남성들의 투구를 만드는 노예 모습입니다.

원래 투구는 주로 에게 해로 향하는 아테네의 상업적 입구이자 산업 중심지이며 동시에 아테네 제국의 막강한 함대 모항이었던 피레에프스 항구에서 만들어졌습니다. 이곳이야말로 많은 아테네 투구 제작 장인들의 본거지로서 중요한 역할을 했던 곳입니다. 투구

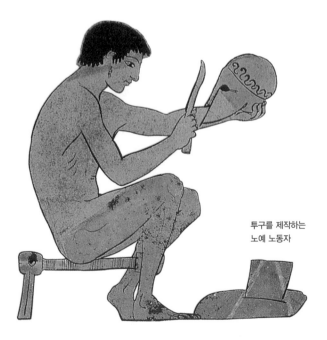

투구를 제작하는
노예 노동자

를 만드는 노예들은 아테네의 한낮 뜨거운 열기 속에서 키톤을 허리춤까지 내리고 일했으며, 어떤 사람들은 땀을 흡수하는 모자만 쓰고 웃통은 아예 벗고 일하기도 했습니다. 왼쪽 페이지 그림의 노예 노동자도 더위 탓인지 옷은 물론 모자도 아예 다 벗고 일하고 있습니다.

이들도 벗었으니 시민 남성의 나체와 다를 바가 없지 않나 하실지 모르겠습니다. 그러나 오른쪽 항아리 그림과 비교해보면 노예의 알몸과 시민 남성 나체는 그 근육의 아름다움에 있어 차이가 현격합니다. 무엇보다도 신기한 것은 그리스 도자기 그림 속이나 조각에서 시민 남성의 운동하는 나체나 전사로 싸우는 모습의 나체는 아름다운 근육과 그 균형미 외에도, 언제나 남성 몸의 중요 부위를 꼭 그려 넣었습니다. 도자기 속 옆모습 남성처럼 어떤 자세여도 말이지요. 아마도 의도적인 듯합니다. 남성 성기가 권력과 힘을 의미하기 때문입니다. 그 점에서도 노동하는 노예의 몸과 운동으로 다듬어진 시민의 나체는 차이가 뚜렷합니다. 노예의 알몸 그림에서는 남성기가 그려져 있지 않으니까요. 노예 노동자들은 남자가 아니라는 의미인지도 모르겠습니다. 하기는 노예는 아예 사람으로 취급받지 못했으니까요. 사실 일을 하느라 근육이 만들어질 수도 있었을 텐데, 역시 전체적인 균형과 아름다움에서 아무래도 운동으로 다듬어지고 만들어진 신체의 우월성을 따를 수 없었겠지요. 그림과 조각에서도 이런 차이를 분명하게 드러내고 있는 것 같습니다.

당시 노예들은 이 그림 속 노예처럼 대부분 신발 역시 신지 않았습니다. 소크라테스가 맨발 패션이었는데, 이들은 진짜 스트리트 패션으로서 맨발입니다. 소크라테스야 돈이 없어서라기보다는 자신의 신념이나 취향 때문에 그리했을 뿐, 필요할 때면 멋진 스타일을 갖추었습니다. 그와 달리 이들의 경우는 가죽으로 만든 샌들을 구입할 수 없었거나 어떤 제약이 있었겠지요. 노예는 맨발인 것으로 알려져 있으니 말입니다. 결과적으로 노예의 알몸과 시민 남성의 아름다운 나체는 뚜렷하게 구분됩니다.

이렇듯 일상에서 군사 훈련과 운동 그리고 올림픽 경기 스포츠웨어로서 나체는 단순한 유행을 넘어서 선수들, 체육관, 의학, 식이요법, 아카데미아, 조각, 그림 등 신체를 둘러싸고 이루어지는 고대 그리스의 문화를 형성합니다. 그리고 올림픽과 관련해서 웃지 못할 일도 벌어졌는데요. 일부 운동선수들은 경기 준비 기간 내내 소년이나 여성에게 손도 대지 않았다고 합니다. 그게 다른 이유가 아니라 올림픽 훈련 기간 중 성생활이 이로우냐 해로우냐에 대해서 찬반양론이 분분했기 때문이지요. 그렇다면 이렇게 올림픽 경기에서뿐 아니라 일상적으로 체력 단련을 하거나 군사 훈련을 할 때 드러내는 남자들의 나체는 과연 인간의 자연스러운 모습이라고 할 수 있을까요? 이 문제를 답하기 전에 우선 나체를 옹호하는 플라톤의 입장을 잠시 변명해 보겠습니다.

플라톤을 위한 변명

3장에서 소크라테스도 알키비아데스와 레슬링 경기를 할 때 나체로 했던 일 기억하시나요? 플라톤도 마찬가지이고, 당시 시민 남성은 운동할 때면 나체였습니다. 왜냐하면 이 스포츠웨어는 시민 남성만의 특권이자 명예이고, 그리고 그들의 습관이자 일상의 일부였기 때문입니다.

이 글이 위대한 철학자들의 벌거벗은 부분만을 보여주려는 것 아닌가라고 생각하실지도 모르겠습니다. 그러나 철학자인 소크라테스나 플라톤도 위대한 정신을 소유한 동시에 우리와 동일한 육체를 지닌 살아있는 평범한 사람들이기도 했습니다. 그들의 철학을 제대로 알기 위해서라도 당시 그들의 삶의 모습을 아는 것이 도움이 되지 않을까요? 아무리 위대한 철학도 시대의 산물일 수밖에 없고, 따라서 철학자도 당대의 관습적인 스프츠웨어를 입고 있었음이 불편하지만 분명한 진실이니 말입니다. 물론 이런 스포츠웨어가 그들의 새로운 모습을 알게 한다는 면에서 좀 놀라운 것이 사실이지만요.

그런데 한 가지 쉽게 이해할 수 없는 의문점이 있습니다. 앞서 플라톤이 나체로 훈련하는 것에 대해 이성적이라고 옹호하는 것을 보았습니다. 거기에 어떤 설득력이 부족하다는 사실은 그렇다 치고, 있는 그대로 플라톤의 주장을 받아들인다 해도 의문이 남습니다. 잘 아시다시피 플라톤하면, 이성과 정신으로만 접근 가능한 이데아 세계를 진정한 실제로 봄으로써 기독교 문화의 사상적 토대를 제공했던 서양문화의 원류라고 할 수 있습니다. 이성이나 정신, 영혼이 현세적인 육체나 몸보다 진정한 실재이고 가치가 월등하다는 사고와 문화 말입니다. 그런데 플라톤이 나체로 운동하는 것도 이성적이라 보았다면, 사실 플라톤 철학 내에서도 뭔가 모순이 있는 것 아닐까요? 즉 플라톤이 분명 정신이나 이성을 육체나 몸보다 우월하다고 주장했는데, 만일 육체 혹은 나체도 이성적이라고 주장한 것이라면, 그곳에는 뭔가 비약이나 모순 이상의 것이 들어 있는 것은 아닐까 해서 말이지요.

다만 이를 이해할 만한 한 가지 단서는 오늘날과 달리 고대 그리스에서 시민 남성들의 육체적 운동은 지적인 것과 오히려 가깝게 취급되거나 거의 동등한 지위를 가졌다는 사실입니다. 플라톤의 아카데미아에서 문무교육을 동등하게 교육시켰으니 말입니다. 하기는 일찍이 호메로스의《일리아스》,《오디세이》에서부터 이미 시가교육과 체육교육을 동시에 강조했고 이러한 전통이 계속되어 왔습니다. 고대 호메로스 이전부터 그리스인들의 체육은 그들의 교육 목표인 '행동하는 인간' 아킬레우스와 '지혜의 인간'인 오디세우스의 결합을 지향해 온 것이지요. 말 그대로 문과 무의 결합, 심신의 조화인 거지요. 따라서 체육은 심신이 조화된 인물 양성에 부흥하는 신체 활동이 목표입니다. 물론 시가교육과 체육교육을 동시에 강조한 것은 그리스가 제국주의적 이상으로 식민지를 찾아나서며 전쟁을 일상화하고 찬미했던 호전적인 국가들로 이루어졌기 때문입니다.

어쨌든 이렇게 문과 무가 동등하다는 사실은 문과 무를 분리해 문만을 숭상하고 무를 경시해 온 우리의 역사적·문화적 관점에서 볼 때는 잘 이해가 가지 않을 수 있습니다. 그런 점에서 고대 그리스는 단연코 우리와는 다른 사고와 문화를 가졌던 것 같습니다. 어쨌든 사정이 이런데도, 지금껏 플라톤 철학에 대한 연구는 앞서 소개한 플라톤의 나체운동 옹호를 모두 배제하고 그의 사상을 지나치게 관념론적으로 부각시켜 온 것 아닌지 모르겠습니다. 정신과 이성, 영혼을 현세의 육체보다 진정한 것으로 보는 기독교적인 해석이 아니라, 나체의 신체 훈련을 시가교육과 동일시하는, 즉 정신과 육체를 동등하게 바라보는 입장으로 플라톤의 철학을 해석하면 보다 생생한 플라톤 철학의 가치가 나오지 않을까 해서 말이지요.

나체의 기호학과 패션으로서의 나체

그러면 이렇게 올림픽 경기에서뿐 아니라 일상적으로 체력 단련을 하거나 군사 훈련을 할 때 남자들의 나체는 어떻게 패션이 될 수 있을까요? 일반적으로 나체나 누드라는 단어는 여성을 연상시킵니다. 유화나 영화 혹은 동영상 등에서 여성을 성적 대상화한 누드 때문인 듯합니다. 존 버거는 여성 나체naked와 누드nude를 구분하면서, 누드가 타인에게 벌거벗은 육체를 오브제로서 전시하는 것인 반면, 나체는 본래의 자기로 되돌아가는 것이라고 정의합니다. 이 경우 누드는 벗은 상태가 아니라 일종의 복식dress이라는 것이지요. 고대 그리스 시민 남성들의 나체가 '남성 스스로 바라보고 원하는' 자기 자신의 아름다움과 매력을 특권화시킨 것이라면, 여성 누드화 속 여성들은 '여성 자신이 스스로 바라보고 원하는 모습이 아닙니다.' 그것은 남성들의 성적 판타지를 보여준다는 점에서 확실히 전시이자 보는 자의 권력이 들어 있습니다. 즉 누드화 모델의 여성 나체는 특권적이고 우월한 패션권력, 일상의 체육관에서 시민 남성들이 무리지어 함께하는 유행으로서의 나체와 엄연히 다릅니다.

그런데 나체가 진정한 인간 모습이라거나 인간의 자연스러운 상태를 의미하는 것이라는 주장도 현실을 외면하는 주장입니다. 인간의 존재방식은 역사(가부장의 시작) 이래 패션의 형태를 띠지 않은 순간은 한순간도 없었습니다. 인간은 태어나면서부터 그리고 죽은 이후까지도(수의) 육체가 있는 한 의복, 즉 사회가 규정한 각각의 '의미'들을 입습니다. 예를 들어 누군가 샤워를 하느라 혹은 나체촌에서 나체를 했다면, 전자의 나체는 이미 깨끗이 씻는 문화 안에 있는 삶의 형식입니다. 서구에서도 씻는 것을 위생적이지 못한 행위로 보던 시대(16~18세기)도 있었기 때문입니다. 후자의 나체촌은 사회의 옷 규정이나 다른 제재들로부터의 '자유나 해방 혹은 저항'을 의미하는 문화로서 역시 있는 그대로의 자연으로서 인간들이라고 말하기 어렵습니다.

그러므로 사람들 속에서 만일 누군가 벗고 있다면, 그는 어떤 특정한 행위를 하는 것입니다. 그것은 우리의 문화가 허용하는 행위를 하거나 그것에 저항하는 행위이니 말입니다. 알몸이라는 행위에 어떤 의미가 부여됨으로써 그것은 하나의 문화적 행위로서 동물의 자연 몸과 다른, 자연적 행위와는 전혀 다른 것이 되는 것입니다. 그런 만큼 그 어떤 경우에도, 어느 순간에도 인간의 나체는 이렇게 문화적 틀 내에 있습니다. 동물처럼 모두가 벗고 있는 자연이 아니라는 이야기입니다. 예를 들어 누군가는 아마존에서는 옷을 입지 않는다고, 원시부족으로 사는 종족들은 인간 본연의 자연 모습 그대로 산다고 주장하기도 합니다. 그러나 그들도 성기를 가리고, 문신을 하거나 갈대 잎으로 치마를 만들어 입는 등 옷을 입습니다. 성기를 가린다는 것은 그들 삶에서 그곳에 특별한 의미를 부여하고 있음을 의미합니다. 그 가리개가 '부끄럽다'이든 '신성하다'이든 말입니다. 그들도 자연 그대로 살기보다는 문명사회와는 다르지만 분명 하나의 의미를 입고 있는 것이지요. 하나의 패션과 문화로서 말입니다.

이렇듯 우리가 옷을 벗고 있는 나체는 일상의 삶 중에서 아주 특정한 경우에 한정됩니다. 목욕을 할 때든 그림을 그리는 화가 앞에 있을 때든 그 사회적·문화적 이유와 의미가 있습니다. 설혹 나체시위를 한다고 해도 이유와 의미가 있습니다. 나체에 어떤 의미를 부여한다는 의미에서 그것은 또 하나의 투명한 옷과 패션을 입고 있는 것이라고 할 수 있다는 이야기입니다.

기호학적으로 볼 때, 그리스인들의 운동하는 나체는 더더욱 자연이 아닙니다. 우선 그리스 시민 남성들만이 하는 문화 형식이자 기호이기 때문입니다. 시민 남성이라 해도 민회에 갈 때 나체를 하지는 않습니다. 당시 시민 남성들도 올림픽에 출전하거나 체육관에서 훈련할 때가 아니라면 옷을 입습니다. 즉 나체를 하고 있다면 올림픽에 나가는 선수이거나 체육 교육 중인 소년들 혹은 체육관에서 군사 훈련이나 신체 훈련 중인 성인남성을 의미합니다.

이러한 점을 생각해 볼 때, 고대 그리스 운동선수들의 나체(몸)는 아무런 의미도 지니지 않는, 자연 그대로의 단순한 몸이 아닙니다. 더구나 당시 올림픽 선수들의 몸은 경기 공고가 난 뒤 열 달 동안, 혹은 그 이전부터인 4년 동안 의학적인 도움과 식이요법에 힘입어 그리고 혹독한 신체 훈련으로 만들어지고 구성된, 탄탄한 근육의 아름다운 몸입니다. 그리고 소년들과 시민 남성들은 그러한 몸을 자랑스럽게 따라하면서 나체라는 유행을 만들었고, 거기에 참여할 수 없는 노예, 여성, 외국인들과 차이를 낳게 됩니다. 사회적 구별이 분명하게 드러나는 특권적 형식인 나체 패션이 탄생되는 것이지요.

더구나 선수들은 더욱 아름다워 보이도록 잘 다듬어지고 훈련된 나체 몸 위에 올리브기름도 한껏 발랐습니다. 탄탄하고 젊음이 넘치는 몸 위에 아름다움이라는 투명한 의상을 입은 셈이지요. 마치 오늘날 보디빌더들이 오일 잔뜩 바르고 탄력 있는 피부와 아름다운 몸매를 뽐내듯이 말입니다. 그야말로 아름다운 꽃보다 패션, 나체입니다. 그리스에 거주하고 있던 사람들 중 소수의 시민 남성들만이 했던 남성 나체는 이렇게 꽃단장하는 미학적 행위를 통해 더욱더 특별한 사회적 의미를 지니게 됩니다.* 따라서 고대 그리스 올림픽 선수들의 나체나 소년과 성인 남성들의 나체는 자연이 아니라 문화적으로 구성된 '의미'로서의 몸이자 패션이라 할 수 있습니다. 그들은 벗었으나 벗지 않은 스포츠웨어를 입은 것입니다. 그리고 그 위에 메릴린 먼로의 샤넬 향수 넘버 5처럼 올리브기름 넘버 5를 바른 최신 유행을 실어 나르고 있었던 것입니다.

남성 나체, 섹시 도발하다 : 남성적 아름다움과 권력

이렇듯 그리스 올림픽과 체육관에서 남성들의 나체는 하나의 관습적인 기호로서 자연이 아닙니다. 그 나체는 남성들의 동성애가 일

---

* Mary Ellen Roach and Joanne B. Eichter, 'The Language of personal adornment', in *Fashion Theory : A Reader, Routledge, Routeledge*, London & New York, 2007, 109쪽.

상화되던 시기에 남성 신체의 아름다움을 드러냅니다. 이 점에 주목해 보면, 나체 패션의 흥미로운 사회문화적 의미가 엿보입니다. 고대 그리스가 아닌 지역에서 일반적으로 나체가 가난과 노예 상태를 의미했던 점을 생각해볼 때 더욱더 말입니다.

미론이 〈원반 던지는 사람〉이라는 승리자상을 세웠던 기원전 450년 즈음은 그리스 고전 시대의 황금기입니다. 그러니만큼 경기에서 우승한 젊은이들의 입상에 나타난 완벽한 육체와 대담무쌍한 자세는 당시 시민 남성 계급이 갖고 있던 정신적 육체적 아름다움의 이상을 잘 보여줍니다. 이러한 미의 이상이 조각과 회화에 영향을 미친 것이니까요. 이러한 조각상은 또한 시민이 아닌 여성이나 노예, 노동자, 외국인 등과의 차이를 분명하게 강조하면서 귀족적이고 영웅적인 권력에 대한 찬양과 자부심을 보여줍니다. 조각의 대상은 모두 시민으로서 경기를 위해 고도의 훈련을 받고 철저하게 단련된 몸짱 남성들입니다. 그들이야말로 당대 이상적 남성상이니까요.

결과적으로 이들의 나체는 특정계급만을 위한 하나의 유행이자 패션이라고 할 수 있습니다. 그것은 운동하는 시민 남성들을 다른 계급, 다른 성, 다른 인종과 뚜렷이 구분시켜주는 사회적 구별로서의 패션입니다. 그들을 그들이 아닌 다른 사람들과 차별화해주는 우월한 패션이 됩니다. 그렇다면 이러한 나체는 지배세력으로서 고대 그리스 시민 남성의 독점적인 패션이라 할 수 있습니다.

대부분 그리스의 복식하면 키톤, 히마티온, 클라미스 정도를 꼽습니다. 남녀 키톤은 길이의 정도만 차이가 날 뿐이고 거의 차이가 없다고도 합니다. 그러나 이러한 평가는 그리스 복식을 시민 남성(군인이자 시민)과 그들의 부인이나 딸들의 의복들을 중심으로 보았기 때문입니다. 그들 외에도 당시 그리스에는 외국인도 있었고 노예 노동자들도 있었고, 그리고 헤타이라도 있었습니다. 그리고 시민 남성 외의 사람들이 만일 나체로 운동을 하거나 외부에서 활동을 한다면, 그들의 나체는 범죄, 그것도 신성모독죄 같은 죽음을 부르는 죄로 여겨졌습니다. 그만큼 시민 남성의 나체는 역사상 두 번 다시 보기 힘든, 가장 특권적인 권력패션이었던 것입니다.

꽃보다 패션, 남성 나체

그러면 이들 시민 남성의 나체는 구체적으로 무엇을 의미하는 기호일까요? 나체는 우선 그리스인 시민 남성들이 야만이라 부른 이민족들과 비교해 뛰어난 육체를 의미합니다. 동시에 그 나체는 그리스 내 노예들과의 현격한 차이를 드러내는 다듬어진 몸이기도 합니다. 또한 그것은 아름답고 강인한 남성 육체와 남성성에 대한 찬양과 자신감을 의미하는 독점적 권력을 의미하기도 합니다. 또한 이들의 나체는 남성 육체의 아름다움과 섹슈얼리티, 남성적 강인함을 의미하기도 합니다. 더욱이 선수들은 자신들의 육체에 올리브기름을 한껏 발라 아름답고 투명한 의상으로 꾸민 미학적 행위를 했으니 더 말할 나위 없지요.*

당시 올림픽 선수들도 자신들 육체의 아름다움을 자랑스럽게 생

---

* Mary Ellen Roach and Joanne B. Eichter, 'The Language of personal adornment', in *Fashion Theory : A Reader, Routledge, Routeledge*, London & New York, 2007, 109쪽.

각하지 않았을까요? 수많은 조각상에서 실오라기 하나 걸치지 않은 승리자의 육체를 숭배했던 이면에는 남성적 섹슈얼리티와 아름다움에 대한 엄청난 자기애와 나르시시즘이 있었을 테니 말입니다. 아무래도 이러한 철저한 자기애를 전제로 해서 시민 남성들의 나체 패션이 유행할 수 있었던 것 같습니다.

그리스인들은 이 조각상들을 통해 나체를 인간 신체의 이상적 아름다움으로 끌어올렸습니다. 심지어 우승자뿐 아니라 정치가들도 자신을 신과 유사한 존재로 만들기 위해 이들을 따라 나체 조각상을 새기기도 했습니다.* 더구나 우승자의 조각상은 원래 본인 모습 그대로가 아니라 실제 모습보다 더 이상적으로 아름답게 만들었다고 합니다. 오늘날 SNS에 가장 잘 나온 사진을 올리듯이 이러한 조각상은 자기애와 자기인식, 자기 이상화를 보여줍니다. 다만 오늘날은 SNS를 통한 자기 이상화를 누구나 할 수 있는 민주적인 여건이 된 것인데 그때는 소수만이 그러한 자기애의 표출이 가능했던 것이지요. 워낙 아름답게 가꾼 몸이기에 고대 그리스 남성 나체는 이상적인 인간 몸의 모델로서 이후 역사에서도 반복해서 등장하게 됩니다.

결과적으로 고대 그리스 시민 남성들이 육체를 단련하면서 보인 나체는 있는 그대로 자연에 가깝게 옷을 벗은 것이라고 볼 수 없습니다. 분명 시민 남성들만의 독특한 문화이자 유행으로서 하나의 패션이라고 할 수 있습니다. 무엇보다도 이들 특권층 시민 남성의 나

• 필립 카곰,《나체의 역사A Brief history of Nakedness》, 정주연 옮김, 학고재, 2012, 12쪽.

체 패션은 남성 동성애가 추앙받던 그리스에서 말 그대로 성적 유혹과 권력의 패션을 대변합니다. 그래서 이 나체 패션은 패션의 역사에서 그 어떤 사건보다도 파격적인 스타일이라고 할 수 있을 것입니다. 나아가 올림픽 승리자들은 자신의 알몸을 더욱더 이상적인 모습으로 조각할 특권과 사치를 누렸던 만큼, 이 조각상들이야말로 아름답고 섹시한 고대 그리스 인본주의 예술의 산실 아닐까요?

그런데 유감스럽게도 나체 패션은 올림픽에서만이 아니라 곳곳의 체육관에서 현실적으로 눈에 확 띄는 패션이었음에도 불구하고 패션의 역사에서 주목된 적이 없습니다. 이렇게 패션 연구에서 외면해 왔으면서도 실제로는 고대 그리스 현실에서 중요한 축을 차지한 패션, 그것이 바로 고대 그리스 올림픽 경기와 일상의 체육관에서 유행했던 시민 남성의 나체입니다.

식스팩과 몸짱, 외모차별주의 아베크롬비 & 피치

미국 의류 브랜드 아베크롬비 & 피치는 몸짱 남자 모델 직원들로 유명했습니다. 아베크롬비는 새로운 매장이 오픈하는 등 이벤트가 있을 때면 항상 식스팩을 가진 몸 좋은 남자직원들을 내세워 여성 소비자들에게 팬 서비스를 할 수 있도록 어필했습니다. 그러나 2015년 8월부터는 이들이 사라지게 되었습니다. 아베크롬비가 그동안 취해 왔던 외모차별주의 전략을 버리기로 했기 때문입니다. 이후로 아베크롬비는 몸 좋은 남자 직원 대신 유니폼을 입은 판매 대리인을 고용할 것이라고 합니다. 주요 외신에 따르면, 회사 측은 "더는 체형이나 신체적 매력을 중점으로 두고 점원을 뽑지 않을 것이며 점원의 명칭도 '모델'에서 '브랜드 대표'로 변경한다"고 밝혔다고 합니다. 특히 2015년 7월 말부터는 매장 내, 쇼핑백, 선물카드 등에 있는 모델들의 이미지 사진도 삭제되었습니다. 그동안 상의를 벗은 식스팩의 남자 직원들은 아베크롬비의 상징과도 같은 존재였는데 말이지요. 이제 아베크롬비가 남자 직원들을 퇴출함으로써 지금까지의 경영방식에 변화가 있을 것임을 보여주었습니다. 아베크롬비가 지나치게 외모차별주의를 부추긴다는 비난과 이로 인한 매출 감소 앞에 무릎을 꿇은 것이지요.

오늘날과 같은 이미지 시대, 그 어느 시대보다도 성적 이미지가 넘치는 이 시대에도 이렇게 신체적 매력을 지닌 점원들만을 뽑고 내세우는 것은 외모차별주의라고 비난을 받습니다. 비록 차별에 대한 인권 사상이 발달된 현재와 비교하는 것이 무리이기는 하지만, 고대 그리스 시민 남성만의 나체는 그들만의 미친 존재감을 드러내는 특권적 패션임이 틀림없습니다. 그러나 그런 특권은 아무리 계급사회라 해도 시민 남성 이외의 타자들 모두에게 폭력적이었을 것 같습니다. 하나의 특정한 패션은 그 시대 다른 사람들과의 관계 속에서 그 의미가 주어지는 것이니 더더욱 말입니다. 여성 시인 사포가 그 옛날 고대 아테네의 막강한 남성 중심 사회에 대해 반기를 들었던 것이나, 비록 실패했지만 알키비아데스의 아내가 알키비아데스에게 이혼을 청구했던 것을 보면, 분명 그렇게 오래된 과거에도 나체의 특권에 대한 타자들의 불만이나 저항감이 있었지 않았을까 합니다. 비록 겉으로 드러내거나 표현하지는 못했겠지만 말입니다.

고대 그리스 나체를 이렇게 새롭게 본다면 나체의 불편한 폭력이

자연의 권리처럼, 신성한 스포츠 정신이나 예술처럼 여겨져 온 것은 아무래도 다시 생각해 봐야 하지 않을까요? 한낱 의미 없는 외양의 영역으로 알려져 별 신경 쓰지 않았던 니체가 고대 아테네의 민주사회가 사실상 시민이라 불린 일부 남성들의 특권사회이자 외모차별의 이데아 국가였음을 고백하게 하는 것 같습니다.

제6장

기마병 플라톤의
밀리터리룩, 갑옷

: 영웅적 남성상

영스프랭거의
⟨헤라클레스와 옴팔레⟩(1595)

SPRANGERS·ANT·FEC·IT·

플라톤, 연인부대를 꿈꾸다

"연인으로만 이루어진 국가나 군대를 만들 수 있다면 그보다 더 좋은 방법은 없다. 모든 병사들이 연인과 함께 싸운다면 아무리 적은 세력이라도 세계를 정복할 수 있을 것이다."

— 플라톤의 《향연》

연인이 함께 출정하는 부대, 상상이 가시나요? 형제나 친구가 함께 출정하는 건 몰라도 말이지요. 그런데 이런 연인부대를 이상적으로 꿈꾸었던 남자가 있었으니, 그가 바로 플라톤입니다. 그리고 위의 글은 플라톤의 《향연》에 나오는 구절입니다. 물론 시대가 시대니만큼 여기서 플라톤이 이상적으로 꿈꾸었던 연인부대는 남녀 연인이 아니라 남성 동성애 연인들을 말하는 것입니다. 잘 알려져 있다시피 고대 그리스 문화에서 남성 동성애는 사랑의 형태 중에서 가장 이상적인 사랑으로 추앙받았습니다. 남녀 간의 사랑은 저 멀리 안드로메다로 보내고 말이지요. 해서 플라톤은 자신의 저서 《향연》에서 이처럼 남성 동성애자들로 이루어진 군대를 이상적인 군대인 양 이야기하고 있는 것입니다. 남성 동성애자들로만 편성된 까닭은 전쟁터에 연인을 두고 비겁하게 도망가거나 싸움을 피하지 않도록 하기 위해서입니다. 혹은 연인에게 멋진 모습을 보여주려고 죽음을 무릅쓰고 열심히 싸울 것이라 생각했기 때문입니다. 전쟁터에서 사랑의 힘으로 국가를 구할 수 있다고 생각한 것 같습니다. 정말 이게 가능할까요? 설마 희망사항이겠지요.

그런데 플라톤이 꿈꾸었던 남성 동성애 커플 부대가 실제 현실에서 존재했었습니다. 플라톤이 살았던 시대보다 1세기 정도 후, 고대 그리스 도시국가 중 하나인 테베에 존재했던 정예 보병부대, 신성부대가 바로 그 주인공입니다. 병과는 물론 호플리트라고 불리던 전형적인 고대 그리스 중장보병입니다. 테베 신성부대의 전공으로는 레욱투라 전투에서 사선대형에 힘입어 무적의 스파르타 정예 부대를 무찌른 일이 유명합니다. 레욱투라 전투란 기원전 370년 7월 테베가 이끈 보이오티아 동맹과 스파르타 사이에 벌어진 전투를 말합니다. 이 전투에서 플라톤의 예언 아닌 예언처럼, 남성들만의 연인부대인 테베의 신성부대가 승리했습니다. 그 덕분에 스파르타는 펠로폰네소스 전쟁 승리 이후 그리스 반도 전역에 행사하던 영향력을 잃게 되었지요.

테베가 승리한 원인이 연인부대라서 정말 전투 중 도망가거나 비겁하게 싸움을 회피하지 않았기 때문일지도 모르겠습니다. 물론 이

도자기에 그려진 그리스 병사

들의 승리를 뒷받침할 만한 또 다른 요인도 있었습니다. 개인이 장비며 훈련을 스스로 책임졌던 다른 그리스 중장보병과 달리 신성부대 300명의 연인부대원들은 든든하게 국비지원을 받았습니다. 그러니까 이들 신성부대는 국가에서 지원받는 직업군인이었기에 평소에도 체력 단련과 군사 훈련에만 집중할 수 있었습니다. 비록 숫자는 비교적 적은 편이었지만 군사 훈련에만 전적으로 몰두한 결과, 신성부대는 시민들이 자율적으로 모여서 구성된 다른 폴리스의 중장보병들보다 그 실력이 막강했던 것이지요.

테베 자체가 아테네, 스파르타 다음가는 강국에 속했고, 고대 그리스 폴리스의 시민병 규모가 그리 크지 않았다는 점을 고려하면, 300명이라는 숫자는 결코 적은 수가 아닙니다. 요즘 식으로 따져도 특수부대 300명이라면 상당한 수준의 전력이니 당시로는 그야말로 최종병기인 셈이지요. 테베는 이렇게 전문적인 연인부대와 함께 전법에서도 전군을 비스듬하게 배치하는 사선진斜線陣 전술을 이용해 중장보병의 밀집 방진(팔랑크스 대형)에 의지한 스파르타군의 진형보다 우위를 보였던 것입니다.

기마병 플라톤의 밀리터리룩

"나는 나의 신성한 무기를 더럽히지 않으며 대열에 있는 나의 동료를 저버리지 않는다… **나는 나의 조국이 내가 처음 알았을 때보다 더 작은 나라가 아닌, 더 크고 훌륭한 나라가 되는 것을 보고 죽는다.**"

—아테네 에페보스 선서 중 일부

이 호전적인 구절은 젊은 시절 소크라테스나 플라톤도 외쳤을 에페보스(18세에서 20세까지의 군복무병) 선서입니다. 5장에서 현실이 아닌 이데아 세상을 꿈꾸었던 이상주의자임에도 격렬한 판크라티온 경기의 우승 선수라는 경력으로 우리를 놀라게 했던 플라톤의 놀라운 면모가 또 있습니다. 이미 판크라티온 경기가 전쟁을 위한 훈련이라고 말씀드렸으니 짐작하실 수 있을지 모르겠지만, 금수저 플라톤 역시 전쟁에 출정했던 군인이었습니다. 그의 직위는 기마병cavalry soldier이었지요. 아마도 플라톤은 아주 새파랗게 젊은 나이 때 펠로폰네소스 전쟁기원전 431~404이나 그 외 소소한 전투에 출정했을 것으로 추정됩니다. 기마병으로 혁혁한 공을 세웠는지 훈장도 받았다고 합니다.

플라톤이 태어나기 이전 이미 그리스 아테네는 페르시아와의 세

208

차례 길고 긴 전쟁을 치렀고, 펠로폰네소스 전쟁, 즉 스파르타와의 전쟁도 시작되었습니다. 길고 긴 전쟁을 치르면서 그리스인들에게 국가수호와 제국주의적 영토 확장을 위한 전쟁은 이미 하나의 세계관으로 자리 잡았다고 할 수 있습니다. 아니 사실은 그 이전 시대, 이미 호메로스 시대부터 국가 영토 확장의 꿈과 이를 위한 전쟁은 그리스인들의 일상이었습니다. 이런 세계관은 플라톤도 마찬가지였습니다. 이 때문에 플라톤의 대화편에는 국가를 어떻게 이끌어 갈 것인가, 전쟁을 어떻게 승리로 이끌 것인가에 관한 내용이 중요하게 다뤄지고 있습니다. 플라톤은 전쟁을 위해 전사로서 공동체의 삶에 익숙했던 스파르타를 모델로 삼는 이상국가를 꿈꾸었습니다. 그러므로 소크라테스와 플라톤의 철학을 이해하기 위해서는 그리스가 겪어야 했던 페르시아 전쟁과 펠로폰네소스 전쟁과 그리고 그밖에 소소한 전쟁들을 이해해야 합니다. 이밖에도 호메로스 시대부터 내려온 수많은 지중해 식민지 쟁취 전쟁과 전투훈련으로서의 운동경기, 군사 훈련, 국가수호와 영토 그리고 이 모든 것들이 응축된 영웅과 명예, 아테네 시민권 등과 같은 사고도 이해할 필요가 있습니다.

고대 그리스 아테네 사회에서 시민권은 그리스 출신으로서 전쟁시 전투에 나가 싸울 수 있는 남성에게만 주어졌습니다. 군인으로서 전투시 참전하는 것 외 또 다른 시민의 의무는 국가 정치에 참여하는 일입니다. 플라톤 역시 그리스 아테네 시민으로서 정치에 참여하고 전투에도 참여했습니다. 플라톤이 기마병이었다는 사실은 소크라테스가 중장보병이었을 때 그랬던 것처럼, 군복과 말 모두 플라톤 스스로 준비해야 함을 의미합니다. 말까지 준비해야 하므로 기마병은 아주 부자귀족 출신이 아니면 불가능했습니다. 그래서 아테네의 군인계급은 부의 정도를 나타내게 됩니다. 오늘날에는 그런 군장을 누구에게나 동등하게 국가에서 지급한다는 면에서 평등한 군대인 셈이지요.

역사상 군복은 당대 무기의 발전에 따라 공진화하면서 각 시대마다 가장 최첨단 기술이 집약되는 분야입니다. 따라서 대부분 의복들이 여성의 손에 의해 만들어진 것과 달리, 고대 그리스에서 청동 갑옷은 청동 기술을 다루었던 개인 무기 공방에서 남성 노동자들과 노예들에 의해 만들어졌습니다. 《로마인 이야기》로 유명한 시오노 나나미는 중세 십자군의 군복, 그러니까 그들의 중세 갑옷 패션을 완성하는 데 요즘 기준으로 1억여 원이 든다고 서술하고 있습니다. 갑옷에 말 한 필까지 포함하면 오늘날의 가치로 람보르기니 한 대 정도의 가격은 되는 것 같습니다. 중세 역시 이 모든 비용을 각 개인 (귀족)이 담당했습니다. 르네상스기 이탈리아 밀라노에 갑옷 공업단지가 형성되었듯, 비록 규모야 이보다 작지만, 당시 아테네에도 갑옷을 만드는 공방, 방패 공방, 창을 만드는 공방 등이 있었고, 이 공방들이 바로 아테네에서 가장 잘 나가는 공업생산 시설이었습니다. 물론 이 사업으로 큰돈을 버는 사람들이 있었고요.

남자들의 로망, 갑옷 : "갑옷이 남자를 만든다(Armor maketh Man)"

잘 아시겠지만, 〈아이언맨〉 영화가 처음 나왔을 때 현대판 갑옷, 아이언맨 슈트에 남자아이들뿐 아니라 성인 남성들까지 정말이지 열광했었습니다. 영화 속에서 아이언맨 슈트를 입는 방법은 저절로 "우와" 하고 입이 딱 벌어질 만큼 환상적입니다. 기능적인 면에서도 아이언맨 슈트는 요즘 남자들이 원하는 첨단기술이 탑재된 갑옷임에 틀림없습니다. 고대 그리스에서도 이와 같았겠지요. 남자라면, 그리스 시민 남성이라면 어릴 때부터 아마도 갑옷, 중장보병, 기마병, 영웅에 대한 열광적인 꿈과 기대를 품고 자라났겠지요. 호메로스는 아킬레우스나 오디세우스를 통해 남성다움의 최고 가치로서 이상적인 전투 능력을 찬양하고 있습니다. 물론 이들 영웅은 전투 능력 외에도 신체적·정신적 능력에서도 탁월성을 드러냅니다. 그리하여 영웅은 경기와 전투에서 승리를 이끌고, 전쟁 시에는 무리들 가운데서 맨 앞에 앞장서는 자이고, 평화 시에도 삶의 자세에 있어 살아있는 자들 중에서 가장 앞서는 자입니다. 심지어 이들은 죽은 자들의 세계에서도 앞서는, 누구보다도 죽음 앞에서 목숨을 아까워하지 않는 존재들입니다. 한마디로 이들 전투 영웅들은 명예에 살고 명예에 죽는 자들입니다. 이런 내용이 주를 이루는 호메로스의 서사시를 반복적으로 읽고 낭송하면서 남자아이들은 호메로스의 영웅들이 입었던 갑옷의 영광과 명예를 이 세상 최고의 드림이자 원대한 포부로 받아들였을 것입니다

　슈퍼맨이나 배트맨, 스파이더맨 등이 입었던 각종 슈트들도 아이언맨과 마찬가지로 좀 더 가벼워지거나 첨단화되면서 다기능을 지닌 현대판 갑옷들입니다. 이들 슈트들은 무한한 힘이자 권력이면서 동시에 남성적 아름다움의 한 형태를 보여줍니다. 이 슈트들은 갑옷이 의미하는 전쟁터, 승리에의 열망, 국가에 대한 충성심과 책임감, 긴장감으로 뿜어져 나오는 아드레날린 등, 고대 그리스 남성들이 동경했던 남성성을 고스란히 이어받고 있습니다. 비록 남성다움

이란 고정된 불변의 것이 아니겠지만 말입니다. 그래서 그런지 주인 공들은 최종병기나 다름없는 이 슈트들을 입고 최고의 자신감과 자부심을 얼굴 가득하게 드러냅니다. 하늘을 날 듯한 어깨와 걸음에서 풍겨나는 자신감은 말할 것도 없고요. 물론 이것이 모든 남자가 원하는 로망이라는 것은 절대 아니지만 말입니다. 그런 점에서 이들 슈트들은 과거 갑옷과 동일한 의미를 지닙니다. 그리스에서 아킬레우스와 그의 갑옷이 사랑받았던 것처럼 오늘날 슈퍼맨이나 아이언맨 슈트나 최근의 킹스맨 슈트도 바로 이러한 열망과 책임감 등등을 담고 있는 덕분에 사랑받는 것이겠지요.

고대 그리스 아테네에서 갑옷과 투구를 갖추고 전사가 되는 것은 물론 시민으로서의 권리이자 의무입니다. 바로 그 권리와 의무를 지닌다는 것 자체가 누구나 할 수 있는 것이 아니기에 당시 남자들에겐 더 할 나위 없는 명예이자 영광이요, 그렇기에 열광적으로 소망하는 꿈이었을 것입니다. 소크라테스나 플라톤이 어린 시절부터 철학자는 아니었을 테니, 그들도 어렸을 때는 다른 아이들과 마찬가지였겠지요. 고대 그리스 버전의 트랜스포머나 아이언맨 슈트인 갑옷에 열광하지 않을 수 없었을 것입니다. 그들도 평범한 우리처럼 말이지요.

고대 그리스 아테네의 군인 계급 분류와 그 패션

5장에서 소크라테스는 중장보병, 플라톤은 기마병이었다고 했습니다. 플라톤과 소크라테스 중 과연 누가 더 높은 서열의 군인일까요? 물론 단연코 기마병입니다. 스파르타의 군 복무가 무려 13년(18세부터 30세까지)인 반면, 아테네의 에페보스 군 복무는 2년입니다. 그러나 군 복무 기간 이후에도 60세까지는 전쟁이 터지면 언제나 다시 계급장을 달고 출정했습니다. 그런데 스파르타의 경우 군대 내 계급은 입대 후 자신의 능력에 따라 결정된 반면, 아테네의 경우엔 자신의 사회적 계급에 의해 군대 계급이 결정되었습니다. 아테네 군대에서 군인의 계급은 그의 사회적·경제적 위상에 따라 결정되었던 것이지요. 군대 내 서열의 결정 통로가 민주적 방식과는 거리가 멀었다고나 할까요. 그도 그럴 것이 군장을 개인이 준비해야 하는 것이다 보니 그렇게 된 것입니다.

고대 그리스 도시국가들은 왕정과 귀족정 체제에서 점차 중소토지 소유자 중심의 공화정 체제로 바뀌어 갔습니다. 고대 그리스 국가들, 특히 아테네의 경우에도 페르시아 전쟁뿐 아니라 해외에 식민 도시들을 계속 확보하느라 점차 많은 군대가 필요해졌습니다. 따라서 도시국가 초기에는 귀족의 중장기마병이 도시 전체의 방어를 담당했었지만, 점차 새로운 부유층과 중산층 시민으로 중장보병 부대가 편성되었습니다. 그리고 다수의 중장보병들이 전투에서 결정적인 역할을 하게 되면서 도시국가의 국정 운영에서 이들의 정치적 발언권이 강화되었습니다.

그리하여 기원전 6세기 솔론에 의해 도입된 사회계층은 이전처럼 귀족가문이나 혈통이 아닌 집안의 재산(농산물의 수확량)에 따라 네 가지 계급으로 분류됩니다. 그리고 군인 계급도 이와 마찬가지로 다음과 같은 네 개의 계급으로 분류됩니다. 첫 번째 가장 부자들이 속하는 귀족계급(대토지 소유자)은 군대의 지도자를, 두 번째 부자인 기사계급은 히페이스Hippeldlfk라 불리는 기마병을 맡았고, 그 다음 계급인 자작농 중심의 중산층은 중장보병(호플리트), 그리고 마지막으로 빈곤층은 아테네 함대에서 노를 젓는 사공이나, 지상전에서의 경보병(갑옷을 입지 않은 보병)과 궁수를 담당했습니다. 물론 마지막 경보병이나 궁수, 노잡이는 워낙 빈곤해서 갑옷과 방패 등의 장비를 스스로 마련하기 어려운 무산계급 시민들입니다. 궁수와 노잡이는 생업에서 벗어나면 생존이 어려워 병역 등 각종 국가의 의무에서 면제되었으나, 훗날 수당을 받고 군선의 노잡이나 궁수가 되곤 한 것이라고 합니다.[*] 경보병 모습은 3장에서 보셨을 겁니다.

기마병과 중장보병 복장은 거의 같습니다. 눈 주위만 빼고 얼굴을 모두 가리는 투구와 어깨가 금속으로 된 청동흉갑, 그리고 갑옷의 허리 아래는 하체를 방어하기 위한 가죽으로 된 주름진 퀴트(스커트) 종류 혹은 허벅지 아래 주름진 리넨 키톤을 걸쳤습니다. 다리에는 그리스 군인이라면 으레 입곤 했던 정강이받이를 하고 있고요.[**]

그러니까 플라톤이 속한 기마병은 돈 많은 귀족계급 출신으로 구성되었으며 소크라테스가 속한 중장보병보다 더 군 서열이 높았던 것입니다. 아테네 기마병의 경우 페르시아 전쟁 당시 약 300명 정도였고, 페리클레스가 만든 법이 시행됨에 따라 기원전 442년경에는 1000여 명 정도로 증원되었다고 합니다. 이들은 중장보병과 마찬가

---

* 김진경,《고대 그리스의 영광과 몰락》, 안티쿠스, 2014, 108~109쪽.

** Mary G. Houston, *Ancient Greek, Roman & Byzantine Costume*, Dover Publications, Inc., new York, 2003, 72쪽.

지로 정기적인 보수는 없었으나, 평화 시나 준전쟁 시 하루하루의 말 사료 값을 수당으로 받았습니다. 또한 군 복무 기간 젊은 기마병 사는 말 타는 비용이며 사료 값과 같은 보조금을 받기도 했습니다.*

오늘날 입장에서 볼 때 고대 그리스의 기마병들은 초인에 가까웠다고 합니다. 왜냐하면 그 시절엔 편자도 없고 안장도 조악하거나 없는 경우가 많아서 사실상 허벅지 힘으로만 말에 올라탔기 때문입니다. 그 상태에서 창 들고 적을 무찌르는 것이니 엄청난 체력은 필수였습니다. 로마 시대에 와서야 비로소 제대로 된 안장이 등장합니다. 이리 보나 저리 보나 플라톤이 무한체력의 소유자임에 틀림없는 거 같습니다. 이렇게 안장 없는 말을 타야 하는 만큼 그는 초인에 가까운 체력을 위해 혹독한 신체 훈련을 하고 판크라티온 경기에 나가 승리하고 했나 봅니다.

사실 그리스는 기마병이 아주 발달한 나라는 아닙니다. 그리스 지형 자체가 산이 많아 말을 기르기가 적합하지 않았기 때문입니다. 그러므로 기마병이 그리스의 전쟁에서 중요한 역할을 했다는 말이 있기는 하지만, 실제로는 그저 척후, 소전투, 추격 같은 제한적인 역할에 머물렀다고 합니다. 또 이런 이유 때문에도 중장보병이 발달한 것이기도 하지요. 이에 비해 페르시아는 기마병이 아주 발달한 나라입니다. 말을 기르는데 적합한 넓은 평야를 소유했다는 뜻이지요. 페르시아 기마병 스타일은 정말이지 화려합니다만 갑옷을 입은 것은 아닙니다. 전투력으로 볼 때 당시 페르시아군을 아테네, 스파르타나

* Nicholas Seunda, *The Ancient Greeks*, Osprey Publishing Ltd., 1986, 17쪽.

그리스 연합군이 따를 수가 없다고 하지만, 갑옷은 고대 그리스 중장보병이 절대 우세입니다. 페르시아 군이 강하다는 것은 중장보병이 강한 그리스를 능가하는 기마병 전투력을 가지고 있었다는 말인데, 다행인지 불행인지 페르시아 기마병은 그리스 본토에서 활개치고 싸우지 못했습니다. 페르시아군이 그리스 본토에 침입해 육상전을 벌이기도 전에 아테네가 막강한 해군력을 바탕으로 페르시아군을 패퇴시키며 페르시아 전쟁을 승리로 이끌었기 때문입니다.

현재 우리나라 드라마 촬영에서 고증에 의해 만들어지는 갑옷 한 벌을 제작하는데 대략 45일 정도의 기간과 수천만 원이 필요하다고 합니다. 하물며 고대에는 제작 기일과 비용이 더 많이 들어간다고 보아야겠지요. 건장한 플라톤이 멋진 말 위에 올라타 있는 모습은 어땠을까요? 궁금합니다.

그리스 군인 패션, 클라미스의 후예들 : 슈퍼맨, 배트맨 망토

아주 어린 꼬마, 물론 남아가 파란 수트에 빨간 망토를 걸친 슈퍼맨 복장을 하고 다니는 모습 보신 적 있으신가요? 우리가 너무나도 잘 알고 있다시피 빨간 망토와 파란색 쫄쫄이 패션은 슈퍼맨의 트레이드마크입니다. 그런데 과연 망토는 왜 입는 것일까요? 슈퍼맨을 날게끔 해주는 역할을 하는 것 같기도 하고 그냥 멋인 것 같기도 합니다. 슈퍼맨만 이런 망토를 입은 것이 아니라 배트맨도 입었습니다. 바로 이 망토들의 기원이 고대 그리스의 클라미스입니다.

고대 그리스에서 갑옷 이외에 또 다른 군대 패션이 바로 사각형 천으로 된 짧은 망토, 클라미스입니다. 클라미스는 두꺼운 모직으로 된 하나의 사각 천으로, 한쪽(주로 오른쪽) 어깨나 앞가슴에 피블라(단추나 걸쇠)로 고정해서 착용합니다. 이 옷은 두껍고 튼튼한 모직물로 되어 있어 여행자나 군인들이 주로 착용했습니다. 군인들 중에서도 아주 새파랗게 젊은 에페보스 청년들을 비롯해 말을 탄 기병이 입기도 했습니다. 물론 경보병도 가죽으로 된 각반과 두 겹의 펠트나 가죽으로 만들어진 키톤을 입고 금속벨트를 하고, 그 위에 클라미스를 입었습니다. 전투 중에는 강풍을 피하기 위해 왼쪽 팔에 말아 감았다고 합니다. 날씨가 추울 때면 더 큰 망토(클록) 일종인 히마티온을 입었고요.

그런데 왼쪽의 그림처럼 클라미스를 걸친 모습을 보면, 전쟁을 하러 가는 패션치고 좀 패셔너블하지 않나요? 젊은 남자가 이렇게 짧은 키톤이나 갑옷 위에 클라미스를 걸친다면 멋지고 발랄해 보이니 말입니다. 아니 이건 칼이나 창으로부터 몸을 보호하는 것도 아니고 햇빛 차단을 위한 것도 아니고 그런 기능보다는 미적으로 더 눈에 띄는 것 같습니다. 나뭇잎이나 나무가지가 피부에 스칠 때 피부를 보호할 수 있기는 하겠지만, 그 이상의 쓸모나 실용성이 있는 것 같지는 않습니다. 물

클라미스를 걸친 모습

218

론 야영할 때 모포로 쓰이기는 했지만 말입니다. 이 클라미스를 보면 슈퍼맨 망토가 우연히 나온 게 아니라는 사실을 알 수 있습니다. 아무튼지 간에 혈통이 있는 망토라는 것이지요. 언제부터인지 모르지만 이런 망토가 슈퍼맨과 같은 영웅 캐릭터들에게 쓰이고 있는데, 대체 이 망토들이 어디서 왔나 했더니 바로 고대 그리스 군대 패션 중 클라미스에서 온 것이었나 봅니다.

영화 〈300〉의 등장인물들 역시 클라미스 혹은 그 긴 형태인 히마티온을 걸쳤습니다. 영화 속 창과 둥근 방패는 전형적인 그리스 중장보병 스타일입니다만, 영화에서 보이는 몸짱 근육에 걸친 팬티는 물론 현대적인 해석입니다. 슈퍼맨이나 배트맨도 클라미스 스타일의 현대적 버전인 셈이지요. 당시의 도자기 그림들을 보면 사실은 망토 속에는 아무것도 입지 않은 알몸 그대로인 경우가 대부분입니다. 앞의 클라미스 그림처럼 말이지요.

군인들이 클라미스 속에 정말 아무것도 입지 않았을까 의문이 가실지 모르겠습니다. 그러나 답은 그들의 생활 속에 있습니다. 고대 그리스 소년들은 하루의 절반 이상을 목욕탕과 체육관 그리고 무도장과 레슬링 학교 등에서 벌거벗은 채 생활했습니다. 정말이지 거의 하루 대부분을 수영복이나 팬티 같은 언더웨어 하나 걸치지 않은 완전한 나체로 지낸 것입니다. 군사 훈련 할 때도 역시 맨몸이니, 이렇게 성장해온 그리스 남자들은 아마 맨몸 위에 클라미스를 걸치는 것이 아주 자연스러웠을 겁니다. 아니 클라미스만으로도 어쩌면 거추장스러웠을지도 모르지요.

그래서 당시 그리스 전사들 중 클라미스도 입지 않은 경우도 종종 있었다고 합니다. 클라미스만 벗으면 바로 다음 페이지 그림처럼 되지 않았을까요? 물론 모두가 이런 것은 아니겠지만, 알려지지 않아서 그렇지 실제 그리스 조각과 그림 중에는 다음 그림처럼 온통 다 벗은 전사들 모습이 의외로 많습니다.

이게 뭐하는 거냐구요? 네 그는 지금 군사 훈련 중입니다. 아니면 지금 전쟁 중이거나! 이 조각상은 그리스 남동부 섬에 있던 도시국가 애지나Aegina의 한 사원에 있는 그리스군 병사 모습입니다. 둥근 방패를 들고 도릭 스타일 투구를 썼는데, 아무래도 긴 창은 잃어버린 것 같습니다. 근육이 장난이 아니지요? 웬만한 근육맨이 아니면 나오기 힘든, 그야말로 조각 같은 몸입니다. 그만큼 평상시 늘 군사 훈련을 통한 신체 단련을 했다는 이야기지요. 믿기 힘들지만 그리스군 중 일부는 사실 투구 쓰고 방패 든 이런 모습으로 훈련하고 싸우기도 했다고 합니다. 박물관에서 볼 수 있는 많은 나체 조각상들로 보아 의심할 여지가 없다는 것이지요.* 고대 영화나 드라마를 보면 장수들이 툭하면 갑옷을 입고 있어 누구나 갑옷을 입었을 것으로 생각하기 쉽습니다. 그러나 귀족이나 영웅이 아니고는 갑옷이란 게 아무나 입을 수 없는, 엄청나게 비싼 것이니 아무나 입을 수 없는 것입니다. 심지어 호메로스의 《일리아스》에서는 아킬레우스가 죽

• 제임스 레버, 《서양 패션의 역사》, 정인희 옮김, 시공아트, 34쪽.

자 그의 갑옷을 귀족 장수들조차 서로 차지하려고 시합을 벌이는 이야기가 나옵니다. 그만큼 귀하디 귀한 갑옷의 위치를 말해줍니다.

아킬레우스의 갑옷, 그 영웅적 권력과 첨단기술

고대 그리스인들이 실제 역사라고 믿었던 트로이 전쟁의 최고 영웅은 누가 뭐라 해도 역시 아킬레우스입니다. 물론 트로이 전쟁은 역사적 실제라고 하기에는 불확실한, 신화 같은 이야기입니다. 특히 아킬레우스의 무구, 즉 그의 갑옷, 방패, 창, 검 등은 대장장이 신 헤파이스토스가 만든 것들로 가공할 위력을 가지고 있었기에, 아킬레우스의 생전과 사후 많은 영웅들이 갖고 싶어 했습니다.

이 때문인지 호메로스의 《일리아스》에는 아킬레우스의 갑옷 이야기가 길게 나옵니다. 아가멤논 왕 때문에 삐친 아킬레우스 대신 그의 친구 파트로클로스가 아킬레우스의 갑옷을 입고 싸움터로 나갔습니다. 그러나 파트로클로스는 죽음을 맞이하고, 아킬레우스의 갑옷은 상대편 트로이군의 헥토르에게 넘어가게 됩니다. 그러자 파트로클로스의 죽음에 분노한 아킬레우스는 전투에 참여하기로 결심합니다. 그러나 갑옷을 적군에게 빼앗긴 관계로, 아들의 미래를 걱정한 아킬레우스의 어머니 테티스는 대장장이 신 헤파이스토스에게 새로운 갑옷과 무구를 제작해달라고 부탁합니다. 헤파이스토스는 곧바로 아킬레우스의 무구를 만드는 일에 착수했으니, 먼저 여러 겹으로 된 방패를 만들고, 다음에는 황금 전립戰笠이 달린 투구를, 그리고 마지막으로 창이나 칼이 꿰뚫지 못하는 가슴받이 흉갑갑옷과 정강이받이를 만들었습니다.

아킬레우스의 방패 한 번 자세히 살펴볼까요? 아킬레우스의 방패는 무려 다섯 겹으로 이루어졌습니다. 두 겹은 청동, 두 겹은 주석, 나머지 한 겹은 값나가는 황금으로 말이지요. 말만 들어도 고급스럽다 못해 어마어마합니다. 웬만해서는 창이 뚫고 들어가기 어렵습니다. 아킬레우스가 무예도 뛰어났지만, 바로 이 방패 덕분에 적군의 창들을 막아낼 수 있었습니다. 아킬레우스의 무구들이 워낙 튼튼해 그를 죽음으로부터 보호해 주었으니 말입니다. 방패만 해도 이렇게 호화찬란하니 오디세우스를 비롯한 귀족 장수들이 아킬레우스의 갑옷 세트를 탐낼 수밖에요.

고대 미케네 시대 갑옷입니다. 청동갑옷과 금속관으로 된 귀가 있는 멧돼지 엄니 모양의 투구는 (호메로스 시대 영웅들 중 아가멤논 왕의 요새로 유명한) 미케네 성채에서 발견되었습니다. 〈일리아스〉에서도 그렸듯이 기원전 1400년경 그리스 전사들은 바로 이러한 갑옷과 투구로 무장함으로써 갑옷과 투구가 없던 적을 무찌르며 무적의 전사가 되었습니다.

헤파이스토스를 두고 한낱 대장장이도 신이야 하실지 모르겠습니다. 말이야 바른 말이지 당시 그리스 아테네의 절정기에 가장 발달한 산업이 바로 무기산업, 군수산업입니다. 당시 방패 한 가지만 만드는 제조업자들도 큰돈을 거머쥐었다 할 만큼 군수산업은 중요합니다. 하물며 헤파이스토스처럼 방패뿐 아니라 투구와 갑옷을 만드는 당대 최첨단 청동 기술자는 전쟁이 일상이던 시대 그 어떤 분야보다도 추앙받는 인재였겠지요. 헤파이스토스는 오늘날로 치면 나노 과학과 같은 첨단 기술 관련 최고 과학자 정도 됩니다. 그러니 신으로 모실 만한 거지요. 사실 방패나 창, 그리고 갑옷 등 무구는 지금도 그랬고 과거에도 그랬듯이 군수산업이다 보니 가장 큰돈이 들어가면서 동시에 당대의 최첨단 기술의 집약지니까 말이지요.

호메로스의 서사시 무대가 되는 미케네 문명 시대는 청동기 후기로 영화 〈트로이〉에서 연출되었던 것처럼 전차를 몰면서 청동으로된 갑옷을 입었습니다. 당시의 갑옷은 왼쪽 페이지 그림에서 보듯 마치 드럼통을 연상시킵니다. 몸통 전체와 어깨 부분을 완전히 가리는 청동갑옷이지요. 예상하시겠지만 청동 흉갑 무게가 장난이 아닙니다. 때문에 청동 흉갑을 두꺼운 리넨갑옷이나 가죽갑옷으로 대체하기도 했습니다. 그래도 투구와 정강이받이는 여전히 청동제였지만 말입니다. 다만 리넨과 같은 천으로 된 유기재료 유물들은 대부분 삭아버려 남아 있지 않으므로 그 형태를 알 수 없습니다.

어쨌거나 호메로스가 전하는 아킬레우스는 청동갑옷을 입었던 것이 분명해 보입니다. 대장장이 신이 만들었다고 하는 것을 보면 말이지요. 아무래도 호메로스가 아킬레우스를 그토록 상찬하는 이유도 아킬레우스의 용맹과 힘뿐 아니라 첨단기술로 만든 청동갑옷 때문이기도 한 것 같습니다.

대장장이 신 헤파이스토스가 만들었던 아킬레우스의 갑옷과 무구들은 전장을 압도하는 불멸의 무구로 이름을 날렸습니다. 그것은 아마도 전장에 나가는 병사들에게 아이언맨 슈트에 다름없었을 겁니다. 죽음을 무릅쓰고 나가기는 하지만, 동시에 천하무적과 불사不死를 꿈꿀 수밖에 없는 인간에게 갑옷과 방패는 절대적인 것이겠지요. 그런데 이런 튼튼한 갑옷과 방패에도 불구하고, 트로이군의 파리스가 쏜 화살이 발뒤꿈치에 맞아 아킬레우스는 죽음을 맞이 합니다. 그리스군은 아킬레우스의 장례식 때 '장례경기'를 열고, 경기에서 가장 용감한 전사가 아킬레우스의 갑옷을 갖기로 합니다.

갑옷, 불사의 명예와 천하무적을 꿈꾸다

아킬레우스가 죽은 후, 오디세우스를 비롯한 장수들이 아킬레우스의 청동갑옷을 차지하기 위해 경기를 벌입니다. 이렇게 경기를 하면서까지 서로 차지하려는 것을 보니 아킬레우스의 갑옷은 확실히 단순한 갑옷이 아닌 것 같습니다. 아마도 거기에는 아킬레우스의 갑옷이 상징하는 영웅적 권력과 지배력, 국가의 주인으로서의 책임감과 명예, 불사에 대한 열망 같은 것들이 들어 있기 때문이겠지요. 그것이 곧 고대 그리스의 이상적 남성다움, 최고의 남성성일 테니까요. 《일리아스》가 신화가 가미된 이야기라 하루저녁에 뚝딱 갑옷이며 무구를 만들었다는 것이지, 실제로는 어림없는 이야기입니다. 당시 최신 기술과 기술자가 동원되어도 오랜 기간을 공들여야 했을 것입니다. 그러나 분명한 것은 오늘날 최첨단 테크놀로지 집약지가 무기나 군장이듯이, 당시에도 갑옷은 당대 최고의 기술 집약지였습니다. 당연히 최고가 액수와 기술이 들어가는 의복인 것이지요. 이러한 갑옷과 중장비 덕분에 고대 시절 그리스는 천하무적이었다고 합니다. 이런 이유로 남성적 권력과 명예의 갑옷을 서로 가지려고 오디세우스와 아이아스 등 내노라 하는 장군들이 경기를 겨루게 된 것입니다.

사정이 이런 만큼 소크라테스 시대 키톤 위에 입는 흉갑, 투구, 둥근 방패와 창이라는 중장보병의 무구는 전쟁에 친숙했던 그리스 시민 남성들의 꿈의 옷, 로망이었을 것입니다. 거기에는 국가의 운명을 책임지는 남성적 자부심과 국가수호에 대한 책임감과 권력이 담겨 있습니다. 아마도 이때부터 일 겁니다. 갑옷, 아이언맨 슈트, 밀리터리룩이 남자들의 마음을 영원히 빼앗기 시작한 것은. 그 첨단 기술과 사명감, 책임감, 영웅적이고 남성적인 권력 스타일에 마음이 혹 가버린 것은 벌써 이렇게 아주 오래전부터라는 것이지요. 그리고 그건 아마도 소크라테스나 플라톤도 다른 시민 남성들과 마찬가지였을 것입니다. 전쟁터에서 갑옷과 투구를 착용하면서 마음 속 깊이 뿌듯함을 느끼는 것 말입니다.

호메로스의 《일리아스》, 《오디세이》는 고대 그리스 시가 교육의 많은 부분을 차지합니다. 호메로스의 이 시가들은 고대 그리스 국가와 개인이 존재하는 목적을 제시하면서, 그리스인들로 하여금 전쟁도 현실의 친숙한 일부로 받아들이게 해줍니다. 실제로 당시 그리스의 시민 남성들에게 전쟁은 남녀관계보다 훨씬 중요했습니다. 아테네는 지중해 곳곳에 식민지를 거느렸던 호전적인 제국주의 국가였던 만큼 항상 전쟁의 소용돌이 속에 있었습니다. 평균 2~3년에 한 번씩은 전쟁이 터져 평화가 2년 이상 지속된 적이 드물었으니 말입니다.

그만큼 호전적인 전쟁은 개인의 힘과 욕망을 통제함으로써 사회의 일상을 지배했습니다. 국가가 개인보다, 국가를 위한 교육이 개인의 삶을 위한 교육보다 우선이었던 이유입니다. 호메로스의 서사시가 바로 이러한 정신을 제공한 것입니다. 그리고 호메로스의 시들은 바로 전쟁을 이상화시키고 전쟁영웅을 가장 이상적인 남성상으로 제시한 귀족들의 가치를 대변한 것이지요. 그리고 갑옷은 고대 그리스 사회에서 시민 남성의 운명과 세계관을 여실히 보여줍니다. 아킬레우스의 이야기와 그의 갑옷 이야기를 길게 이야기한 이유가 바로 여기에 있습니다. 현명한 소크라테스와 플라톤도 역시 시대의 아들들인 만큼 이러한 영향 아래서 중장보병과 기마병으로 활약하고 갑옷을 입었을 테니 말입니다. 그러므로 고대 그리스인들이 세계와 맺는 관계는 헤라클레이토스의 다음과 같은 말과 같습니다.

"전쟁은 만물의 아버지이다."

그만큼 그리스인들은 식민지와 노예를 얻기 위해 국내나 국외에서 끊임없이 싸웠고, 그 전쟁은 삶의 중심 가치가 되었습니다. 신화와 시가교육을 통해 죽음을 무릅쓰지만, 죽음과 삶이 갈라지는 전쟁터에서 역시 죽음은 피하고 싶은 것! 그렇다고 국가적 책임감으로부터 도망갈 수 없고, 도망가서도 안 됩니다. 내 목숨을 버림으로써 국가가 지켜지는 것이니 말입니다. 이런 고결한 책임감이 곧 남성적 능력과 명예였으며, 그들의 삶이었으니 말입니다. 그러므로 갑옷은 말 그대로 육탄전이 벌어지는 전쟁터에서 그들의 가장 간절하고 솔직한 바람, 그들의 이러한 이중적인 바람의 모순을 보여줍니다. 죽음을 무릅쓰는 동시에 죽음을 피하고 싶은 이중적 모순 말이지요.

그래서 군복, 갑옷은 곧 '수의'라는 말이 있는 것인지도 모릅니다. 그리고 그들이 그토록 지키고 싶은 것은 바로 시민 남성들 스스로가 구축하고 확장해온 국가입니다. 이런 점에서 갑옷과 투구야말로 고대 그리스 시대를 대변하는 가장 우월한 패션, 즉 가장 남성적이고 영웅적인 명예와 권력의 패션이 아닌가 합니다.

갑옷, 이상적 남성성을 형성하다

앞 장에서 보셨듯이 시민 남성이라도 이러한 갑옷과 투구를 입을 수 없는, 즉 중장보병이나 기마병이 아닌 경보병에게 그리스인들은 경멸적인 시선을 보냈습니다. 경보병은 중장보병처럼 동일한 보병인데, 갑옷과 투구는 물론이거니와 방패와 창도 준비할 수 없었습니다. 언제나 걸어다니는 그들을 경멸적인 의미로 경보병이라 불렀던 것을 보면, 당시 사람들도 물질적인 것을 더 많이 소유하는 것을 더 우월하게 보았나 봅니다. 그러니만큼 엄청난 가격과 재질, 그리고 스타일이 갖는 명예와 권위, 이상적 남성성의 상징으로 볼 때 갑옷과 투구는 시민계급 내에서도 사회적 구별이 뚜렷한 귀족적이고 특권적인 스타일인 셈입니다. 여성이나 노예, 외국인 역시 감히 누구도 함부로 넘볼 수 없는 권력과 이상적 남성성을 담고 있으니 말입니다. 한마디로 그것을 입는 사람을 그 자체로 명예롭게 하는 스타일입니다. 오늘날로 치면 소위 남성 명품 중의 명품인 셈이지요.

그런데 문제는 패션의 역사에서 이렇게 중요한 갑옷을 다루는 경우가 드물다는 사실입니다. 물론 패션의 역사에서 갑옷을 다루는 학자가 전혀 없는 것은 아닙니다. 특히 무기의 변화와 함께 갑옷이 천으로 된 군복으로 변화하면서야 비로소 군복은 패션의 역사 속으로 들어와 다루어지고 있습니다.

오스프리 출판사는 1968년부터 의욕적으로 군복의 역사 시리즈를 편찬하기 시작하면서 전문적으로 갑옷의 역사를 상세하게 다룬 책들을 선보이고 있습니다. 그 결과 지금까지 나온 《군복의 역사Men-at-Arms》 시리즈가 450권에 이릅니다. 아예 독립적으로 군복의 역사만을 다룬 것이지요. 우리나라엔 450권 중에서 편역자가 중요하다고 보는 부분들을 내용 없이 그림 위주로만 선택해서 한 권의 두툼한 책으로 내놓았습니다. 그런데 국내 번역본에는 정작 고대 그리스가 빠져 있습니다. 때문에 이 글에서는 450권 시리즈 중 그리스 로마 부분을 다룬 4, 5권을 참고로 했습니다.

군복 중에서도 특히 갑옷은 금속제련술과 함께 발전했기에 여성들이 천으로 만들었던 의복들과 달리 남성들이 만들었다는 차이점이 있습니다. 하지만 패션이나 복식은 여성이 만드느냐 남성이 만드느냐 혹은 그 재질이 금속이냐 천이냐의 문제가 아니지 않은가요? 패션이란 것이 인간의 몸을 변형시키며 인간의 활동을 확대시켜준다는 면에서 여성이 만들든 남성이 만들든 상관없는 것이니 말입니다. 따라서 몸을 변형(확대)시키고 세계를 확장시키며 남성성의 의미를 만들어낸다는 점에서 갑옷 역시 패션의 역사나 연구에서 다루는 것이 당연한 것 같습니다.

패션을 여성적인 것이라고 단정하는 고정관념이 있습니다. 아마도 의복은 옛날 옛적부터 여성들이 길쌈하며 만들었기에 이런 오래된 고정관념을 형성하는 데 일조한 것 아닌가 합니다. 그러나 갑옷에서 보듯, 패션은 남성적 권력과 남성적 이상향을 드러내는, 남성적인 것이기도 합니다. 그러므로 남성 패션을 대표하는 갑옷을 제외시키고 고대 그리스 패션을 논할 수는 없을 것 같습니다. 더구나 이렇게 남성성을 강조하는 갑옷을 두고 고대 그리스는 남녀의 차이가 거의 없는 복식이었다고 평가한다면, 이건 그야말로 앙꼬 없는 찐빵 아닐까요?

패션의 가장 강력한 에너지이자 동력이 권력과 섹슈얼리티라고 합니다. 이를 대표적으로 보여주는 것이 바로 고대의 갑옷입니다. 아킬레우스는 고대 그리스에서 최고의 이상적 남성상이었습니다. 그리고 그가 입었던 갑옷은 최고의 남성적 권력과 섹슈얼리티를 대변합니다. 외모와 패션이 곧 그리스 최고의 정신을 품고 드러낸다는 점에서 고대 그리스의 외모 중심주의는 어쩌면 필연적인 것이었는지 모릅니다. 그럼에도 불구하고 이 장 맨 앞의 스프랭거의 그림 〈헤라클레스와 옴팔레〉는 근육질의 영웅 헤라클레스가 옴팔레의 핑크빛 드레스를 걸치고 여장을 한 채 반지를 끼고, 왕관을 쓰고 있는 그리스로마 신화 이야기를 보여줍니다. 이 신화 이야기는 당시에도 누군가 전쟁과 갑옷의 아킬레우스적 남성성 혹은 남성다움의 절대성에 대해 의문을 던졌음을 보여줍니다.

군대참호복에서 출발한 트렌치코트가 오늘날 일상에서 유행하는 것처럼 군복(갑옷)은 현대뿐 아니라 역사적으로도 민간인의 패션에 상당한 영향력을 미치고 있습니다. 이것을 재료의 문제나 만든 사람 혹은 패션사를 서술하는 사람이 남자냐 여자냐 라는 등등의 이유로 인해 패션 연구에서 다루지 않아 왔다면 아무래도 분명 다시 생각해보아야 할 것 같습니다. 다행히도 외국에서는 아주 드물게 패션의 역사에서 다루고 있는 경우가 있습니다.

아리스토텔레스의 군복 패션

소크라테스는 중장보병, 플라톤은 기마병, 그렇다면 아리스토텔레스의 계급은 무엇이었을까요? 아리스토텔레스에게는 유감스럽게도 군복이 없습니다. 아리스토텔레스는 그리스계이면서도 변방의 미개인 국가 취급을 받아왔던 마케도니아의 알렉산더 대왕을 13세부터 3년간 가르쳤다고 알려져 왔습니다. 원래 아리스토텔레스는 그리스의 식민지인 칼키디케의 스타기라에서 출생해 17세에 아테네에 와서 플라톤의 아카데미아에서 사사했습니다. 그런데 아테네는 워낙 순혈주의 전통이 강해 부모가 아테네인이 아닌 외국인에게는 시민권을 부여하지 않았고, 시민이 아닌 자는 군 복무 의무나 권리가 없었습니다. 때문에 아리스토텔레스는 칼키디케인들이 흔히 갖고 있던 아테네에 대한 적의를 가지고 있었다고 합니다. 아테네에 살면서도 언제나 체류 외국인(메토이코이)으로서 차별을 받았으므로 평생 아테네에 대한 편견(?)에서 벗어나지 못했던 것이겠지요.[•]

원래 아테네 시민권은 외국인에게도 주어졌으나, 기원전 5세기 그리스 민주주의 제도를 정착시킨 페리클레스가 시민권자에 대해

• 김진경, 위의 책, 307쪽

제한을 두게끔 제도를 변경했습니다. 페리클레스는 재산이나 계급에 상관없이 평범한 시민들(물론 남성), 하류계급의 남자들도 아테네 정부의 최고 관직에 오를 수 있게끔 제도를 개혁했습니다. 대신 아테네 출신 아버지와 외국 출신 어머니 사이에서 태어난 자녀들에게 시민권을 주던 오랜 관례를 폐지하는 개혁을 단행한 것이지요.

아테네의 이러한 시민권 제도에 따라 아리스토텔레스는 아테네에 살면서도 군인으로서의 의무나 권리, 자격도 없었습니다. 그는 군인으로서 전장에 나갈 수 없었으니, 아리스토텔레스의 군인 패션이란 애초에 없는 셈이지요. 이 때문에 아마도 아리스토텔레스는 남성다움이 각광받는 그리스 사회에서 적지 않은 소외감을 느꼈을 듯합니다. 그래서 《정치학》에서 그토록 남성이 강조되는 국가와 정치를 옹호한 것인지도 모르겠습니다.

제 2 부

금기와 저항

타자들 이야기

제 7 장

고대 그리스 패셔니스타, 헤타이라

장 레옹 제롬, 〈배심원 앞의 프리네〉(1861)

고대 그리스 지성과 미모의 패셔니스타, 헤타이라

"오 아가씨들이여 !

부유한 코린토 시에서 손님을 접대하는 유혹적인 봉사자들이여 그대
들은 이토록 경건하게 향기로운 황금의 눈물을 헌상하되, 그 마음은 하
늘에 계시는 사랑의 여신 아프로디테를 향해 쏜살같이 비상했도다.

오 아가씨들이여! 그대들은 아무런 죄의식 없는 사랑의 기쁨 속에서
티 없는 젊은 과실을 따르라."

— 고대 그리스 시인, 판다로스

19세기 프랑스의 화가 장 레옹 제롬이 그린 왼쪽 그림의 주인공
은 고대 그리스의 인기 있는 헤타이라 프리네입니다. 프리네는 당시
신성모독이라는 죄로 고소되어 재판 과정에서 죽음의 위기에 몰렸
습니다. 프리네의 뒤에는 그녀의 옛 애인이자 변호인인 히페리데스

가 그녀의 가운을 벗겨 들고 서 있습니다. 히페리데스는 당대 그리스의 최고 연설가 중 한 사람으로서, 열정적으로 그녀의 무죄를 주장하고 변론하였지만 배심원들을 자기 뜻대로 설득할 수 없게 되자, 프리네가 걸치고 있던 가운을 확 벗겨버린 것입니다. 그러자 그녀의 아름다운 알몸을 본 배심원들이 다음과 같이 판결합니다.

"저 완벽한 아름다움은 신의 의지로 받아들여야 한다. 저 앞에서는 인간이 만들어낸 도덕과 법률은 효력을 발휘할 수 없다. 따라서 프리네는 무죄이다."

하루아침에 죽음의 위기에 몰렸다가 가까스로 죽음을 면하게 된 프리네의 죄목이 뭔지 아시나요? 소크라테스를 사형으로 몰았던 바로 그 신성모독죄입니다. 물론 신성모독죄의 내용은 다르지만요. 아무래도 고대 그리스가 워낙 많은 인원으로 구성된 배심원 제도이다 보니 이성적이기보다는 감정적으로 판단을 해 신성모독죄니 뭐니 쉽게 선고하는 면이 있었던 것 같습니다.* 프리네가 이런 죄명을 받게 된 이유에 대해서는 의견이 분분합니다. 누군가의 신비극을 공연할 때 그녀가 알몸을 드러냈기 때문이라고도 하고, 포세이돈 축제

---

* 그리스인들에게 배심원 제도에 의한 재판은 신성한 것이었습니다. 올림포스 신들이 솔선수범해 보여준 제도라고 생각했기 때문입니다. 그들은 재판은 배심원 수가 많을수록 개인의 편견이 적게 들어가 공정하다는 믿음을 가지고 있었기에 아테네의 경우 배심원 후보를 해마다 6,000명씩 뽑았습니다. 예를 들어 재판이 있는 날, 6,000명 대부분이 모여 제비뽑기로 1,501명이나 되는 배심원을 배정했습니다. 때문에 아테네에서 사법권만은 완전히 민중의 손에 있었습니다. 참고로 소크라테스의 재판에서 배심원은 501명이었습니다. 배심원 숫자가 홀수인 이유는 짝수로 배심원을 배정할 경우 판결이 나지 않을 것을 방지하기 위해서였습니다.

때 알몸으로 바다 속으로 걸어 들어갔던 것 때문이라고도 합니다. 어쨌든 알몸, 나체였다는 이유입니다. 그런데 앞서 4, 5장에서 보았듯이 고대 그리스에서 시민 남성의 경우 알몸으로 체육관에서 운동하고 훈련하고 경기하는 것은 명예롭고도 일반적인 일이었습니다. 하지만 여성의 경우 시민 남성과는 달리 공개적으로 알몸을 노출한 죄는 당시로선 마땅히 사형감이었던 것입니다. 남녀의 나체에 대한 이중적인 사고를 엿볼 수 있습니다. 프리네의 직업이 헤타이라, 매춘부인데도 말이지요.

헤타이라hetairai란 원래 '동지'라는 의미를 갖는 그리스어입니다. 이 용어는 애초에 고대 그리스 시인 사포가 레스보스 섬에 젊은 처녀들 교육을 위한 학교를 세우고, 몸을 의탁해 오는 처녀들을 '헤타이라(동지)'라고 부른 데서 유래합니다. 사포가 레스보스 섬에 처녀들을 모아 교육하자, 여성들만 모여 사는 것을 이상하게 여긴 사람들이 이 섬을 여성들의 섬이라 부르면서, 레즈비언이라는 용어가 등장하게 되었습니다. 그러나 이후 헤타이라란 용어에서 동지란 의미는 쇠퇴하고, 남성들 곁에서 시중들며 그들을 즐겁게 만들도록 훈련받고 쾌락적인 관능과 우아한 사교술을 매매하는 고급 매춘부 여인들의 명칭이 되었습니다.

고대 그리스에서 헤타이라는 앞선 판다로스의 시처럼 무조건 치켜세워지기만 한 것은 아닙니다. 그들은 '침실을 좋아하는 아프로디테의 임금노동자'라고 불리면서 조롱을 당하기도 했습니다. 그러나 헤타이라들은 고대 그리스 당대 최고 유행의 선두주자이자 패션피폭로서, 당시 시민 남성들의 엘리트적인 삶에 무시할 수 없는 영향을 미쳤고, 일반 여성들과 다른 독특한 위치와 권력을 누렸습니다.

헤타이라의 패션 스타일

헤타이라들은 이집트로부터 건너온 최신의 미용법과 따끈따끈한 정보에 능했던 패셔니스타로서, 이들의 외모 가꾸기는 일반 가정집의 딸이나 아내와는 차원이 달랐습니다. 그들은 타고난 미도 있었지만 화장술과 패션감각도 뛰어나 자신의 여성적인 미를 극대화하며 가꾸고 다듬어 매력을 드러냈습니다. 덕분에 그들의 드레스는 일반 귀부인들과 달리 강한 색상의 대비와 조화를 이루는, 매우 기발하고 특이한 스타일을 연출하기도 했습니다. 한마디로 드러내놓고 남자들을 유혹하는 성적 과시형 치장을 한 것이지요. 고급스러운 패션과 매너로 다른 값싼 매춘부들과는 격을 달리하면서 말입니다.

물론 남자를 끌어당기는 그녀들의 유혹적인 힘은 외적인 매력에서만 비롯된 것은 아니었습니다. 아테네에서 매춘은 가격이 아주 저렴했는데, 낮은 계급의 다른 매춘부들과 달리 헤타이라들은 지성과 높은 학식, 그리고 기예를 겸비해야 했습니다. 그들 중에는 아주 수준 높은 고등교육을 받은 자들도 있었고, 때로는 그 지식이 철학자 버금가기도 했습니다. 플라톤의 《향연》에서 소크라테스에게 에로스와 미의 이데아에 대해 길고 긴 조언을 했던 디오티마 여신도 헤타이라가 모델이라고 합니다. 이들은 외교술과 빠른 언변, 희롱, 섹스어필, 처세술 등을 갖추고 그녀들의 남성 후원자들과 격조 높은 대화를 나눌 수 있었습니다. 그녀들은 한마디로 육체적 쾌락과 정신적 욕구를 동시에 충족시켜준, 그야말로 모든 것을 갖춘 매춘부들이었던 것이지요. 미모면 미모, 교양이면 교양, 지성이면 지성으로 남성을 매료시키며 품격 있는 대화 능력을 갖춘, 그리스 남성들의 이

윌리엄 아돌프 부그리의 〈전원시〉에 묘사된 헤타이라

상적 여성상이었으니 말입니다.

덕분에 아리스토텔레스는 물론 페리클레스도 헤타이라와 함께 살았고, 당대 내놓으라 하는 철학자, 예술가, 정치가는 모두 그녀들과 교류하며 즐겼습니다. 물론 당시 사회 분위기가 이런 문화를 이상하게 보거나 손가락질하는 문화가 아니었기에 가능했습니다. 고대 그리스 남성이 헤타이라를 만나러 목돈 싸들고 가는 섹스투어는 엘리트 시민 남성들의 필수 코스였던 것 같습니다.

헤타이라 패션 스타일이 어땠는지 보실까요? 우선 헤타이라는 당시 그리스에서 돈을 받고 남성들을 접대하는 독립된 비즈니스 여성들로서 법적으로 보장받은 직업이었습니다. 그녀들의 상징 중 하나는 노란색 베일입니다. 그녀들은 자신들의 미모가 돋보이도록 화려한 의상을 즐겼으며, 특히 일반 여성들이 입는 키톤 드레이퍼리 이상의, 과감하게 재단한 드레스를 입고 아주 높은 굽의 나막신이나 구두를 신었습니다. 이 높은 굽의 신발을 보면 시대는 다르지만 하이힐 선호는 막을 수 없는 건가 봅니다. 물론 여기에 진한 화장은 필수지요. 여기까지는 헤타이라의 기본입니다.

구체적으로 그녀들의 치장 기술을 보면, 우선 헤타이라들은 그리스의 강렬한 태양 아래 하얗게 백분을 칠한 목덜미나 하얀 팔을 완전히 드러나 보이도록, 아주 과감하게 재단된 디자인의 옷을 골라 입었습니다. 물론 눈에 띄는 값비싼 보석들을 액세서리로 착용했으며 온몸에도 화장을 했습니다. 눈썹을 진하게 하기 위해서 검정 숯을 사용하고, 하얀 피부를 더욱더 투명하게 보이기 위해 백분을 발랐으며, 광대뼈에는 발그레하게 연지를 칠했습니다. 분과 연지, 즉 파우더와 볼터치, 립스틱은 지금도 그렇지만, 특히 당시로서는 아주 강한 성적 매력을 드러내는 패션 스타일이라고 할 수 있습니다. 왜냐하면 고대 그리스에서는 오직 매춘부와 같은 화류계의 여성만이 공개적으로 분과 연지 화장을 했기 때문입니다. 손님들에게 직접 나체를 보여주는 낮은 계급의 매춘부 포르나이와는 달리 헤타이라는 손님들이 그녀들을 선택할 수 있도록 화려하고 아름다운 패션 스타일로 의상과 화장에 공을 들였던 것입니다.

이외에도 그녀들은 온갖 종류의 머리 염색을 했으며, 헤어피스로 머리를 장식하고, 얇은 천으로 만든 리본과 가슴 띠를 했으며, 특수한 처방으로 만든 향수를 뿌렸습니다. 또 강한 색조 화장과 함께 전신화장도 빼놓지 않았습니다. 뿐만 아닙니다. 그녀들은 몸과 얼굴을 가꾸기 위해 평소 밤에 잘 때도 오늘날 여성들처럼 얼굴에 뷰티마스크(주로 곡물의 굵은 가루를 빚어서 얼굴에 바름)를 했으며, 아침에 일어나면 우유로 닦아 냈습니다.

사실 헤타이라들이 당시 사용한 분, 파우더는 납으로 된 흰 분입니다. 그 위에 입술 연지와 아이새도우, 그리고 눈썹 그리기(긴 아치형)와 같은 색조 화장을 했던 것이지요. 아시는 분은 다 아시겠지만, 납으로 된 분은 심각한 중독을 일으켜 죽음에 이르기도 할 만큼 무시무시한 비극을 초래하기도 하는 미용재료입니다. 그럼에도 서양에서는 이 시기부터 벌써 납으로 된 분이 사용되기 시작했습니다. 납으로 된 분은 1866년 인체에 위험하지 않은 아연분이 등장할 때까지 계속 사용되었습니다.

이들에 대한 교육 또한 빼놓을 수 없는데요. 신체적 매력뿐 아니라 당시 일반 여성들은 받을 수 없었던 교육, 흠잡을 데 없는 매너 등등은 모두 포주 여성이 자신의 교습생들에게 가르치는 중요한 덕목들이었습니다. 이런 교육 덕분에 헤타이라는 패션 감각이 개발되고 키워지면서 아주 출중하게 옷을 잘 입을 줄 아는 동시에 고상한 취미와 교양도 지니게 된 것입니다. 또한 헤타이라는 항상 부드러운 미소를 지으며, 남성들과 상냥하게 대화를 나누도록 교육 받았던 것은 말할 것도 없습니다. 이렇게 다양한 매력을 장착하며 헤타이라는 자신을 선택한 남성 후원자의 대외적 이미지를 높여주는 과시적이고 유혹적인 스타일을 만들었습니다.

한편 헤타이라들은 이렇게 눈에 띄는 패션에도 불구하고 거기에 안주하지 않고, 그들만의 독특한 마케팅 전략을 만들어냈습니다. 바로 자신들이 유녀임을 한 눈에 알아볼 수 있도록 옷에 보랏빛 테두리 장식을 다는 것이었습니다. 그리고 이것 또한 그녀들의 상징이자 패션을 완성하는 스타일이 되었습니다. 그녀들은 일반 매춘부들과 달리 평판을 중시했기에 거리에서 손님에게 직접적으로 호객행위를 하는 대신 이런 보랏빛 장식을 한 것이지요. 더구나 아무나 찾아가면 헤타이라를 만날 수 있는 것이 아니라 친구의 추천이나 중개자의 알선을 통해서만 헤타이라를 만날 수 있었다고 합니다. 요즘의 비밀 로얄 클럽처럼 기존 회원의 추천을 통해서만 새 회원을 받았던 것이지요.

패션, 헤타이라로 성공하는 비법

"우아하게 잘 차려입고, 상대방에게 사랑스러운 교태를 부려라. 그러나 킥킥대며 웃지 말고, 음식을 잔뜩 먹지도 말고, 파티에서도 취하면 안 된다. 오직 너한테 돈을 지불하는 자에게만 눈을 맞추어라"

— 루키아노스, 《유녀(헤타이라)들의 대화》

이것은 당시 어느 대장장이 딸에게 어머니가 들려주는 충고입니다. 아버지가 죽고 생계가 어려워지자 어린 딸이 헤타이라가 되지 않으면 생계가 어렵다고 생각한 어머니가 딸에게 헤타이라로 성공하는 비법을 이야기하고 있는 것입니다. 헤타이라에 임하는 자세인 셈이지요.

이 충고에서처럼 헤타이라는 새침하게 토라진 표정으로 손님이나 동반자를 실망시키지도 않았으며, 그렇다고 남성의 목을 열정적으로 감싸 안지도 않았습니다. 계약상 향연에 참가하게 될 때에도 헤타이라는 결코 술에 취하지 않았습니다. 남성들이 여자가 술에 취하는 것을 아주 싫어했기 때문에 말이지요. 음식을 함부로 먹지도 않았습니다. 단지 손끝으로 아주 우아하게 음식을 집어 소리를 내지 않고 조용히 먹었습니다. 입안에 음식이 가득해서 볼이 볼록해지는 일도 없었습니다.

비록 그녀들이 향연 참석 남성들의 대화 상대자라 해도 말을 너무 많이 하지도 않았으며, 다른 회식자들을 비웃는 일도 없었습니다. 그리고 앞서 헤타이라가 되는 어린 딸에게 한 충고에서 보듯이, 헤타이라는 오직 자신에게 돈을 낸 손님에게만 지긋이 눈길을 주었습니다. 그리고 그것이 그녀의 평판과 존재가치를 높여 주었습니다. 침대에 오르는 순간에도 너무 무례하거나 차가운 태도를 취하지 않았습니다. 그녀의 유일한 관심은 자신의 고객을 최대한 만족시키는 일이었고, 고객이 그녀를 사랑하도록 만드는 일이었습니다. 말 그대로 시민 남성 고객의 취향에 100퍼센트 맞춰주는 프로페셔널 비즈니스 태도지요.

헤타이라는 자신들의 집에서 남성 손님을 맞이하는 것 외에도 당시 정계와 재계, 예술계 등의 중요한 인사들의 공식적인 모임에도 그들의 파트너나 게스트로서 참석했습니다. 헤타이라들은 대부분 6, 7명의 정부 혹은 후원자를 두었다고 하는데, 그들 중에는 부유한 고객만을 상대하는 경우도 있었고 때로는 정부가 자신을 빌린 동안 정부의 저택에서 지내기도 했습니다.

이들은 직업상 밤에 남성들의 향연, 즉 심포지엄에 가는 경우가 많았는데, 그리스 향연에서 뛰어난 기예, 신체적 용모와 지성 등의 매력으로 연회의 흥을 돋기도 했습니다. 물론 고대 그리스에서 심포지엄은 오늘날과 같은 지적인 학술대회를 의미하는 것이 아닙니다. 당시 향연이란 말 그대로 즐기는 연회로 보통 화려한 식사와 음악, 술 등 풍류를 즐기는 남성들의 주연파티를 말하는 것입니다. 향연에서는 주연의 흥이 오르게 되면 술자리가 으레 그렇듯이 감각적인 쾌락에 몰입하는 경향이 있었다고 합니다.

성적 도발 시스루룩, 코안 드레스

그리스 도자기 그림들은 남성들이 술을 마시고 앉아 있는 침대의자 옆에 다소곳이 서 있는 무희들의 우아한 자태를 묘사하거나 춤을 추고 있는 향연을 묘사하곤 합니다. 향연에서는 때로 연극이 공연되기도 했습니다. 오른쪽 페이지 그림 속에서 춤을 추는 헤타이라는 놀랍게도 거의 온몸이 적나라하게 보이는 시스루see-through룩을 입었습니다. 21세기 현재 잘 나가는 여자 아이돌 스타들이 입는 속이 훤히 비치는 시스루룩 말입니다. 요즘에만 유행하는 것인 줄 알았는데 그게 아니었나 봅니다.

헤타이라의 시스루룩, 코안 드레스Coan Dress 한 번 자세히 보실까요? 당시 시스루룩은 아주 질 좋은 아마와 실크로 만들어져 굉장히

향연에서 춤을 추는 헤타이라

얇고 투명해서 헤타이라들이 매우 애지중지했던 아이템이었습니다. 그림에서 보듯 오늘날 시스루보다 더 과감한 섹시하고 도발적인 시스루입니다. 특히 헤타이라들이 입은 시스루 코안 드레스는 너무나 매혹적이어서 에로틱한 분위기가 최고조에 달한 발명품이었습니다. 이 코안 드레스는 원래 코스Cos(오늘날엔 Kos)라는 섬에서 생산하는 실크직물로 만들어졌습니다. 코스 섬은 유럽 최초로 실크를 생산한 곳입니다. 실크로 만들어진 만큼 코안 드레스는 빛깔은 마치 꽃으로 뒤덮힌 들판과 같고, 거미줄도 비교가 안될 만큼 얇다고 표현할 만큼 투명한 드레스였다고 합니다. 당연히 일반 여성들이 아닌 헤타이라가 자신들의 매력을 한껏 드러내기 위한 의상이었습니다. 그런데 의외로 코안 드레스에 대한 사회적 비난과 분노가 있었던 것으로 보아, 헤타이라의 코안 드레스가 알게 모르게 소문을 타고 인기를 끌면서 일반 여성들도 따라 입었던 것 아닌지 모르겠습니다.

헤타이라가 입은 시스루룩을 자세히 들여다보면 여성의 가슴이나 소중한 곳이 그대로 보입니다. 사실 고대 그리스 여성들의 키톤만 해도 오늘날 할리우드 레드카펫이나 우리나라 영화제 여배우들의 레드카펫에서나 등장하는 여신 스타일입니다. 아무나 흉내내기 어려울만큼 몸매의 곡선이 드러나고 여성적 섹슈얼리티를 극명하게 살려주는 여성들의 꿈의 드레스입니다. 그런데 헤타이라들은 이런 정도로는 만족을 하지 않고 이렇게 온몸의 세부가 다 보이는, 아주 선정적이고 섹시한 시스루룩인 코안 드레스를 창안해서 입은 것입니다. 그야말로 여신 스타일 키톤을 넘어서는 도발적인 섹시미가 아닐 수 없습니다.

플라톤을 다룬 장들에서 보셨겠지만 남성의 나체가 숭배의 대상이 되는 문화 속에서, 여성의 시스루룩은 남성적 섹슈얼리티(남성 동성애)의 유행과 나체 패션 스타일의 대담성에 대응하며 탄생할 수 있었던 성적 유혹과 과시 스타일입니다. 비록 남성 나체에 비해 대담성이나 파격적인 도발과 섹시함이 아주 깨알만큼 부족하지만 말입니다.

헤타이라의 손님들 :
소크라테스, 페리클레스, 알키비아데스, 플라톤, 아리스토텔레스

헤타이라들은 주로 해방노예 출신이거나 외국인 혹은 가난한 집 출신이었습니다. 앞서 소개했듯이 이들은 일반 여성과 달리 음악, 무용, 시, 수사학 등의 교육을 받고 이들 분야에 뛰어난 재능을 발휘하는 경우가 많았습니다. 때문에 그녀들은 함께 참석해 춤을 추거나 남성들의 대화상대가 되거나 남성들이 휴식을 취하게끔 서비스를 제공했습니다. 반면 유곽에서 영업하는 일반적인 성매매 여성인 포르나이는 성매매 대금도 훨씬 적었고, 쉽게 몸만 제공하는 서비스 여성들이었습니다. 물론 이들은 향연에 참석할 기회가 없었지요.

페리클레스의 연인이었던 아스파시아 역시 아테네에서 유명한 헤타이라 중 한 사람입니다. 그녀는 페리클레스와 함께 살았고 아이도 낳았습니다. 극작가 소포클레스도 테오리스, 황혼기에는 아르키차라는 헤타이라에게 빠졌었다고 합니다. 심지어 젊은 날의 플라톤도 아르케네사라는 헤타이라와 달콤한 연애에 빠졌었다고 합니다. 에피쿠로스 학파의 에피쿠로스는 헤타이라 레온티온의 여러 고객 중 하나였고, 알렉산더 대왕에게 "햇빛을 가리지 않게 비켜주시오"라고 했다는, 전설적인 철학자 디오게네스도 헤타이라의 손님이었습니다. 디오게네스는 심지어 헤타이라들이 뽑은 '정직한 남성 베스트' 리스트에 이름이 올랐다고 합니다. 아리스토텔레스는 1장에서 보았듯 당연히 헤타이라에게 무릎을 꿇었고, 소크라테스 역시 탐탁해하지 않으면서도 헤타이라 집에 드나들었습니다. 성 풍속사가 파울 프리샤우어는 소크라테스가 유방이 아름답기로 유명했던 테오

바티칸 박물관에 있는 아스파시아 조각

도라라는 헤타이라와 대화를 나눈 후, '헤타이라들이 호의를 갖고 애정 표현도 세심하게 배려를 하여 아름다움을 보충해야 한다'고 말했다고 전합니다.

아마도 헤타이라들 중에는 아리스토텔레스의 연인였던 필리스의 경우처럼 도덕군자인 양 하는 철학자들이 다른 아테네 남성들과 마찬가지로 헤타이라 집 문 앞에 줄지어 기다리는 것을 보고 비웃음을 보낸 여성들이 있기도 했던 것 같습니다. 사실 철학자들도 이론이 아닌 현실에서는 보통의 남성들과 다를 바가 없었을 텐데 말입니다. 시민 남성이 헤타이라 집을 가는 것은 확실히 당시로서는 평범한 관습적 라이프스타일이었습니다. 도덕적으로 전혀 문제될 것이 없는 그런 거 말이지요.

그런데 말입니다. 프리네의 경우든 필리스의 경우든, 아스파시아든 헤타이라의 화장발과 몸치장의 유혹이 없었더라면, 과연 소위 당대 엘리트 남성들, 철학자들이나 정치가들이 단지 그녀들과 시를 읊거나 지적 교류를 하거나 혹은 그녀들이 춤추는 것을 보러 돈 싸들고 코린트 시에 갔을까요? 사포는 여류 시인으로 명성이 자자하고 아주 지적인 여성인데, 남성들이 그녀와 지적인 교류를 나누었다는 이야기는 없으니 말입니다.

그렇다면, 그렇다면 이런 가정은 어떨까요? 헤타이라 여성들, 아니 바로 남성 고객의 심장을 저격하는 그녀들의 화장발의 마력, 즉 타인을 유혹하는 화려한 패션 스타일의 마력은 혹시 인간의 문명 세계를 안내하며 점등하는 불빛은 아니었을까요? 헤타이라는 밤의 여인들일 뿐 아니라 화려하게 차려입고 아테네의 공식 행사를 빛내준 여인들이기도 했으니 말이지요. 흔히 겉모양, 겉치레에 불과한 것으로 여겨져 온 인간의 화려한 패션이나 화장이 혹시 인본주의와 함께하거나 인본주의를 북돋거나 혹은 인본주의를 낳게 해주는 추동력은 아니었을까 해서 말입니다. 1부에서 소크라테스를 비롯한 시민 남성들의 외모 꾸미기와 나체 찬미에서도 보았듯이 말입니다. 인정하고 싶지 않은 불편한 진실이겠지만 말입니다.

시민 남성들의 공식 행사 파트너, 헤타이라

고대 그리스 시민 남성의 일상은 폴리스의 중요한 결정을 하기 위해 토론하고 투표를 하는 민회 정치와 군사적인 훈련을 위해 평상시 김나지움에서 하는 운동 혹은 군사 훈련, 아카데미와 같은 학교에서의 교육, 그리고 밤의 향연 등등으로 이루어집니다. 그 외 실제 전투가 벌어지면, 전장에 나가기도 하지요. 그리고 폴리스에서 정계와 재계의 중요한 인사들은 공식적 행사나 모임을 갖기도 합니다. 대략 이런 것들이 시민 남성들의 바깥 활동이자 일상의 대부분입니다. 식사를 하고 잠을 자는 등 집안에서의 시간보다 이러한 외부 활동이 남자다운 것이라 여겼습니다.

시민 남성이 헤타이라의 집으로 찾아가 만나는 것 외에 시민 남성의 일상에서 헤타이라와 함께하는 경우는 대표적으로 두 가지입니다. 위에서 말한 폴리스에서 유력인들의 공식행사나 모임, 그리고 밤의 놀이문화로서 향연입니다. 공식행사에는 아내 대신 헤타이라를 대동하고, 밤의 향연에서 역시 아내 대신 헤타이라를 초대했습니다. 이럴 때 헤타이라 역할은, 우선 공식행사에서 자신들을 선택한 후원자 시민 남성의 대외적 이미지를 높여주는 과시적이고 유혹적인 스타일의 화장과 패션을 하는 것입니다. 요즘으로 치면 아내가 하는 퍼스트레이디 역할을 화려하면서도 우아한 헤타이라들이 공적인 패션과 화장을 하고 도맡은 것이지요. 외부 활동이 거의 없었던 아내들은 이러한 패션 감각은커녕 헤타이라처럼 화려한 얼굴화장과 몸화장도 모두 금기였으니, 시민 남성의 이러한 대외적 이미지 공개 장소에 어울리지 않는다고 여겨졌겠지요.

헤타이라를 초대하는 밤 연회는 그리스 남성들이 오락이나 여흥 파티로서 주로 친한 친구들과 함께 어울려 자기 집에서 즐기는 비격식 모임입니다. 비록 집에서 열리는 비격식 술자리라고 하나 역시 아내들이 낄 자리가 아닙니다. 꽃처럼 아름답고 대화가 잘되는 헤타이라가 있으니까요. 밤 연회에 초대될 경우, 헤타이라는 시민 남성들과 함께 술을 마시거나 춤을 추거나 대화 상대자가 되었습니다. 밤 연회에 그녀들을 초대하면 그녀들에게 최고 액수, 2드라크마(보통 남성 노동자의 하루 일당 정도의) 수준을 넘지 않게 비용을 지불하는 규정이 있었습니다. 이것이 정확하게 준수되었는지는 모르지만 말이지요. 물론 성 접대 시에는 추가 요금이 가해졌습니다. 보통 연회가 끝나갈 무렵에는 경매에서 가장 많은 돈의 액수를 제시하는 자가

점찍은 헤타이라를 낙찰받을 수 있었다고 합니다.

유행의 선두주자, 헤타이라의 경쟁력 — 그리스 섹스 산업의 융성

그러면 어떻게 헤타이라들은 유행의 선두주자가 된 것일까요? 자신도 동성애자였던 솔론왕은 부부관계에서의 관능의 쾌락에 만족하지 못하고 애써 결혼할 마음이 없는 남성들을 위해 입법을 통해서 그들을 배려하는 정책을 내놓았습니다. 여성을 짐으로 생각하는 독신자에게 결혼이라는 부담을 지우지 않으며, 자식을 낳기 위해서가 아닌, 자유롭게 성애의 기쁨을 즐기거나 원하는 대로 즐기며 동침하는 관능의 쾌락을 즐기기 위해서는 직업적인 여인들을 이용하는 것이 좋다고 생각했던 것이지요. 그리하여 솔론은 국비로 공창을 설치했으며, 거기서 나오는 수익을 국고에 환수했습니다. 그리고 직업적인 매춘을 신성한 것으로 만들기 위해 아프로디테 신전을 세우고, 여신에게는 시민을 위한 여신이라는 의미의 판데모스라는 명칭을 바쳤습니다.

이렇게 현대보다 더 개방적인 섹스 산업이 국가적으로 장려되면서 헤타이라는 법률로 보호되었으며 사랑의 대가로 세금을 냈습니다. 비록 세금을 냈어도 정당한 시민이 될 수 없었지만 말입니다. 그럼 일반 여성들은 집 안에 갇혀 유행에 민감하지 못하던 시절, 국가에 세금을 내고 일하던 그녀들이 굳이 온갖 화려한 패션 아이템들로 눈에 띄게 치장하고 꽃단장, 몸치장을 하며 패션의 선두주자가 될 수밖에 없었던 이유는 무엇일까요?

한마디로 사상 유례가 없는, 동종 산업 내 치열한 경쟁 때문이었습니다. 뭐 동일 계통 업무에 종사하는 가격도 싸고 싼티 나는 패션을 했던 매춘부 여성들만이 그녀들의 경쟁력을 부추겼던 상대가 아니었다는 얘기입니다. 잘 아시다시피 당시는 인류 역사상 유례가 없는 남성 동성애 트랜드로 인해 시민 남성들이 여자만을 성적 대상으로 구매한 것이 아니었기 때문입니다. 고대 그리스에서는 남성 동성연인 외에 남창의 집도 공공연하게 성행했습니다. 성에 대해서 무한오픈 문화라고나 할까요. 덕분에 헤타이라나 여성 매춘부들만이 남성의 사랑을 쟁취하려 한 것이 아니라 남성 동성애에 대한 시장의 수요 또한 넘쳐서 소년이나 청년들도 헤타이라와 함께 남성의 사랑을 놓고 서로 겨루는 경쟁상대가 되었습니다. 오늘날 유흥가 관례처럼 당시 남성들은 소위 '남창의 집'에서 한두 시간 쉬었다 가는 대실 문화도 성행했으니 말입니다. 그것도 합법으로 말이지요.

그리하여 이들 소년이나 청년의 매력과는 다른 여성의 매력을 파는, 돈벌이가 잘 되는 이 장사에서 살아남기 위해 헤타이라들은 온갖 매력이란 매력을 총동원하여 발휘하지 않을 수 없었습니다. 이들의 패션은 시민 남성들이 원하고 허락하는 안전한 틀 내에서의 표현이었지만 말입니다. 하물며 그녀들은 다음과 같은 모멸적인 말들을 들었습니다.

"헤타이라는 우리들의 쾌락을 위해, 첩은 우리들의 육체적 보전을 위해 봉사한다 … 그러나 아내는 법률상의 대를 이을 자손을 낳고 가정을 충실하게 지키는 여자이다."

어느 대중 연설가의 이런 막말에 대해 '침실을 좋아하는 아프로디테의 임금노동자' 헤타이라들은 임금으로 값비싼 은화를 요구함으로써 그러한 평판에 복수하고자 했습니다. 이렇게 일반 공창의 여인들보다 많은 보수를 받는 만큼, 자립해서 일하는 헤타이라들은 매력적인 여자가 되지 않으면 안 되었던 것입니다. 물론 몸치장과 같은 외모 외에 조선시대 기생처럼 춤을 추거나 많은 지식을 갖고 있거나 등등의 개인기로 자신을 업그레이드하는 것은 말할 나위도 없고요. 그래서 플라톤과 철학자들이 향연을 벌이는 곳에서 그런 개인기로 풍류를 돋우는 역할을 했던 것입니다.

팜므파탈의 패션, 그 불편한 진실

참 신기하면서도 보다 불편한 진실은 조선시대 기생처럼 이들 헤타이라, 고급 매춘부들은 동서양 막론하고 늘 당대 최고 유행의 선두주자였다는 사실입니다. 이들은 대놓고 몸을 치장하고 꾸미며 패션을 가꾸어 남성 고객의 취향을 저격할 줄 알고, 실제로 그렇게 훈련받았습니다. 그래서 일반 여성들은 이들을 비난하고 눈 흘기면서, 헤타이라와 비교해 자신들의 도덕적 우월감과 자부심을 느낍니다. 그러나 곧 이상한 일이 벌어집니다. 누가 언제부터 시작했는지 알 수 없지만 어느 틈엔가 여성들은 서서히 하나둘 자신들이 비난하던 헤타이라의 과감한 패션을 따라하고, 그것이 아주 최신 유행처럼 보이기 시작합니다. 그러면 점차 일반 여성들도 질세라 헤타이라의 유행을 하나씩 채택하게 됩니다.

이게 인정하고 싶지 않으나 명백한 현실입니다. 당시에도 이런 루트를 따라 헤타이라 중심의 화장이 조금씩 번져나가면서 가끔씩 외출할 때마다 멋 부리기 좋아하는 여자들이 화장을 했고, 후기 그리스 시대에 이르면 상류층 여성들에게 화장은 아주 일반화되었습니다. 아이러니하지만 이러한 공식은 서양에서도, 동양에서도, 고대에도, 20세기에도 진실입니다. 패션사에 꼭 기입되어야 할 이유이기도 하지요. 어쩌면 바로 이 불편한 진실 속에 패션의 어떤 중요한 특징이 숨어 있는 것일지도 모르니까요.

헤타이라의 패션은 확실히 당대 엘리트 남성들의 취향을 저격하며 그 시대의 남성들을 유혹했다는 점에서, 그녀들은 소위 최초의 팜므파탈이라고 할 수 있을 것 같습니다. 헤타이라들의 패션에 대한 열정은 분명 절박한 경쟁력과 생존 상황에서 나온 것이지만, 시대를 능가하는 패션 감각이 있었던 것도 사실입니다. 그런데도 일반 역사에서도 그렇고, 일반적으로 복식사나 패션의 역사 연구에서 헤타이라의 패션 이야기나 그녀들의 존재는 배제되는 경우가 대부분입니다. 사실 헤타이라들만큼 뛰어난 패션 센스를 보이며 일반 여성들에게 두고두고 영향을 끼치는 패션피플도 없는데 말이지요.

패션이라는 게 유행을 만들고 영향을 주고 그런 것이 핵심인데, 단지 매춘부라는 이유로 패션 연구에서 역사적으로 큰 영향력을 끼쳐온 사람들을 간단하게 빼버린다면 절름발이 연구 아닐까요? 그렇게 되면 뭔가 인간 자신과 인간의 역사에서 중요한 것을 감추거나 거짓을 낳을 수도 있으니 말입니다. 게다가 고대 그리스의 헤타이라들은 패션에서의 영향력뿐 아니라 철학자, 정치가 등 당대의 명사들에게도 영향을 미쳤으니, 더 말할 나위 없겠지요. 마녀로 몰렸던 잔다르크가 20세기 와서 프랑스 역사의 영웅으로 복권되었듯이, 헤타이라의 패션 역시 패션 연구에서 이제는 새롭게 해석되고 자리매김되어야 할 것 같습니다.

헤타이라가 부도덕했다면 그녀들을 상대로 한 고대 그리스 시민 남성들도 부도덕했다고 할 수 있습니다. 그렇지만 그렇다고 해서 시민 남성들이 역사 서술이나 패션의 역사에서 배제되는 일은 없습니다. 더구나 헤타이라를 찾아가는 것이 당시 시민 남성에게 부도덕한 일이 아니었다면, 헤타이라도 부도덕한 사람들이 아닌 것 아닐까요? 패션사에서 일반 가정집 여성들은 연구하면서 정작 당대의 패셔니스타인 헤타이라는 그 서술에서 배제하는 근거가 대체 무엇인지 모르겠습니다. 더욱이 국가적, 시민 남성 계급의 필요에 의해서 헤타이라라는 제도를 만들어 놓고 그 제도에 속한 사람들을 역사서 술에서 배제하는 것이 적절한 것인지 의문입니다. 이들의 패션은 분명 고대 그리스 시민 남성들의 권력이 만들어내고 사랑한 여성적 섹슈얼리티의 대표주자인데 말입니다.

인문학 노트

고급 유녀들의 집, 그녀들의 명심보감 미용비법

고대 그리스 헤타이라의 직접적인 명심보감은 아니지만, 18세기 유명한 서양 유녀들의 집에서 그녀들에게 약이 되고 밥이 되었던 생존 비법 몇 가지 중 패션과 관련된 것들을 뽑아 봤습니다. 아마도 고대 그리스 헤타이라의 그것과 크게 다르지 않을 듯해서 말이지요. 그런데 의외로 우리의 예상과 다른 것들이 있습니다.

* 재치 있는 정신을 기르고 음악이나 춤 같은 즐거운 재능을 개발하려고 노력해라. 사람들은 예쁜 얼굴만 보고 오랫동안 지낼 수 없기 때문이다.
* 낭비벽이 있는 척하되 진짜 낭비하지는 말라. 그래야만 남자가 당신에게 돈을 많이 주게 될 것이다.
* 당신은 당신에게 옷을 선물할 어린 남자 요정을 가질 수도 있다. 그러나 그가 너무 어리고 높은 신분이어서는 안 된다. 만일 남자가 싫은 내색을 하면 바로 그 젊은 요정과 헤어져라.
* 당신보다 더 예쁜 여자 친구를 갖지 말라. 당신은 남자를 빼앗

기게 될 것이다. 술을 취하도록 마시지 말라. 술에 취하면 짐승처럼 되기 쉽다. 술을 마셔도 기분이 좋아지지 않는다면 술을 삼가려고 노력하라. 샴페인 몇 잔을 마시면 새로운 매력과 우아함을 얻는 여인들이 있다.

* 백분을 너무 바르지 말라. 그것은 피부를 파먹고 윤기를 사라지게 만들기 때문이다. 연지를 알맞게 쓰도록 하라. 그것이야말로 자연스러운 것이기 때문이다.

* 비싸지는 않더라도 우아한 옷을 입도록 하고 자주 바꿔 입도록 하라.

* 거울을 자주 보되 유행의 노예가 되지 않도록 하라.

제8장

빨간 립스틱과
화장

: 금기의 정치학과 저항

폼페이 벽화에 그려진
사포로 추정되는 여인의 초상

빨간 립스틱과 화장, 금기의 정치학

여성들에게 화장이 금기였던 시절이 있었습니다. 고대 그리스뿐 아니라 다른 여러 나라들에서도 아주 오래도록 말입니다. 화장은 여성의 본능이라 말할 정도로 일상적이며 특히 빨간 립스틱은 그야말로 여성의 애장품 1호라고도 하는데 말입니다. 대체 무슨 일이 있었던 것일까요?

빨간 립스틱은 정말이지 오래도록 여성들의 사랑을 받아왔고, 지금도 무한 사랑을 받고 있습니다. 왜 빨간색이냐에 대해서는 이야기가 분분하기도 하지만, 제아무리 문헌들을 뒤져봐야 싱겁기 짝이 없게도 혈색을 건강하게 보이게 해 섹시한 매력을 준다는 추측이 대부분입니다. 하긴 뭐, 그거면 다 되는 것 같기도 합니다. 고대 그리스에는 볼에도 바르고 입술에도 바르는 연지가 있었는데, 앞으로 이 볼 터치와 입술 연지를 편의상 우리가 요즘 쓰는 말로 통칭하여 립스틱이라 부르겠습니다. 당시에는 주로 빨간 물감과 독한 포도주를 섞어 만들어 우아하면서도 세련된 색깔의 립스틱을 만들어 발랐습니다. 그중에는 염소 땀, 사람의 침, 악어 배설물 등으로 만든 립스틱도 있었다고 합니다. 고대 그리스는 매춘의 황금기였던 만큼, 립스틱을 바르는 것은 당연히 그녀들만의 몫이었지요. 그러니까 위에서 말한 화장의 금기는 매춘부가 아니라 일반 가정집 여성들에게 해당되는 이야기입니다. 그럼 대체 왜 누구는 화장을 해도 되고, 누구는 안 되는 것일까요?

플라톤은 《국가》에서, 늘 그렇듯이, 소크라테스의 입을 빌어 패션에 대해 이야기합니다. 물론 플라톤이나 소크라테스 시절에는 패션이라는 명칭이 없었지만, 그래도 패션을 지칭할 만한 표현은 있었습니다. '여성들을 아름답게 하는 것'이라거나 '사치'라는 표현 말입니다. 플라톤은 그리스를 서양 문화의 원천으로 보게 해준 연극, 무용 등과 함께 여성들의 미용용품들과 패션 행위들을 인간 생존, 아니 국가 생존에 필요한 필수품을 넘어서는 '사치'라고 말합니다. 이 글에서는 이 중에서 여성들을 아름답게 해주는 화장에 대해서 이야기해 볼까 합니다. 화장을 이야기하려는 또 다른 중요한 이유는 고대 그리스 아테네에서 남성들의 스타일이 키톤이나 히마티온 외에도 갑옷이나 나체 혹은 철학자 복식이나 데이트룩 등 다양했던 것에 비해, 매춘부가 아닌 일반 가정집 여성들은 키톤과 히마티온 외에 크게 패션이라고 할 만한 것이 화장 하나 정도이기 때문입니다.

아리스토텔레스는 분과 연지를 멋 부림의 술책이나 마약이라고 비판하면서, 그것들은 어디까지나 고급 매춘부 헤타이라들만을 위한 것이라고 말합니다. 엉뚱한 아리스토텔레스입니다. 이렇게 비판하고는 1장에서 봤듯이, 분과 연지를 잔뜩 칠해 세련된 매력을 풍기는 헤타이라 필리스에 퐁당 빠졌으니 말입니다. 플라톤도 분과 연지, 아첨은 해로운 것이라고 하고, 크세노폰은 빨간 립스틱이 진실하지 못하고 부도덕한 것이라고 비난합니다. 사실 당시 여성들의 립스틱과 메이크업에 대해 비난한 것은 이들뿐만이 아닙니다. 당시의 시인이나 극작가, 예술가, 철학자 등 말할 수 있는 사람들이라면 어디에서나 한마디씩 했습니다.

그런데 아이러니는 이렇게 폭풍비난을 쏟아붓고는 굳이 배를 타고 코린트 시까지 가서 야하고 진한 색조 화장의 고급 매춘부 헤타이라를 찾아가거나 그녀들에게 반했던 그리스 시민 남성들의 심리입니다. 그러므로 분과 연지의 사용에 대한 비판이 화려한 화장의 대명사인 매춘부(헤타이라)를 향한 것 같지는 않습니다. 그리스 남성들이 헤타이라 제도나 그녀들의 미용과 패션을 비판하는 경우란 거의 없을 뿐 아니라 사치규제법은 오히려 그녀들의 짙은 화장을 보호했기 때문입니다. 덕분에 헤타이라는 아무런 제재 없이 이집트의 화장법과 미용법을 배워 스스로 새로운 스타일을 창조하기도 했습니다. 그리고 이런 기술로 시민 남성들의 성적 취향을 만족시켜주거나, 남성 사회의 향연을 화려하게 빛내주는 파트너로서 활약했습니다.

기원전 7세기경 고대 그리스 입법자인 자레우쿠가 내린, 다음 법률 규정 한 번 보실까요?

"금은보석이나 수놓은 옷을 입고 다녀서는 안 된다."

이 법률 규정은 일종의 사치규제법입니다. 그런데 뒤에 단서가 있습니다.

"공인된 매춘부가 아닌 한."

'화려하고 사치스러운 옷차림은 안 되지만, 매춘부에게는 허용한다' 이거지요. 말하자면 이 규정은 어디까지나 일반 여성에게만 해당되는 규제인 셈입니다. 이 말을 다시 생각해보면, 고대 그리스 사회에서 매춘부의 화장과 몸치장과 사치는 자연스럽게 받아들여지거나 혹은 권장되었다는 이야기입니다. 앞 장에서 다룬 헤타이라의 화장법 기억하시나요? 그녀들은 기본적으로 화려한 색조 화장을 했고, 하얀 피부를 더욱더 투명하게 보이도록 백분(파운데이션)을 바르고, 그 위에 입술연지와 아이새도우, 눈썹(긴 아치형)을 그리고, 광대뼈에는 붉게 볼터치를 했다고 했습니다. 온갖 종류의 머리 염색에 헤어피스로 머리 장식하기, 특수한 처방의 향수도 갖추었지요. 강한 색조 화장과 함께 전신 화장도 빼놓지 않았습니다. 분과 연지 외에도 플러스알파가 넘쳤던 것이지요. 고대 그리스에서는 오직 매춘부와 같은 여성만이 이렇듯 화려한 분과 연지 화장을 공개적으로 했습니다.

그리스의 아내와 딸들

이에 반해 당시 그리스에서 가정에 있는 부인과 딸들 역시 하녀의 도움을 받아 헤어 컬을 만들어 올리거나 키톤에 약간씩 변형을 주어 멋을 내기도 했으며, 특히 부유한 시민의 아내는 금목걸이나 귀걸이 같은 액세서리로 멋을 내기도 했습니다. 그러나 평범한 시민의 아내는 베틀을 짜고 옷을 만들고 집안의 농사를 짓는다든가 등 노예들의 도움을 받으며 해야 할 일이 산더미 같았습니다. 이렇게 가정 내에서 남성의 재산을 관리하고 아이를 낳는 역할만 담당하고, 집밖출입은 엄격하게 금지되었습니다. 아내들이 이렇게 사회적으로 격리 되었기에 화려한 화장품목이며 비법들을 구경하기 쉽지 않았습니다.

아내들이 입었던 키톤(기본적인 드레스)은 헤타이라의 시스루와 비교하면 그 유혹적이고 섹시한 감각을 쫓아가기 어려웠습니다. 왜냐하면 가정의 아내와 딸들의 키톤은 헤타이라의 화려하고 스펙터클

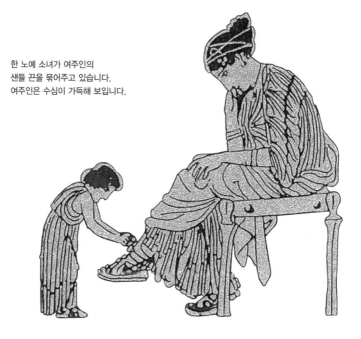

한 노예 소녀가 여주인의
샌들 끈을 묶어주고 있습니다.
여주인은 수심이 가득해 보입니다.

이오니아 키톤

도리아 키톤

한 노출 의상이나 치장에 비교할 때, 그야말로 말 그대로 '저는 더할 나위 없이 정숙합니다'를 의미하는 의상이기 때문입니다. 의복의 기원에 관한 성적 수치설(정숙설)과 성적 유혹설 중에 정숙 스타일 말입니다. 물론 헤타이라의 의상은 성적 유혹 혹은 성적 과시 스타일임은 말할 것도 없지요. 앞 장에서 보았듯이 헤타이라가 외부로 자유롭게 다녔던 것과 달리 아내들은 집밖으로의 외출이 드물었으며, 또한 자유롭게 많은 남성들을 상대했던 헤타이라와 달리 아내들은 남성 세계로부터 철저히 격리되었습니다. 물론 다양한 패션 스타일이며 화장도 허락되지 않았지요, 그렇기에 아내들의 키톤이나 히마티온 스타일은 헤타이라의 화려한 차림과 달리 정숙함을 벗어나기 어려웠습니다. 왼쪽 그림이 일반 여성들이 입었던 키톤입니다.

한편 남편은 집 밖에서 운동하랴 사람들 만나랴 대부분의 시간을 체육관이나 밖에서 보냈습니다. 남자가 집 안에서 시간을 보내는 걸 아주 수치스러워했기 때문입니다. 아내와 함께 시간을 보내는 일이란 거의 없다고 봐야 할 것입니다. 물론 아내는 집안에서 길쌈하며 옷 지으랴 가사일 돌보며 남편 대신 집안 경제 책임지는 등 바쁘다는 차원을 넘어 힘든 일상을 보냈습니다. 아주 부잣집 아내가 아니면 보통 아내들은 노예나 다름없다고 할 정도로 말입니다. 그도 그럴 것이, 앞 장에서 말씀드렸듯이 이렇게 온종일 일하고도 자신의 집에서 남편 친구들을 위해 여는 연회, 향연에 고개도 내밀 자격이 없었으니 말이지요. 내외법이 막강했던 우리의 조선시대와 다를 바 없습니다. 아니 사실 그 이상입니다.

앞서 말씀드렸듯이, 고대 그리스에서 향연이란 뭔가 학술적이고 대단한 것이 아니라, 시민 남성의 집에서 친한 친구들끼리 이런저런 이야기하며 편하게 술을 주고받는 일종의 주연 파티입니다. 향연(심포지엄)이란 게 워낙 '함께sym' + '마시다posium'이었듯이, 플라톤의 《향연》에서도 주로 사랑(에로스)에 대한 이야기를 나누는 술자리였습니다. 당시에는 지금처럼 남자들이 모여 술 마시고 놀만 한 음식점이나 술집이 따로 있었던 것이 아닌 데다, 페르시아와의 전쟁에서 승리한 후 융성을 맞이하게 된 아테네에서는 집에서 향연을 여는 것이 유행했기 때문입니다. 그런데 플라톤의 작품에서 아가톤이 벌인 술자리 향연을 보면, 남자 노예만 등장하며 왔다 갔다 하지 여성이 등장하지 않습니다. 집에서 벌어지는 술자리조차 모두 남성들의 영역으로 구분되어 여성의 출입을 통제했기 때문입니다. 물론 고급 매춘부 헤타이라는 향연의 중요 초대 손님이었습니다. 따라서 시민 남성 집에서 열리는 향연은 물리적으로나 상징적인 의미로나 헤타이라와 아내들을 구분하는 시공간이 됩니다. 사실 아내가 살고 있는 집인데 헤타이라의 공간과 아내의 공간이 분리되는 것입니다. 물론 아내는 향연에서 어떤 일들이 벌어지는지 향연을 시중 드는 노예들한테 들어 알게 되었겠지요.

신기하게도 일반 아내와 딸들의 활동 영역을 집안의 내실, 그것도 향연이 벌어질 때는 향연에조차 참석하지 못하게 내실 안의 내실로 제한하는 원리는 우선적으로 여성들의 외모에 대한 질서와 긴밀하게 관련되어 있는 것 같습니다. 집밖 출입이 자유로웠던 헤타이라들은 얼굴이나 손뿐만 아니라 유두에는 붉은 색을, 엉덩이에는 연지와 분을 섞어서 칠하는 등 온몸에 화장을 했던 반면, 집밖 출입이 제한되어 집안 내실에서만 주로 지냈던 일반 가정집 시민 부인과 딸들은 치장이라고 해야 고작 목욕 후 향유를 바르는 정도에 그쳤으니 말입니다. 그리고 진한 화장은커녕 분과 연지라는 간단한 화장조차 일반 시민 남성 아내들에게는 금지입니다. 그렇다면 아이를 낳아주고 가정을 경영하며 시민 남성의 정치적, 군사적 활동을 하도록 뒷받침해주는 아내들의 화장을 대체 왜 비난하며 금기시한 것일까요?

앞 장에서 말씀드렸듯이 처음에 어떤 새로운 화장법이나 몸치장과 패션을 헤타이라가 하게 되면 일반 여성들도 그것을 아주 선정적인 것으로, 비도덕적인 것으로 비난합니다. 그러나 시간이 지나면 신기하게도 처음에는 일반 여성들 중 소수의 몇 명이 그녀들의 화장법을 대담하게 따라 합니다. 이를 또 다시 몇 명이 눈 흘기면서 은근히 따라하고, 그러다 보면 헤타이라의 화장과 패션 스타일은 어느새 여성이라면 누구나 따라하는 유행이 됩니다. 거의 수순이지요. 고대 그리스에서도 그랬습니다. 헤타이라들을 따라 일반 가정의 정숙한 몇몇 여성들도 화장하고 향수를 뿌리기 시작했습니다. 그렇다고 헤타이라처럼 아이새도우와 아이라인 등의 색조 화장이나 유두며 엉덩이 등의 화려하고 뇌쇄적인 몸치장까지 따라 한 것은 아닙니다. 단지 분과 연지, 오늘날로 치면 파운데이션과 볼연지, 립스틱을 따라 한 것입니다. 그러자 여기저기 도덕가들이 발끈하신 겁니다. 여성들의 사치가 국가로 하여금 전쟁을 불러 일으킨다고 말입니다. 그런데 이런 폭풍우 같은 비난을 뚫고 여성들은 조금씩 화장을 해나갑니다. 이런 상황에서 아테네 한 여인의 화장과 연루된 간통 스캔들 이야기를 해볼까 합니다. 현재 남아 있는 기록에서 고발 사건의 주인공이야 물론 남자입니다. 그런데 이 이야기에는 흥미롭게도 당시의 타자, 그러니까 권력에서 소외된 타자였지만 사건의 또 다른 주인공이었던 여성이 등장합니다. 바로 남자의 아내, 테마레테입니다.

아테네 한 여인의 간통 스캔들

미국 타임지와 라이프지에서 출발한 타임라이프북스에서 출간한 《기원전 525~322년 고전 아테네 민주주의 사회의 삶What Life Was Like : At the Dawn of Democracy : Classical Athens 525-322 BC》(1997)에는 고대 그리스 여인의 아주 흥미로운 간통사건 재판 기록에 대한 이야기가 나옵니다. 이 책에는 에우펠레토스라는 시민 남성의 재판에 대한 역사적인 기록을 토대로 당시의 사건과 그에 따른 소송의 전말이 재구성되어 소개되어 있습니다. 오늘날 우리의 통념과는 달리 당시엔 소크라테스, 아리스토텔레스가 헤타이라를 만나러 간 사실보다 이 평범한 가정집 여인의 간통 사건이 오히려 더 사람들의 관심을 끄는 스캔들이었습니다. 이야기 좀 들어보실까요?

아테네 시민 에우펠레토스란 사내는 어느 날 한 노파로부터 아내의 간통 사실을 전해 듣게 되었습니다. 그는 집안의 하녀를 다그쳐 아내의 애인이 올 날을 알아내고 그날을 디데이로 잡아 두었습니다. 그리고 그날이 오자 그는 보통 때처럼 지방에서 올라오는 길에 친구를 만나 집으로 초대해 함께 식사를 하고, 친구가 떠나자 자신의 방으로 들어와 잠자리에 드는 척했습니다. 물론 잠을 자지 않고 하녀의 연락을 기다렸습니다. 아내의 침입자가 들어와 있음을 알려주는 연락 말이지요. 드디어 하녀의 알림장을 받고, 그는 조용하게 밖으로 나가 현장을 목격할 이웃집 목격자들과 횃불을 확보하며 만반의 준비를 하고 자신의 집으로 돌아왔습니다. 그리고 곧장 아내의 방으로 출격해 두 남녀를 마주했습니다. 자신의 아내 테마레테와 낯선 젊은 남자 에라토스테네스를.

272

에우펠레토스는 곧바로 벌거벗은 간통남 에라토스테네스를 바닥에 때려눕혔습니다. 그는 잘못했으니 목숨만은 살려 달라는 에라토스테네스의 말은 아랑곳하지 않은 채 칼을 휘둘렀습니다. 내가 죽이는 것이 아니라 나라의 법에 따라 처벌하는 것이라고 말하면서 말입니다. 당시 가장은 오이코스(가정)를 지키기 위해 자신의 집에서 간통을 하다 현장에서 발각된 경우 그 침입자를 죽일 권리가 있었습니다.

사실 기원전 5세기경 고대 그리스에서 남성들에게 가정 경영은 국가의 경영만큼 중요했습니다. 가정을 오이코스라고 하는데, 오이코스를 지키는 것은 단순히 한 시민 남성의 개인적인 명예나 이익을 넘어 국가를 위한 신성한 의무였기 때문이지요. 페리클레스는 아테네 인구가 증가하자 아테네인 부모에게서 태어나야만 아테네인이 될 수 있게끔 법 규정을 개정했습니다. 물론 이러한 아테네의 법제도는 국가의 인구 구성을 통제하면서 오이코스의 순수한 적자혈통을 보전하는 역할을 수행했습니다. 덕분에 아테네 남성들은 오이코스를 선대에서 물려받고 후대에게 이어주는 것으로 생각했고, 가정의 가장은 남성으로서, 그의 특권은 법과 관습으로 보호되었습니다. 예를 들어 토지는 오직 남자들만이 소유할 수 있었으며, 가장이 사망하면 미망인은 반드시 아들이나 다른 남자 후견인들에게 그 재산의 보호를 맡겨야 했습니다.

한편 이런 아테네 순혈주의 문화 덕분에 오이코스의 핵심은 바로 아내들의 정숙을 지키게 하는 일이기도 했습니다. 아테네에서는 그리스인이 아닌, 오직 아테네인 아내만이 남편과 가정의 후대를 위해 아들을 출산할 수 있었으니, 남편은 물론이거니와 아내가 아테네인이 아닐 경우 아테네 시민권이 부여되지 않았기 때문이지요. 이렇게 순수한 아테네인 혈통을 지키기 위해 집에서 아내, 딸, 하녀들의 방은 보통 거리와 외부로부터 차단된 2층에 위치했습니다. 남편의 방은 물론 1층으로 내외가 분명하게 구분되는 집안 구조입니다. 조선시대 사랑채, 안채 나뉘듯 말입니다. 남자들은 이런 식으로 여자들을 격리해 처녀들의 순결을 보호하고 아내의 정절을 지키려 했고, 그럼으로써 자신들의 적자 후손을 볼 수 있다고 생각했던 것입니다. 결국 아내들은 집밖 외부 출입이 거의 통제되다시피 했습니다. 집안에서 향연이 벌어져도 안주인은 참석할 수도 없었고 고개도 못 내밀었으니 말입니다.

시장 가는 일도 아내가 아닌 노예 하녀가 도맡았고, 아내는 가끔씩 친척들이나 이웃에 사는 여자들을 방문할 때만 겨우 집을 벗어날 수 있었습니다. 혹은 기껏해야 부모님, 시부모님 장례식에 참석한다던가 정도로 외출이 제한되었습니다. 남편들은 가정의 중요성을 인식하지만, 남자들의 활동무대는 기본적으로 집안이 아니었습니다. 시민 남성들은 운동경기장이나 집밖에서 정치나 군사에 몰두하는 것이 남자의 삶이라 여겨 한낮에는 도통 집안에 머무르려 하지 않았으니 말입니다. 따라서 어린 나이에 시집와서 제대로 교육도 받지 못한 채 이렇게 집안에서 고립된 생활을 해야 했던 여성들은 불만이 많았다고 합니다. 게다가 남편들의 쾌락을 위해서는 헤타이라나 매춘부들도 있었고, 남성 동성애가 이상적인 사랑으로 여겨졌던 시기였던 만큼 남성 동성애 연인이나 남창도 있었습니다. 사정이 이러니 아내들은 아이 낳는 일 외에 한 여자로서는 남편에게 완벽하게 외면당했던 셈이지요. 단지 아이를 낳고 베틀을 짜고 노예와 함께 집안 일을 하고 가정 경영을 하는 역할 외에 그녀들의 자리는 없었습니다. 그래서 그녀들은 술에 의지하거나 심한 잔소리꾼이 되었으며, 심지어 애인을 만들기도 했다고 합니다.

립스틱 짙게 바르고 : 여자, 남자를 매혹시키다

이렇게 외출이 통제되는 내실 생활 속에서 이야기의 주인공 에우펠레토스의 아내 테마레테는 어떻게 바람을 피울 수 있었던 것일까요? 당시에도 카사노바는 있기 마련이어서, 에라스테네스라는 젊은 이가 시어머니 장례식에 온 테마레테를 보고 그녀의 매력에 빠져 테마레테 유혹 프로젝트를 펼칩니다. 사실 그는 자신의 성적 모험을 위해서는 작은 위험 정도야 기꺼이 감수하는 편이었던 데다, 작전상 오히려 유별나게 정숙해 남편에게 의심받지 않는 아내를 유혹하는 쪽을 택하는 편이었습니다. 그는 이미 그런 카사노바 전력이 몇 차례 있었던 화려한 경력의 소유자였습니다.

어쨌거나 그는 테마레테의 하녀가 날마다 시장에 간다는 사실을 알아낸 후 하녀를 통해 테마레테에게 꽃 같은 러브레터를 보내는 데 성공했습니다. 원래 당시 은밀한 사랑의 교환이 이루어질 수 있도록 모든 준비를 책임지는 뚜쟁이 역할은 전적으로 아내들의 하녀나 몸종(노예)이 도맡는 게 관례였습니다. 이들이 연인 간의 쪽지며 선물, 과일이나 꽃다발, 사과 등을 주고받는 사랑의 메신저 역할을 했다고 합니다. 다행히 테마레테도 오케이 했습니다.

한편 남편 에우펠레토스는 아내가 아이를 낳은 후 젖을 물리고 씻기며 기르는 데 편리하게끔 아내의 방을 1층으로 옮기고 자신이 2층에서 생활했습니다. 덕분에 아내와 카사노바의 사랑은 하녀의 도움으로 남편 에우펠레토스에게 들키지 않고 잘 진행되고 있었습니다. 간혹 아내가 이른 아침 2층에 올라올 때, 그녀의 얼굴에 분과 연지, 그러니까 파우더와 볼터치, 립스틱 자국이 남아 있었지만, 남편 에우펠레토스는 별 신경 쓰지 않았습니다. 사실 당시 가정집 부녀가 이른 아침부터 그렇게 화장한 모습은 의심을 사기에 충분했는데 말입니다. 앞서 소개했듯이 일반 가정집 여성들이 화장을 하는 것은 흔하지 않은 일이었기 때문입니다.

에우펠레토스가 워낙 지방여행을 자주 했기 때문에 이들의 만남은 완벽하게 비밀이 될 것 같았습니다. 그런데 어느 날 생각지도 못한 곳에서 아뿔싸, 큰일이 났습니다. 오늘날처럼 신속하게 남의 것을 훔쳐보고 발 빠르게 실어 나르는 나름대로의 소셜 네트워크가 있었나 봅니다. 분명 낯선 남자는 밤을 이용해 테마레테의 방을 드나들었는데, 이들의 만남이 간통남 에라스토테네스가 이전에 만났던 여자 귀에 들어갔던 것입니다. 아마도 탈이 난 진원지는 테마레테의 하녀가 물을 길러 다녔던 공동우물에서였을지도 모르겠습니다. 당시 아테네에서 노예나 하류층 여인들에게 공동우물은 항아리에 물을 길으면서 다른 여성들과 만나 이야기를 나누는 일종의 사교 장소였기 때문입니다. 하녀들은 시민의 아내보다 오히려 집밖을 자유롭게 오갈 수 있는 위치인 만큼, 공동우물은 정보네트워크 플랫폼 역할을 톡톡히 했던 것이지요.

분명 공동우물 같은 네트워크 공간 어디에선가 흘러 다녔을 두

276

우물은 노예들이 정보를 주고받던 공간이었습니다. 노예들이 입은 이 키톤은 색상이나 치마의 폭, 소매의 형태로 볼 때 흔히 알려진 기원전 5세기 키톤이 아닌, 폭이 좁은 기원전 6세기 키톤입니다.

남녀 사이의 이야기를 에라스토테네스가 이전에 만났던 여인이 전해 듣자 문제가 커지기 시작했습니다. 그래봤자 과거인데 그녀는 과거 자신의 연인이었던 에라스토테네스에 대한 집착과 질투심에 사로잡혀 곧장 테마레테 남편 에우펠레토스에게 그들의 불륜을 고자질하기로 마음먹었습니다. 질투심에 눈이 먼 그녀는 한 노파를 시켜 테마레테의 남편 에우펠레토스에게 이 충격적인 소식을 제대로 전했습니다. 남편 에우펠레토스는 이 소식을 듣고 테마레테의 몸종 노예를 외부로 불러 사실대로 이실직고하지 않으면 악명 높은 제분소 노예로 보내겠다고 협박을 했습니다. 협박 덕에 노예로부터 자기 아내의 그간 행적을 낱낱이 듣게 되었습니다. 그리고 몸종의 도움을 받아 사건현장을 잡기로 용의주도하게 작전을 짜서 동네 사람들과 함께 현장을 덮친 것입니다.

그런데 이 사건이 기록으로 남게 된 것은 의외로 남편 에우펠레토스가 간통남을 고소해서가 아닙니다. 오히려 간통남이자 살해당한 에라토스테네스의 가족이 에우펠레토스를 고소했던 사건으로 기록에 남은 것입니다. 간통남 에라토스테네스 가족의 고소에 의하면, 에우펠레토스가 고의적으로 두 남녀를 함정에 빠뜨렸다는 것입니다. 사건의 본질은 가정을 지키기 위한 자기방어가 아니라 계획적인 살인이었다는 것이지요. 그 시대에 이런 고소를 간통을 저지른 젊은이 가족이 할 수 있었고, 재판을 하고 공방이 오갔다는 사실이 놀랍습니다. 확실히 당시 시민 남성들에게 민주주의라는 제도와 자신의 권리 찾기와 같은 정신이 뼛속 깊숙이 배어 있었던 것 같습니다. 물론 이 스캔들은 아테네 황금기 인물들 속에서 잠시 아테네 시내를 뒤흔들다가 사라졌지만 말입니다.

여자, 비난을 무릅쓰고 화장하다

간통 스캔들의 아내 테마레테는 우리의 조선시대나 삼국시대처럼 죽임을 당하지는 않았습니다. 물론 그녀는 대중의 비난을 받았고, 사원을 방문하거나 종교행사에 참여하는 것이 금지되었을 것입니다. 그리고 에우펠레토스는 시민권을 잃지 않으려면 그녀와 이혼해야 했을 것이고, 결국 그녀는 친정집으로 쫓겨나는 치욕을 당했을 것입니다. 아마도 사건을 회상하고 되돌아보면서 에우펠레토스는 자신이 놓쳤던 순간들, 즉 한밤중에 수상한 문소리며, 이른 아침 일찍부터 아내의 얼굴에 남겨 있던 '화장, 분과 연지'가 머릿속에 스쳐지나갔을 것입니다. 그렇지만 〈다빈치 코드〉 로버트 랭던 교수도 아니고 명탐정 셜록 홈즈도 아닌 에우펠레토스는 이런 중요한 단서들을 고스란히 놓친 것이지요. 특히 분과 연지는 당시로선 결정적일 수 있는데 말입니다. 물론 그렇다고 화장하는 여염집 여자들이 모두 간통을 하거나 바람을 피운 것은 아니겠지만 말입니다.

네. 어쨌든 테마레테는 분과 연지를 발랐습니다. 이렇게 립스틱 짙게 바르기 시작한 것이 그녀가 에라스토테네스를 만나기 전부터였는지 후부터였는지는 알 수 없지만 말입니다. 이런 점에서 분과 연지 화장에 대해서 단속하는 그리스 시민 남성 사회의 경고들은 정확한 지점을 겨냥했던 것인지 모르겠습니다. 헤타이라의 화장과 달리 일반 여성들의 화장에 대해서는 앞서 보았듯이 플라톤도 아리스토텔레스도 한마디씩 했습니다. 분과 연지는 헤타이라들만의 전유물이라는 것입니다. 흠, 그렇다면 말입니다. 의문이 생깁니다. 아마도, 아주 아마도 말입니다. 분과 연지, 즉 여성들의 빨간 립스틱과 화장에는 확실히 남자 혹은 여자의 마음을 뒤흔드는 강한 힘이 있는 것 아닐까요? 아니면 여성 자신의 마음을 강한 자신감 — 성적 자신감이든 그 무엇이든지만에 — 으로 무장시켜 주는 힘이 있는 것 아닐까요?

고대 아테네 연지(볼터치 & 립스틱) 바른 모습

시민 남성들이 어떤 이유가 되었든 화장을 그토록 부도덕한 것으로 비난해 마지않으면서, 정작 자신들은 짙은 화장의 헤타이라들을 찾아갔던 것처럼 화장에는 뭔가 숨겨진 마법이 있는 게 틀림없는 것 같아서 말입니다. 또한 일반 여성이 화장을 해서 딱히 누구에게 피해를 끼치는 것도 아닌데 도덕적 비난을 퍼붓는 거라면, 그렇다면 거기에는 어떤 의도가 있는 거 아닐까요? 비난을 통해 막고 싶거나 숨기고 싶은 어떤 진실이 있는 것 아닌지 모르겠습니다. '가정의 아내들이여 그대들은 굳이 매혹적일 필요가 없다. 유혹적이고 매력적인 대상으로는 아름다운 남자들과 헤타이라, 값싼 매춘부 등이 충분히 있으니, 그대들은 아이 낳고 가정을 경영하는 데만 몰두하면 그만이다. 그러면 국가가 모두 편안한데, 그대들 아내들이 불필요하게 무슨 화장을 하려 하느냐' 뭐 이런 거 말입니다. 행여 화장을 했다가 다른 남자가 반하거나 딴 마음을 먹으면 어쩌나 뭐 그런 마음도 있었을 테니까요.

솔직히 말해서 화장이나 패션은 여성과 남성의 몸과 얼굴을 멋지고 아름답게 해주고 환히 빛나게 해주며, 더욱더 매혹적이게 해주는 마법 같은 것임에 틀림없습니다. 그래서 행복하게 해주기도 하고 불행하게 해주기도 합니다. 물론 매혹적이려는 자, 매혹당하는 자 모두 말입니다. 그렇다고 화장 자체가 본질적으로 매혹적이라거나 화장하며 외모를 꾸미는 것은 여성들만의 본능 혹은 본성이라거나 그런 이야기는 아닙니다. 화장은 역사적으로 문화적으로 그런 매혹의 기호가 된 것이지, 역사와 무관하게 본질적으로 매혹적이라는 것이 아니라는 이야기입니다. 오히려 화장하고 치장하며 외모를 가꾸려 하는 인간의 태도나 의지가 매혹적일 수 있는 것이며, 요즘은 물론 과거에도 남자들도 화장을 했으니 그런 의지나 태도는 여성만의 본능은 아니지요. 소크라테스의 데이트룩에서 보았듯이, 각자 방식은 다르지만 여성과 남성 모두 자신의 외모를 잘 꾸미고 싶어 하는 순간들이 있고 또 실제로 그렇게 했으니까요. 그것이 인간의 인간다움이나 인본주의를 만들어낸 한 축일 테니까요. 결과적으로 화장은 여성과 남성 모두, 더 나아가 인간의 섹슈얼리티를 강하게 어필하는 힘과 유혹의 마력을 지닌, 그런 코드가 된 것은 틀림없는 것 같습니다.

어쨌든 헤타이라들은 그녀들만의 특유한 생존 비법과 감각으로 남자들의 취향에 맞추어 더욱더 진한 화장을 하고 몸치장을 한 것일 테고, 그러한 시장을 드나들던 남자들은 헤타이라의 진한 화장과 치장에서 풍겨 나오는 여성적 매력에서 빠져나오지 못했으니 말입니다. 그리고 마지막으로 일반 가정집 여인들도 이 사실을 너무나 잘 알고 있었기 때문에 테마레테도 이러한 유혹의 코드를 갖고 싶었던 것이겠지요. 향연이 열리는 날 아내들은 비록 자신은 향연에 참석할 수 없지만, 남편의 손님들과 함께 요란하게 차려입고 진한 화장품 향기를 풍기는 헤타이라가 집안에 들어오는 것을 문틈으로나 집안 어디에선가 보았을 것입니다. 그리고 향연을 시중 드는 노예들로부터 향연에서 남편과 남자들이 헤타이라와 어떻게 잔치를 즐겼는지 낱낱이 들어 잘 알고 있었을 것입니다. 헤타이라의 화장과 패션 스타일들이 어떠했는가에 대해서도 말입니다. 남편과 남자들의 몸과 마음을 빼앗은 패셔니스타에 대한 질투와 시샘과 소외감을 함께 느끼면서 말이지요.

다시 테마레테 이야기를 해보겠습니다. 에우펠레토스에게나 테마레테, 그리고 간통남 에라스토테네스 모두에게 안타까운 일입니다.

글쎄요. 바람이 먼저인지 화장이 먼저인지는 알 수 없습니다. 그리고 바람과 화장이 언제나 인과관계가 있는 것도 아닙니다. 그런데 둘은 확실히 어떤 연결고리가 있기는 한 것 같습니다. 화장 자체가 민낯보다 더 여성적 매력을 지닌다는 고정된 법칙이 있는 것은 아니지만, 역사적으로나 문화적으로 그렇게 코드화되어 왔으니 말입니다.

플라톤은 일상에서 필요한 최소한의 의복 외에 여자들을 아름답게 하는 화장이나 장식은 사치라고 여겼습니다. 그러나 앞서 보았듯이 기원전 5세기 전후 소크라테스와 플라톤이 살아있던 시절 일반 가정집 여자들은 문밖출입이 자유롭지 않았고, 화장이나 몸치장은 흔하지 않았습니다.

사실 페르시아 전쟁 승리 이후 아테네는 막강한 해군력을 바탕으로 에게 해의 평화 수호자라는 명분 아래 전 그리스군의 질서를 주도해갈 수 있었습니다. 그리고 이러한 힘을 바탕으로 아테네는 델로스 동맹의 맹주로서 다른 도시국가 이상의 번영을 누렸습니다. 비록 로마와 같은 수준까지 이르지는 못했지만, 해상강국으로 발돋움한 아테네는 일개 도시국가의 수준을 넘어, 동북쪽으로 흑해 주변과 지중해 북부, 그리고 지중해 서쪽 스페인 지역에 이르기까지 곳곳에 식민지를 건설하고 무역을 확대했습니다. 국내적으로도 파르테논을 비롯한 신전과 공공광장이 세워지며 아테네는 문화적인 융성기를 누렸습니다. 극장에서는 위대한 드라마와 포복절도할 희극이 상영되었고, 철학자들은 제자들과 함께 세계의 근본적인 문제들에 관해 숙고했습니다. 또한 보통 제사 후 벌어지는 잔치 외에도 사치스러운 향연, 즉 심포지엄이 성행하게 되었습니다. 플라톤이 《향연》에서 다룬 소크라테스, 아가톤의 향연 자리도 바로 이런 아테네 제국의 풍요 덕분에 가능해진 사치풍속, 즉 시대적 사치 흐름의 하나입니다. 기존의 부유한 토지귀족과 더불어 상인과 성공한 장인들도 이제는 이러한 이벤트를 열만큼 충분한 재산을 축적하게 된 것이지요. 그리스의 채소 위주의 소박한 식탁에 페르시아의 영향을 받아 사치스런 요리로 알려졌던 참치가 등장한 것처럼, 아테네의 급증한 번영과 부는 가정 내 여성들에게도 퍼졌습니다. 아마도 이 시기 일반 시민 남성의 딸과 아내들도 이러한 번영의 혜택으로, 화려하진 않지만 분과 연지 화장을 조금씩 시작하게 된 것 같습니다.

그러나 조상이나 유력자로부터 큰 재산을 물려받거나 출생 신분이 고귀하고 평판이 높은 자들의 소위 낭비적인 사치라 할 만한 생활방식은 알렉산더 대왕 이후에야 등장합니다. 그러니까 요리와 화장, 패션이 본격적으로 화려해지거나 사치스러워지기 시작한 것은 알렉산더 대왕의 정복 전쟁 결과 페르시아와 마케도니아 문화가 융합된 헬레니즘 시대(기원전 334~기원전 30) 후기라고 할 수 있습니다. 플라톤 시절로부터 말하자면, 이건 한참 후의 일이지요, 그렇다면 플라톤 시기 정작 화려하거나 사치스럽다고 할 만한 옷차림을 한 여성들은 주로 헤타이라들의 패션뿐입니다. 그러나 그리스 사회가 그랬듯이 플라톤은 이들 헤타이라들의 화려한 패션에 대해서는 정작 당연하게 생각했던 것 같습니다. 플라톤이 문제 삼은 것은 일반 가정의 아내들이나 딸들이 헤타이라들을 조금씩 따라했던 화장이나 액세서리와 같은 것이니 말입니다.

화장, 금기의 정치학과 저항

역사적으로 화장이 금기시되었었다는 사실이 최근 연구에서 밝혀지고 있습니다. 다큐멘터리 프로그램에서도 화장의 금기를 다루면서 흥미롭게 과거 각 나라의 화장 풍습을 다루기도 합니다. 그러나 무엇을 위해 도대체 왜, 누가, 누구의 화장을 금기시했는지에 대해서는 아직 주목할 만한 연구결과가 없습니다. 그래서 화장의 금기를 다루면서도 정작 그 이유에 대해서는 다루고 있지 않습니다. 금기를 다루었다면 그 금기가 시작된 이유도 다루어야 하는데 말입니다. 그게 틀리든 맞든 추정을 해보아야 하는데, 그냥 금기였다는 사실만 다루어 마치 화장이 무슨 신비한 것인 양 남겨두게 됩니다. 우리가 지금껏 보아 온 고대 그리스 시대에도 일반 여성들의 화장은 금기시되었습니다. 대체 왜 누가 무슨 이유로 화장을 금기시했을까요?

만일 패션이나 화장과 같은 취향의 영역이 단순히 개인적인 것이라면, 여성의 화장에 대해서 부도덕하다거나 진실하지 못하거나 혹은 국가를 전쟁에 이르게 한다거나 등등으로 왈가왈부할 필요가 없을 겁니다. 그런데 뭔가 누군가 왈가왈부했다면, 그것도 지배세력이 국가를 걸고 화장은 사치요, 진실하지 못한 것이라며 비판하며 금지하려 했다면, 거기 어디에선가 정치적 개입이 시작되고 있는 것입니다. 대체 누가, 왜 이런 규정 혹은 기준을 정한 것일까요?

그런 기준은 대체로 도덕의 이름을 띠고 있지만, 사실은 그런 기준을 정하려는 힘은 지배세력의 권력욕에서 나오는 경우가 대부분입니다. 따라서 누구의 화장이 너무 진하다거나, 매춘부 같다거나,

심지어 누구는 화장을 해서는 안 된다고 등 비난을 한다면, 화장은 우리가 알고 있듯이 개인적인 취향과 자유의 문제가 아니게 됩니다. 그렇다면, 화장은 단지 개인적인 영역 이전에 먼저 정치적인 지배의 영역에 속하는 것, 개인적인 취향과 자유의 영역 이전에 중요한 정치적 지배영역에 속하는 것이라고 할 수 있습니다. 즉 화장은 지배세력의 필요에 따라 여성의 외모와 섹슈얼리티를 질서 지우고자 하는 정치적 금기의 수사학에 속하는 것이라는 말이지요.

한편 테마레테의 경우에서 보듯 시민 남성들의 아내이자 지배세력의 타자인 여성들은 화장에 대한 금기를 무릅쓰고 화장을 통해 여성스러운 성적 매력을 지니고 싶어 한 것 같습니다. 그리고 화려하고 대담한 화장과 패션으로 무장한 고급 매춘부 헤타이라나 남성 동성애 애인들, 남창들에게 사방팔방으로 남편의 사랑을 빼앗기는 상황에서 아내들의 이런 욕망은 어찌보면 너무나 당연한 거겠지요. 물론 화장 자체가 그 본성상 여성적인 것은 아닙니다. 그러나 적어도 화장이 여성적이라는 기호를 안고 있는 것은 분명하지요. 어쨌든 헤타이라가 아닌 여성의 화장은 사치라고 폭풍 같은 비난을 받으면서도 여성들이 서서히 화장을 해 나갔다면, 그것은 그리스 가정집 여성들이 단순히 자신의 아름다움에 눈을 뜨는 차원이 아니라 사실은 여성들이 자신들의 욕망과 쾌락에 눈을 뜨는 과정이라 할 수 있을 겁니다. 특히 이것은 시민 남성 사회가 만들어 놓은 (7장에서 소개한) 다음과 같은 지배질서를 위반하는 것으로서 말입니다.

"헤타이라는 우리들의 쾌락을 위해, 첩은 우리들의 육체적 보전을 위해 봉사한다……. 그러나 아내는 법률상의 대를 이을 자손을 낳고 가정을 충실하게 지키는 여자이다."

대중 연설가의 이 구절은 시민 남성이라면 누구나 동의하고 있는 고대 그리스의 여성 정책, 여성들의 섹슈얼리티 질서입니다. 그리고 정확히 이러한 여성들의 섹슈얼리티 분류는 곧 여성들에 대한 정치적 질서이고, 그러한 질서에 따라 여성 외모의 질서도 분류되고 배치됩니다. 다음과 같이 말이지요. 치장하고 다듬어야 할 여성들과 그런 것은 하지 말고 아이 낳고 가계를 지키며 가정 경영을 하는 여성들로 말입니다. 즉 여성들의 외모와 패션이 시민 남성들의 성적 욕구와 후대 생산 필요에 따라 국가의 정치적 목적에 맞게 질서 있게 배치된 셈입니다.

이러한 여성 외모의 정치적 배치를 보면 고대 그리스 철학과 문화가 정신이나 이데아, 이성 등의 잣대로 진지한 인본주의를 설파한 것으로 알려져 있으나, 아무래도 실제 현실은 이것들만이 다는 아닌 것 같습니다. 이런 외적인 여성외모의 분류 방식도 시민 남성을 중심으로 발전한 그리스 인본주의의 단면인 것 같으니 말입니다. 어쨌든 전자의 여성들에게는 성적 파트너로서 과감한 노출과 화려하고 스펙터클한 화장과 패션을 허락하면서 시민 남성들의 대외행사와 연회를 함께하고, 후자의 여성들은 사회가 규정한 아내 본연의 임무, 즉 아이 낳고 집안 일을 하기만 하면 되므로 화장 따위란 허락되지 않았습니다. 그리고 이러한 정책에 반발이 있을 법한 후자의 여성들을 설득하고 강요하기 위해 화장은 진실하지 못하고 도덕적이지 못한 것이며, 사치요 겉치레라는 수사학과 지배담론을 형성한 것 같습니다. 도덕이라는 이름으로 가장한 사회적 금기, 사실상 시민 남성들의 정치적 지배질서를 위한 권력과 섹슈얼리티의 견고한 성곽으로서 지배담론 말입니다.

만일 화장과 패션이 정말이지 단순한 겉치레에 불과하다면, 권력은 그렇게 명명백백한 것을 비난하느라 애쓰지 않았을 것입니다. 그리고 화려하고 진실하지 못한 헤타이라의 화장과 패션을 찾아가지도 않았을 것입니다. 헤타이라는 또 그렇게까지 자신들의 손님인 시민 남성들의 입맛에 맞춰 온갖 치장을 하지도 않았을 것입니다. 그녀들은 바보가 아니니 말입니다. 그녀들은 당시 유일한 비즈니스 여성들로서 자신들의 생존이 달려 있는 문제에 아무런 생각이나 의도 없이 화장하고 몸치장을 한 것이 아니니까요. 그녀들은 손님이 무엇을 원하는지, 자신들의 고객 취향이 무엇인지 정확하게 파악하고 그쪽을 파고들었을 겁니다.

화장이나 패션이 인류가 추구해온 인간다운 삶의 역사에 하나의 역할을 했을 거라는 가정은 바로 이 때문입니다. 스파르타는 국가의 끊임없는 확대와 그에 따른 군국주의의 극단적 실용주의 정책으로 인해 그 외 다른 어떤 인간적인 문화도 남기지 않았습니다. 반면 생존이나 노동으로부터 벗어나 꾸밈과 과잉과 잉여로서 아름다움이나 멋, 헤타이라, 향연 등의 다양한 감각과 감성적 삶과 문화를 지니고 있었던 아테네는 바로 그러한 감성과 감각으로 인해 풍요로운 철학과 예술 등의 다양한 문화를 남겼습니다. 결국 그러한 감각적 문화가 다른 이성적인 문화와 함께 그리스 인본주의를 형성하고 발전시킬 수 있었던 원동력 아니었을까요? 오늘날의 인간다운 사회로 발전해올 수 있는 원동력 말입니다. 비록 당시 사회를 지배했던 시민 남성들의 필요에 따른 남성들만의 인간다움이라는 한계를 안고 있기는 하지만 말입니다.

정치라는 것이 서로 다른 집단들의 이익을 배분하고 질서 지우는 일이니만큼, 서로의 요구와 필요를 공동체 모두에게 가능한 한 공정하게 혹은 평등하게 분배하는 것이 민주정치라고 할 수 있을 것입니다. 그러나 시민 남성 계급만이 특권적인 민주주의를 누리는 고대 그리스 사회에서라면, 문제가 달라집니다. 여성들의 단순한 필요와 욕망조차 지배세력의 정치 행위에는 명백한 방해물입니다. 한마디로 시민 남성들의 공공의 적이지요. 그래서 여기저기서 여성들의 화장에 대한 비난을 하지 않을 수 없었던 것입니다. 반면 여성 입장에서 보면, 이것은 아주 작디작은 소망이자 개인의 작은 자유와 쾌락의 영역입니다. 그런데 이 작은 소망이 시민계급의 규제 행위와 비판의 수사학에 대한 위반이 되는 것입니다.

지배자로서 시민 남성의 입장에서 볼 때 이 작은 위반은 그야말로 눈에 가시였을 겁니다. 이 작은 규칙 위반이 다양한 남성적 섹슈얼리티의 질서를, 더 나아가 지배세력이 원하는 국가적 질서를 무너트릴 수 있으니 말입니다. 그것은 분명 나비효과처럼 그동안 시민 남성들이 누려왔던 그들만의 자유와 민주주의의 존립을 뒤흔들지도 모릅니다. 여성의 화장, 고작 그 화장 하나가 말입니다. 왜냐하면 사실 화장은 한낱 겉치레가 아니라, 바로 여성들 자신의 외적인 신체와 쾌락을 통해 시민 남성들의 권력과 섹슈얼리티, 그리고 쾌락의 독점에 대한 불만을 표출하는 저항신호이기 때문입니다. 정말로 시민 남성들이 화장이나 패션을 단순한 겉꾸미기라고 생각했는지, 의도적으로 비하하려고 했는지는 알 수 없지만, 어느 쪽이든 화장에 대한 금기의 수사학들은 분명히 정치적 통제였음에 틀림없습니다. 시민 남성들로서는 아테네 국가의 영토 확장과 자신들이 누려왔던 권력과 특권을 위해서는 여성들의 화장과 패션이 가져올 나비효과를 차단해야하는 것이 분명합니다.

평범한 여성의 화장에는 이렇듯 시민 남성들의 정치적 지배질서, 즉 권력과 섹슈얼리티를 한꺼번에 독점하면서 지배가 가능한 패션과 외모의 질서가 숨어 있습니다. 거기에는 그 지배질서에 대한 위반과 저항 역시 숨겨져 있으므로 화장은 단순한 겉치레나 하찮은 문제가 아닌 것 같습니다. 외모를 꾸며주는 화장은 겉을 꾸미는 속임수가 아니라 오히려 패션정치의 금기와 저항이 살아있는 정치 투쟁의 생생한 현장이니 말입니다.

소크라테스와 플라톤에 대한 타자들의 시각

시민 남성들은 이렇게 화장을 국가의 이름으로 또는 도덕의 이름으로 비난하면서도 평범한 여성들의 소박한 화장이 아닌 헤타이라의 화려하고 짙은 색조 화장을 찾아가고, 그녀들의 외적 매력에 빠졌습니다. 이게 다 캐서린 하킴Catherine Hakim의 《매력자본》에서 말하는, 헤타이라들의 소위 매력자본 덕분 아닐까요? 만일 다른 매력자본을 다 갖추었다 하더라도 그 헤타이라들이 외모나 패션이 뛰어나지 않았거나, 혹은 화장을 전혀 하지 않았다면 그래도 그녀들을 찾아갔을까요? 비싼 돈 들고 코린트 시까지 가서? 과연 아리스토텔레스나 다른 철학자들, 정치가들, 예술가들은 그런 수고를 했을까요?

당연히 그렇지는 않았겠지요.

앤서니 기든스와 캐서린 하킴은 남성들이 여성을 나쁜 여자와 좋은 여자로 나누어 지배했다고 합니다. 화려하게 치장한 매춘부나 문란한 여성, 그리고 화려함과 거리가 먼 정숙한 여성, 이렇게 말입니다. 그리고 전자를 비난하면서 여성들이 정숙한 여성이 될 수 있도록 길들였다고 합니다. 일면 맞습니다. 그러나 좀 더 덧붙일 것이 있습니다. 고대 그리스 지배세력이었던 시민 남성들의 속내를 보면 헤타이라의 화장과 패션을 싫어하거나 나쁘다고 생각하기는커녕 오히려 선호했습니다. 남성들의 욕망을 충족시켜주는 그녀들의 존재와 그녀들의 화장과 패션은 지배세력들에게 더할 나위 없는 선善이었기 때문입니다. 국가를 위해 목숨을 바치는, 국가의 주인으로서 시민 남성들을 위해 만든 선한 제도 말입니다.

패션 기호로 분석해보면, 헤타이라의 화려하고 진한 화장과 패션은 곧 시민 남성 지배권력의 취향이자 선택입니다. 즉 시민 남성들은 자신들이 독점적으로 누리던 갑옷이나 히마티온 비즈니스룩처럼 과시적인 패션이거나 나체 패션처럼 직접적인 성적과시와 유혹을 드러내는 헤타이라의 화려하고 스펙타클한 패션과 화장을 선호했다고 할 수 있습니다. 때문에 헤타이라와 시민 남성 사이에는 과시와 성적 유혹의 드레스 코드가 일치하고 있습니다. 반면 아내들의 키톤이나 옅은 화장은 앞서 언급했듯이, 성적 수치설에 근거한 정숙함의 코드였습니다. 그것은 곧 아이 낳고 집안 일하는 드레스코드일 뿐이지요. 남성들의 대외활동이나 성적 취향에 도통 맞지 않습니다. 예를 들어 당시 도자기 속 향연 그림들을 보면, 대체로 남성들은 웃통을 벗어 거의 벗다시피 있는 경우가 많습니다. 헤타이라는 그 앞에서 춤을 추거나 마사지를 해주거나 혹은 함께 술을 마시며 대화를 나누면서 그에 걸맞게 시스루나 상반신을 노출하고 있습니다.

그러나 통치자의 입장에서 모든 여성들이 이렇게 화려한 성적 유혹 화장과 패션을 하면, 그녀들의 성적 자율성이 가져오는 파장도 문제이거니와 아이는 누가 낳아 키우며, 집안은 누가 경영하고, 또 나라는 누가 구하고 소는 누가 키웁니까? 모두가 화려한 화장을 하면 얌전히 자신을 이어 가정을 경영하며 아이를 낳고 길러줄 여자가 없어질 테니, 화장은 나쁜 것이다. 사치다 등등의 수사학을 내세운 것이지요. 어차피 아내들에게 헤타이라와 같은 옷차림은 하기 어려우므로, 유난히 화장에 대해 더 집중단속을 했던 것입니다. 더구나 시민 남성에게 있어 아내들이란 시민 남성들의 국가와 이를 위한 이상적 남성상이라는 목적을 이루기 위한 수단이자 정치적 대상에 불과했지 그들의 요구나 욕망을 챙겨줘야 할 시민 혹은 인간은 아니었으니 말입니다.

특히나 화장과 꽃단장은 확실히 누군가를 매혹하는 힘을 지닌 것이기에, 남편들은 부인이 화장하는 것을 못마땅해 했습니다. 혹시라도 자기 아내가 꽃단장하고 다른 남자를 만나 자신의 혈통에 다른 피가 섞이지 않을까 우려하는 마음도 분명 있었겠지요. 아주 만일의 경우의 일일지라도 말입니다. 그런데 정말이지 아테네 여성들에게 드물지만 이 '만일'이 생겼고 들통까지 났던 것입니다. 앞서 보았던 고대 그리스 아테네 여인 테마레테의 경우처럼 말입니다. 이러한 사태는 시민 남성들이 볼 때, 한 남자의 오이코스에 대한 혼란을 일으킬 뿐 아니라, 무수한 오이코스들을 기반으로 하는 전쟁국가 아테네의 질서와 세계를 어지럽게 하는 것입니다. 그렇기에 패션과 화장은 정의롭지 못한 것이 됩니다. 헤타이라의 화려한 패션과 화장이 아니라 일반 가정집 아내들의 수수한 분과 연지 화장이 말입니다. 그래서 그들이 볼 때 화장은 그야말로 국가의 필수품을 넘어도 한참 넘어서는 사치요, 부도덕하고 진실하지 못한 행위라며 금기시하려 한 것입니다. 그런데 아내들도 바로 그 코드, 즉 화장이 섹시하고 남성에게 유혹적이라는 사실 정도는 당연히 알고 있었던 것 같습니다. 이 코드를 숨기려는 온갖 도덕적 수사학에도 불구하고 말입니다.

콜럼버스는 신대륙을 발견한 서양 문명의 영웅으로 알려져 왔습니다. 20세기에 와서야 콜럼버스가 신대륙에서 원주민에게 폭력과 살육을 자행했다는 사실이 널리 알려졌습니다. 그것은 서구가 중심이 되지 않는, 중남미인들과 같이 이전의 서구의 타자였던 대륙의 시각과 세계관을 인정하지 않고서는 불가능한 자료 공개였을 것입니다. 서구 중심의 역사관과 세계관이 전 세계적으로 지배해 왔기에 서구가 자행한 식민지에서의 잔혹한 만행들에 대해 함구하던 자세에서 뒤늦게야 반성적인 태도를 보인 것 같습니다. 이렇듯 지배자가 피지배자나 타자의 관점을 인정하거나 수용하는 것은 그리 쉬운 일이 아닌 듯합니다.

그러나 2500년이나 지난 소크라테스와 플라톤의 철학도 이제는 다양한 시각에서, 특히 당시 타자들 시각에서도 서술되고 소개되어야 하지 않을까요? 화장하고 몸치장하며 자신들의 섹슈얼리티를 찾고 싶어 했던 타자들의 시각에서도 말입니다. 그래서 역사적으로나 패션 연구에서나 타자들이 생존했던 공간이 확보되어야 하지 않을까요? 그럼으로써 고대 그리스 여성들의 경험과 삶의 공간뿐만 아니라, 오늘날 외양을 꾸미는 남녀 모두의 경험과 삶의 공간, 그 인간적인 의미도 긍정적으로 확보될 수 있도록 말입니다.

플라톤의 《국가》

플라톤이 어떻게 패션에 대해 이야기하는지 플라톤의 대화편을 잠깐 보실까요? 《국가》에서, 플라톤은 참된 국가인 건강한 국가에서 시민들의 삶을 다음과 같이 묘사합니다.

"시민들은 곡식과 포도주를 생산하고, 의복과 신발을 만들며 살아갑니다. 그들은 손수 집을 짓고, 여름에는 대개 옷을 입지 않고 맨발로 일하고, 겨울에는 옷을 충분히 입고 신을 신고 일합니다. 그들은 밀가루와 보릿가루를 반죽하거나 구워서 고운 보리 개떡이나 밀가루 빵을 만들어 갈댓잎이나 깨끗한 나뭇잎을 받쳐 내놓을 것입니다. 그들은 거적에 덩굴과 도금양 잎사귀를 펴고는 기대 앉아 자신들도 자식들도 식사를 할 것입니다. 그러고 나서 그들은 식후에 포도주를 마실 것이며, 머리에 화관을 쓰고 신들을 찬미하여 행복하게 더불어 살아갈 것입니다. 그들은 또한 가난과 전쟁이 두려워서 자식을 부양할 수 있을 만큼만 낳을 것입니다."

참된 국가에 이어서 플라톤은 사치스러운 국가에 대해서도 이야기합니다. 사치스러운 국가도 함께 고찰해야 정의와 불의가 국가에 어떻게 뿌리내리는지 알 수 있다고 말하면서 말이지요. 앞서 말한 참된 국가의 시민들과 달리 사치스러운 국가에서의 삶은 다음과 같습니다.

"어떤 사람들은 이러한 생활수준에 만족하지 못하고, 그에 더하여 침상과 식탁과 그 밖에 다른 가구와 여러 가지 부식, 그리고 향료, 향수, 창녀를 가지려 합니다. 이들은 앞서 참된 국가에서 말한 집과 의복과 신발에 한정되지 않고 더 많은 것을 원하고 요구합니다. 회화와 자수 외에 황금과 상아 같은 것들을 말입니다……. (중략)……. 이에 따라 국가의 필수품과 무관한 직업들이 필요로 하게 되는데……. 이를 테면 음악을 사용할 때 시인들과 그들의 협력자들인 음송인, 배우, 무용수, 연출가, 그리고 특히 여자들을 아름다워 보이게 만드는 데 쓰이는 각종 물건들과 보석들을 만드는 기술자들이 필요해집니다."

제 9 장

화장 없는
여자들

: 노예와 스파르타 여성들

그리스 젊은 여성 노예

앞에서 화려한 헤타이라의 화장과 일반 여성의 소박한 화장을 다루었다면, 여기서는 화장 없는 여자들 이야기를 해보려 합니다. 아테네 여성 노예들과 고대 신화 속 미녀 중의 미녀 헬레네의 나라, 스파르타 여성들 이야기입니다.

노예의 문신 스타일

앞 장에서 고대 그리스 시민 남성의 아내 테마레테의 연애사업을 도와주다가 하루아침에 다시 노예시장으로 팔려나가게 된 몸종노예를 기억하실 겁니다. 앞서 보았듯, 그 여성 노예는 주인 에우펠레토스의 협박에 여주인의 모든 것을 낱낱이 풀어놓았습니다. 에우펠레토스가 사실대로 말하지 않으면 매질을 한 후 제분소에 보내겠다고 엄포를 놓았으니 말입니다. 당시 제분소는 노예들에게 끔찍한 형벌이나 다름없는 곳으로 악명 높았습니다. 소나 말과 같은 가축처럼 채찍을 맞으며 하루 종일 허리가 휘도록 밀가루를 빻으며 가혹한 노동에 시달려야 했기 때문에 아테네의 노예들이 가장 기피했던 곳이지요. 제분소에 비하면 하녀로 지내는 삶은 편하다고 할 수 있을 정도니까요. 이렇게 조건이 열악하다보니 사실대로 말하지 않으면 제분소로 보낸다는 협박에 그녀는 자초지종을 털어놓게 되었습니다. 그리고 일이 마무리된 후 제분소가 아닌 노예시장에서 거래되었습니다. 이 장 맨 앞쪽, 296쪽 그림은 당시 그녀와 유사한 삶을 살았을 여성 노예 그림입니다. 한 번 봐주시겠어요?

젊은 여인의 아름다운 팔과 목에 새겨진 줄무늬 보이시나요? 언뜻 보면 의복의 줄무늬로 착각할 수 있는데요. 사실 문신입니다. 젊은 여성에게 어울리는 예쁜 문신이 아니라 노예의 주인이 자신의 소유물임을 대내외에 과시하느라 새긴 문신 말입니다. 고대 그리스에서 문신은 노예를 의미합니다.

그리스인들은 노예매매 시장에서 노예를 사고팔면서 노예를 인간의 발을 가진 가축 정도로 여겼습니다. 때문에 노예주는 벌겋게 달아 오른 인두로 노예의 몸에 자신의 소유를 표시하는 낙인을 찍었습니다. 혹은 앞의 그림에서처럼 노예의 몸에 문신을 새기기도 했습니다. 노예의 몸 어디에 인두로 낙인을 찍었는지는 모르지만, 그림 속 문신처럼 분명 눈에 띄는 곳이었겠지요. 인본주의의 고향으로 알려진 고대 그리스 아테네의 노예 대우가 근현대 서양 제국주의 국가들의 흑인매매나 노예 학대와 다를 바가 없습니다. 그 잔인함과 폭력성에 있어서 말입니다. 그도 그럴 것이 유감스럽지만, 위대한 철학자들도 노예제도를 비난하기는커녕 오히려 옹호했으니 말이지요. 플라톤이나 아리스토텔레스도 마찬가지입니다. 그런 점에서 사람의 사고는 아무리 위대하다 해도 시대와 조건, 특히 자신이 처한 계급적 조건이나 환경에서 완전히 자유로울 수가 없는 것 같습니다. 물론 그리스에도 에우리피데스처럼 노예는 천하고 시민은 우월한 존재라는 사고를 부인한 작가가 드물게 있었습니다. 그러나 대부분 시민들은 노예를 아예 인간도 아니라고 생각했으니 노예에게 잔혹한 폭력이 가해지는 건 당연했을 겁니다.

원래 그리스인들은 페르시아 사람들로부터 문신기술을 배웠기 때문에 문신에 대해 잘 알고 있기는 했습니다. 그러나 페르시아와의 오랜 앙숙관계 때문인지 그리스인들은 문신을 야만스러운 행위로 여겨 장식으로서의 문신은 잘 하지 않았습니다. 일반적으로 그리스 로마가 아닌 다른 문화권에서 문신은 주술적인 기능으로서 질병을 치료하는 힘이 있다고 믿어져 긍정적으로 여겨졌습니다. 혹은 높은 지위의 남성만이 누릴 수 있는 특권으로서 사회적 신분을 드러내거나 서약을 위한 문신이 있었습니다. 물론 미적인 효과를 위한 문신도 있었지요. 이러한 문신들은 대체로 긍정적인 기호입니다.

그러나 고대 그리스에서 문신은 노예나 범죄자들에게만 행해졌습니다. 로마에서도 그리스에서처럼 문신은 부정적인 기호로서 주로 군대에서 탈영병을 표시하기 위해 사용되었습니다. 그러므로 그리스에서 문신은 계승해야 할 전통이라기보다는 일종의 형벌로서 금지와 회피의 대상이었던 것입니다. 아마도 그들이 야만적이라 보았던 페르시아인들이 문신을 즐겼다는 이유로 문신 자체를 미개하고 야만적인 것으로 여겼던 것 같습니다. 그래서인지 이 여인의 팔과 목에 새겨놓은 문신은 미적으로 아름답게 보이거나 특권적 지위를 드러내는 문신과는 거리가 멀어 보입니다. 그녀의 아름다움을 해칠 목적으로 아무렇게나 죽죽 그은 것처럼 보이니 말입니다. 이 문신은 노예주가 자신의 소유물임을 드러내는 표시겠지요.

문신, 타투 역시 하나의 패션입니다. 우리의 몸을 변형시키는 것의 일종이기도 하고 거기에 또 이런저런 의미를 부여하니까요. 사회적 신분을 상징하는 것이든 그리스처럼 사회적으로 낙인을 찍는 것이든 문신은 모두 한 사회의 지배질서가 신체 위에 실현되는 패션에 속합니다. 시민 남성들의 당당하고 명예로운 갑옷과 나체의 근육들이 신체 위에 나타나는 지배질서의 우월하고 자랑스러운 패션이자 정치라면, 이렇듯 젊디젊은 여성 노예의 아름다운 팔과 목 위에 마구 긋듯이 새겨진 문신은 하층노예의 몸 위에 각인된 억압적 지배질서의 방식, 또 다른 패션이자 정치입니다.

단발머리, 여성 노예 스타일

앞서 본 여성 노예 그림을 다시 한 번 보면, 짧은 단발머리가 언뜻 아주 세련되고 도시적인 느낌을 풍깁니다. 머리에 항아리를 얹은 것만 빼면 말입니다. 아니 노예라는 사실을 몰랐다면 말이지요. 짧은 단발머리는 오늘날 유행하는 단발 스타일처럼 아주 모던해 보입니다. 그러나 당시 그리스에서 이런 짧은 단발머리 역시 신분이 낮은 노예계급의 여자들이나 하는 스타일이었습니다. 이집트의 풍습과 같은 의미를 지니지요.

이집트에서 왕과 왕비는 클라프트라 불리 우는, 우리가 많이 보아 온 황금과 청색 줄무 늬 머릿수건을 썼으며, 귀족남녀 모두 청 결을 이유로 삭발을 하고 가발을 썼습니 다. 그리고 가발을 살 수 없거나 신분이 낮 은 여자들은 아무것도 쓰지 않고 단발머리를 했습니다. 자칫 클레오파트라 헤어스타일을 단발머리로 오해하기 쉬운데, 엄밀하게 말하

이집트 클라프트

자면 원래 클레오파트라 머리는 가발을 쓴 것이거나 클라프트를 단 정히 쓴 것입니다. 그 클라프트나 가발의 앞머리가 내려와 언뜻 단 발같이 보여서일 뿐 오늘날과 같은 짧은 단발머리가 아닙니다. 긴 머리에 앞머리만 짧은 경우를 단발머리라고 하진 않으니 말입니다. 이집트에서는 이렇듯 가발이나 머리에 뭔가 쓰는 것이 높은 신분을 상징했습니다.

이에 반해 그리스 여성들은 가발이나 클라프트를 쓰진 않았고, 긴 머리에 컬을 넣어 올림머리나 액세서리를 했습니다. 그리고 단 발머리는 노예와 같은 낮은 계급의 여성들이나 하는 비하적인 의미 의 헤어스타일이었습니다. 노예보다 신분이 높은 시민의 경우 남성 임에도 컬을 만들고 염색을 하며 멋을 부리는 시대였으니, 그리스인 들에게 외모와 패션은 신분과 사회 질서의 분명한 표식입니다. 결국 짧은 단발머리와 목과 팔에 새겨진 문신은 이 젊은 여인이 노예라는 사실을 드러내 줍니다. 외모만으로도 단박에 노예임이 드러나는 것 이지요.

마지막으로 여성 노예의 얼굴엔 분과 연지와 같은 화장의 흔적조

차 없습니다. 테마레테의 몸종 같은 노예에게 화장 같은 것은 언감생심, 해볼 수도 생각해 볼 수도 없습니다. 그러므로 당시 화장의 지도를 그려보면, 예상하시겠지만 다음과 같습니다. 눈에 띄게 화려하고 스펙터클한 화장의 고급 매춘부 헤타이라, 소박한 분과 연지 화장의 (시민의) 아내들, 그리고 분과 연지를 감히 엄두도 낼 수 없는 민낯의 여성 노예들, 이렇게 말입니다. 이러한 그림만으로도 이미 사회적 구별이 뚜렷한 화장의 정치적 지형이 성립됩니다.

그러므로 화장을 했느냐 아니냐는 단순히 개인적 취향이나 성향의 문제가 아닙니다. 이러한 화장의 질서는 곧 외모와 패션을 이용한 정치적 지배질서의 현주소로서, 외모와 패션의 질서를 통한 패션정치가 고대 아테네 사회 곳곳에 빠짐없이 이루어졌음을 의미하기 때문입니다. 이런 화장의 질서가 바로 지중해와 흑해 전역에 걸쳐 많은 식민지를 거느린 해양강국이자 제국주의 국가였던 아테네의 한 면모인 것입니다.

고대 그리스 인본주의의 한계

비록 자료 자체가 제한되기는 했지만, 노예의 스타일을 소개하자니 조금 불편한 진실을 얘기해야 할 것 같습니다. 패션 연구나 패션사, 복식사는 노예의 스타일에 관해서는 다루지 않습니다. 패션을 창조, 새로움, 유희, 변화 등등으로 규정하면서 말입니다. 그런데 이러한 패션의 기준은 아주 애매한 규정들입니다. 그런 기준을 들이댄다면, 이 여성 노예에서 볼 수 있는 문신이야말로 엄밀한 의미에서 시민들에게서는 볼 수 없었던 '새로움'과 변화를 보여주는 것 아닐까요? 적어도 계급적 낙인이라는 점을 제외하고 디자인 측면에서만 보면 그렇다는 이야기입니다. 새로운 게 꼭 화려하고 값비싼 것만을 의미하는 것도 아니고, 남성 정장이나 샤넬의 의상이 지니는 현대성의 의미 역시 바로 그 '단순함'이 생명이었으니 말입니다. 노예들의 스타일이 주체적이고 자발적인 것이 아니기에 이런 강제적인 경우를 어떻게 평가할 것인가 논쟁적일 수는 있을 것 같습니다. 즉 패션을 주체적이고 자발적인 것으로만 정의한다면, 이미 그런 '주체적 신분을 지닌 귀족계급만의 패션'만을 '패션'으로 인정하겠다는 것이라, 패션이란 용어는 순전히 동어반복이 됩니다.

또 다른 측면에서 본다면, 자발적일 수 없는 노예의 스타일들은 바로 지배계급 자신의 또 다른 얼굴, 타자입니다. 왜냐하면 바로 그들이 그런 강제적인 제도와 디자인을 노예들에게 덧씌운 장본인이기 때문이지요. 그들의 패션이 제아무리 노예계급의 디자인과 전혀 다른 것인 양 거리를 두고자 해도, 부메랑처럼 노예의 스타일들은 그들 내부의 폭력성을 외부로 드러내며 그들 자신의 본모습을 보여줍니다. 이전의 패션 역사가 귀족들의 라이프스타일에만 초점을 맞춰 기술되었기 때문에 이런 측면이 드러나지 않았던 것뿐입니다. 지배계급이나 왕조사만이 역사가 아닌 것처럼, 귀족이나 왕족 등의 지배계급 스타일만이 패션의 역사를 구성하는 것이 아니라는 이야기입니다. 이제 패션의 역사는 지배계급이 아닌 다른 계급의 스타일들도 함께 연구되고 기술될 수 있도록 연구해야 할 것 같습니다.

인문학은 다양한 세계의 풍물에 대한 지식을 단순하게 축적하는 것만을 의미하지 않습니다. 적어도 어떤 방향성을 가지고 인간에 대해 성찰하는 것이라고 할 수 있습니다. 인문학이 의미를 지니려면 인간의 가치에 대해 묻고, 더 나은 가치들이 더 많은 사람에게 적용되는 비전을 지닐 수 있어야 할 것입니다. 인권에 대한 사고가 역사적으로 변화 발전하듯이, 인문학 역시 자유와 민주, 평등이라는 사고가 보다 넓은 범위의 사람들에게 적용되는 방향을 제시해야 할 테니 말입니다. 그래서 패션인문학은 기존의 패션 연구들이 놓치고 있었던 패션과 인간에 대한 편향된 시선을 새롭게 바라보는 시각을 제시해야 하지 않을까 합니다. 이 장은 이런 맥락에서 노예의 스타일들을 단순 제거했던 기존의 패션 연구에 대해 새로운 말을 건네고자 하는 것입니다.

기존 패션 연구의 문제점을 기호학적으로 이해하기 쉽게 분석해 보겠습니다. 숫자 100은 1000, 10000, 100000과 비교할 때 작은 수입니다. 그러나 1, 10, 99와 비교할 때는 100은 큰 숫자입니다. 100이라는 숫자는 단독으로 그 크기의 대소를 알 수 없습니다. 즉 하나의 특정한 기호는 다른 것과의 차이를 통해서만 그 의미가 드러나는 것이지, 단독으로 특정한 의미를 지니는 것이 아닙니다. 그것은 마치 밝은 대낮 야외에서 불빛이 빛나기 어려운 것과 같습니다. 어두운 밤이 되어 온 주변이 어둠으로 뒤덮였을 때야 비로소 작은 불빛도 밝게 빛나듯이, 특정의 스타일이나 기호는 다른 것들과의 차이를 통해서 그 의미를 획득합니다. 아무런 맥락도 없이 단독으로 어떤 패션을 새로움 혹은 권력의 기호라고 말하는 것은 마치 100을 무턱대고 작은 수라고 말하는 것과 같습니다.

고대 그리스 시민 남성의 의복은 지금껏 자연스러운 인체의 선을 사랑하는 그리스인들의 정신을 반영한다고 평가되어 왔습니다. 그러나 그들에게는 갑옷과 나체, 데이트룩과 철학자룩이 있었습니다. 그런데 갑옷은 전쟁이 많은 시대이므로 당연한 복식이고, 운동하는 남성 나체는 인간의 자연스러운 모습이라고 여겨졌습니다. 과연 그 럴까요? 이 갑옷과 나체, 데이트룩 그리고 철학자룩은 그게 아무리 낡았다 해도 하층계급은 감히 꿈꿀 수 없는 것이라면, 과연 그게 자 연스럽거나 당연한 것일까요? 앞서 1부에서 철학자룩, 나체, 갑옷 을 각각 다루었으니 여기서 자세히 말씀드리지는 않겠습니다. 분명 한 것은 이러한 시민 남성들의 다양한 스타일들은 사실 노예 몸 위 에 새겨지는 억압적인 패션이 뒷받침되지 않으면 아무런 의미가 없 었을 것이라는 사실입니다. 시민계급이 노예의 몸 위에 굴욕적인 문 신이나 낙인을 찍음으로써 이들과의 차이가 시민 남성들의 패션의 우월성을 빛나게 한 것이니 말입니다. 심지어 노예의 맨발을 선택한 소크라테스의 철학자룩조차 그가 그런 자유의 위치에 있었기 때문 에, 그리고 노예들의 어둠이 있었기 때문에 빛이 나는 것입니다. 더 구나 소크라테스가 입었던 철학자룩인 히마티온은 하나의 천으로 온몸을 감싸고 왼팔을 내밀어 감는 방식으로 입는 데, 이런 방식은 노예나 여성은 감히 흉내낼 수 없는 권력과 권위적 위치를 의미합니 다. 소크라테스는 또한 맘만 먹으면, 그의 데이트룩처럼 샌들을 신 을 수도 있었고, 갑옷도 입었고, 나체도 할 수 있었습니다. 선택의 여 지가 있을 때 자유정신이 가능한 것이니까요.

소크라테스에게서 보듯 시민 남성들에게 패션은 쾌락적이고 육 체적이고 물질적인 것이자 감성적인 것이기도 합니다. 그것은 활력 과 힘, 자존감을 주는 것으로서 긍정적인 자기존재감의 발현입니다. 그런데 이렇게 소크라테스와 시민 남성들의 존재감이 빛나는 것은 바로 차별당하며 강제적으로 새겨진 노예의 문신과 맨발이 있었기 때문입니다. 노예의 이런 외모가 그들의 빛나는 자존감을 떠받쳐주는 어둠이 됩니다. 이러한 상대적인 억압과 굴욕의 패션이 존재하지 않으면, 갑옷이나 나체 또한 그 어떤 화려한 복식도 그것들이 지니고자 하는 지배적 의미와 긍정적 기호의 의미를 발휘할 수가 없으니까요. 물질적·육체적인 외모와 패션을 독점하며 피지배자들의 섹슈얼리티와 쾌락을 억압하지 않고서는 지배권력의 자연스럽고 위풍당당한 긍정의 패션이 성립하기 어려운 법이니까요.

그러므로 지배와 권력뿐만 아니라 종속과 억압도 패션의 의미에 속한다고 보아야 할 것 같습니다. 지배와 종속의 의미를 각각 담고 있는 패션은 사실 동전의 양면과 같습니다. 즉 양자 모두 동일한 지배계급이 만들어낸 두 가지 얼굴이니 말입니다. 시민 남성들의 값비싸고 귀한 갑옷과 나체, 데이트룩과 철학자룩이 지배권력의 외면적 스타일들이라 한다면, 억압적 몸의 변형으로서 노예들의 문신과 단발머리, 그외 복장들은 바로 그 시민 남성들의 내면이 만들어낸 또 하나의 패션 스타일입니다. 지배세력 중심의 사회질서를 위해 타자의 몸 위에 새겨지는 억압적 패션정치의 공간으로서 말입니다.

이런 의미에서 그리스 노예 몸 위의 문신은 '화려하고 달콤하며 교묘하고 억압적인' 패션이라고 해야 할 것 같습니다. 지배자의 입장에서 문신은 화려하고 달콤한 노예제도를 의미하며, 노예 입장에서 문신은 교묘하고 억압적인 폭력을 의미하기 때문입니다. 과연 고대 노예제 사회라고 해서 노예들이 이런 문신이 새겨질 때 이를 당연하게 받아들였을까요? 정확히는 알 수 없습니다만 그렇지는 않았을 겁니다. 특히 그리스 노예는 집안 대대로 내려오는 세습노예라기보다는 전쟁포로로 팔려온 노예들이기 때문에 더더욱 그렇습니다. 패션 연구가 지금껏 귀족이나 지배세력을 중심으로만 기술되어 왔다고 지적하는 것은 바로 이렇듯 상반된 입장을 전체적으로 고려하지 않았기 때문입니다.

시오노 나나미는 《로마인 이야기》에서 인류 최초의 민주정과 인본주의 철학을 낳았다는 고대 그리스가 동시에 가장 비열한 노예제도를 당연시했던 것에 대해 신랄한 비판을 가합니다. 그 인본주의의 한계에 대해서 말입니다. 물론 이 점에서는 고대 그리스 연구가 앙드레 보나르 역시 마찬가지입니다. 앙드레 보나르는 좀 더 냉정하게 비판합니다. 그는 고대 그리스 철학자들마저 노예제도를 옹호한 것에 대해 그들의 철학이 지닌 한계를 지적하며, 고대 그리스의 패망은 외부에서 온 것이 아니라 그리스 내부의 암덩어리들이 커졌기 때문이라고 지적합니다. 자신이 속한 사회를 싫어할 수밖에 없는 여성과 노예의 존재를 방치했으니 말입니다. 어쩌면 마음속 깊이 헬그리스를 외쳤을지도 모르는 사람들 말입니다.

트로이의 왕비, 헬레네 : 스파르타 여인들의 아름다움

이번엔 또 다른 화장 없는 여자들 이야기입니다. 스파르타는 트로이 전쟁을 일으켰다는, 미녀 중의 미녀, 헬레네의 나라입니다. 과연 스파르타 여성들이나 헬레네의 화장은 어떠했을까요? 한 사회의 화장이나 패션, 뷰티시장은 인간 본능에 의해 저절로 형성되는 것이 아니라 특정한 경제적·정치적 배경을 필요로 합니다. 잠시 스파르타의 상황을 살펴보겠습니다.

스파르타인들의 경우 아테네보다 더 강한 체육 훈련과 군사 훈련, 군 복무를 하며 일생을 보냈습니다. 그럴 수밖에 없는 것이 스파르타는 소수 스파르타인(도리아인)이 다수의 노예를 지배했기 때문입니다. 기원전 8세기 이후 스파르타에는 지배계급인 시민(귀족이자 스파르타인)보다 농노와 오래전부터 거주하고 있던 원자유민들(이들도 정복자 도리아인에 의해 노예가 되었음)의 인구가 훨씬 많았습니다. 보통 노예가 시민보다 10배 정도 많았다고 하는데, 어떤 연구자는 20배 많았다고 보기도 합니다. 많았기 때문입니다. 그 결과 스파르타는 국내의 노예를 지배하면서 동시에 식민지 타국도 지배하고자 철저한 병영국가가 되어 버렸습니다. 일생 동안 국내외 안팎으로 끙끙대며 오직 전쟁을 위해 존재하는 국가가 된 것입니다

정치체제는 아테네와 같은 민주정이 아니라 이원집정제(2명의 왕이 공동 집권하는 형태)에 60세 이상 시민 30명으로 구성된 원로회가 민회보다 우월했습니다. 이런 사정으로 인해 스파르타인들의 삶과 교육 전반적인 성격을 결정한 것은 군사적 효율성이었습니다. 태어나서 죽을 때까지 아동과 성인의 일상생활은 모두 군대의 병영생활과 조금도 다름없을 정도였으니 말입니다. 또한 스파르타인 최고의 명예와 행복은 전장에 나가서 죽는 것이었습니다. 그리하여 남자 아이들은 사시사철 맨발로 다녔으며, 홑옷만을 입었고, 성인이 되어서도 한평

말갈기로 만든 투구를 쓰기 전
머리를 점검하는 모습

생을 전장에서 살아야 하는 사람처럼 공동으로 거친 음식을 먹고 딱딱한 침대에서 생활했습니다.

덕분에 이들에게는 아테네인들이 누렸던 연극과 같은 문화 행사와 아고라 광장에서의 토론은 없습니다. 그래서 스파르타엔 소크라테스의 철학자 스타일 패션도 데이트 패션도 존재하지 않습니다. 스파르타인들에게는 군복, 즉 갑옷이나 클라미스나 히마티온, 군사 훈련복으로서의 나체 패션, 그리고 일상복 키톤이 전부입니다. 오른쪽 조각은 망토 히마티온을 걸치고 투구를 쓴 스파르타의 전사입니다. 그런데 흥미롭게도 스파르타 전사들은 전투에 임하기 전, 왼쪽 페이지 그림처럼 반드시 긴 머리카락을 세심하게 손질했다고 그리스 역사가 헤로도토스는 전하고 있습니다. 이유는 설명하고 있지 않습니다만 일종의 의식처럼 거행되었습니다. 아마도 머리를 손질하며 전쟁에서의 승리와 혹시 모를 죽음을 준비하는 것이겠지요. 스파르타에서 찾을 수 있는 보기 드문 패션행동입니다.

망토를 걸치고
투구를 쓴 스파르타 전사

그렇다면 여성들의 패션이나 화장은 어땠을까요? 앞서 말씀 드렸듯이 트로이 전쟁의 원인이 된 헬레네 덕분에 스파르타 여성은 그리스에서 가장 아름답다고 알려지기도 했습니다. 누군가는 세상에서 가장 잘생긴 남자들과 가장 아름다운 여자들은 스파르타 출생이라고도 합니다. 그러나 이 칭찬은 어디까지나 치장하지 않은 아름다움에 대한 것이라고 합니다. 그리고 혹자는 이 칭찬이 스파르타 여성들이 그리스 남성들처럼 벗고 운동할 때 드러나는 나체의 아름다움을 가리킨다고 말하기도 합니다.

어쨌든 스파르타의 전성기 동안 스파르타 여성들은 치장하거나 보석류를 걸치는 것이 엄격히 금지되었고, 화장품이나 향수를 쓰는 것도 전혀 허용되지 않았습니다. 그래서 기원후 2세기에 활약했던 저술가 루키아노스는 "스파르타식으로 머리를 바짝 깎아서 사내아이처럼 보일 뿐 아니라 아주 남자 같은 여성"이라는 표현을 하고 있을 정도입니다. 특히 스파르타는 남녀가 서로에게 잘 보이려 하는 데서, 즉 서로의 매력을 어필하려는 데서 사치가 비롯되는 것으로 보고 사치를 금지시켰다고 하니 화장이 끼어들 여지는 더더욱 없었습니다.

물론 헬레네는 그리스 신화에 나오는 최고의 미녀로서, 미녀 하면 헬레네를 떠올릴 만큼 그녀의 미모는 태양처럼 빛났습니다. 헬레네가 이처럼 빼어난 용모를 지닌 것은 신들의 제왕인 아버지 제우스와 미녀로 소문난 어머니 레다의 피가 흐르고 있기 때문입니다. 그러나 유감스럽게도 헬레네는 어디까지나 신화 속 여인일 뿐입니다. 실제로 트로이 전쟁의 원인은 지중해 식민지에서의 상권 혹은 교역상의 문제라고 하니 말입니다.

그럼에도 스파르타 여인들을 아름답다고 했다면, 분명 아무런 치장이나 화장 없이 운동하는 나체의 아름다움을 의미하는 것일 듯합니다. 널리 알려지다시피 스파르타 여성들은 밖으로 나가 남자들처럼 운동을 하는 등, 다른 그리스 여성들에 비해 활동이 자유로웠습니다. 그런데 한 가지 이해가 가지 않는 점이 있습니다. 스파르타 여성들이 남성들처럼 강하게 체력 단련을 했다면, 그 씩씩한 힘과 시간으로 무엇을 했는지 궁금합니다. 스파르타 여성들은 노예들이 집안일을 도맡았으므로 다른 그리스 시민의 아내들처럼 길쌈을 하거나 집안 일하느라 시간을 보내지 않아도 되었으니 말입니다.

비슷한 시기 아시아 지역, 즉 중국과 일본에서도 전쟁에 나가 싸우다 숨진 여성 인골들이 발견되었는데, 이들은 갑옷과 투구로 무장하고 있었다고 합니다. 육체적인 힘의 가치가 부각되는 전쟁터가 남성에 의해서만 독점되었을 것이란 우리의 선입견을 재고하게 만드는 사례들이지요. 반면 아이 낳는 것도 중요하지만, 스파르타 여인들은 오로지 아이를 낳기 위해서만 그렇게 무한체력을 길렀다는 것인지 잘 이해가 가지 않습니다. 스파르타 인구가 늘어났다는 말도 없으니 말이지요. 체력을 길러 건강한 아이도 잘 낳고, 화장하지 말라고 하면 화장도 하지 않는 등 국가에 협조적이었기에 저런 보이시한 모습에도 예쁘다는 말을 들은 것이 아닐지 궁금합니다. 물론 여성의 체력 단련은 남성들이 해외 원정군으로 전쟁을 나갔을 때 국내에 적이 처들어 올 경우를 대비한 것이라고 합니다만, 스파르타 여인들이 적과 싸웠다는 이야기는 보통 없으니 말입니다.

어쨌든 여러 가지 정황으로 볼 때 현실 속 스파르타 여성들은 루키아노스가 지적한 것처럼 화장 따위는 하지 않는 사내처럼 보이는 여성이었을 가능성이 높습니다. 화장하지 않고 자신의 얼굴이나 외모 따위에도 신경을 쓰지 않고 운동을 열심히 했으니 그리 보일 수 있는 거지요. 그리고 여성이 이렇게 운동하거나 사내아이처럼 보이는 것도 분명 아름답습니다. 보이시한 매력을 풍기는 아름다움도 훌륭하니까요. 그런데 스파르타 여성들 모두가 그러하다면, 그건 확실히 뭔가 문제가 있는 것 아닐까요?

화장의 감각과 감성의 인본주의

오늘날에도 어떤 사람들은, 플라톤이 그랬듯, 화장이나 패션을 사치라고 비난합니다. 그들은 화장이나 패션이 인위적으로 꾸민 것이기 때문에 자연스럽지 못한 것이라고 비난합니다.

하지만 소크라테스도 아름다운 자를 만나러 갈 때, 설레는 마음으로 멋지게 차려 입었습니다. 그리고 그도 자랑스럽고 명예로운 중장보병 스타일 갑옷이나 투구에 한껏 멋을 내기도 했고, 레슬링을 할 때면 운동으로 다져진 나체 스포츠웨어 차림을 했습니다. 또한 철학자 스타일 수염과 히마티온을 입기도 했습니다. 그 외 그만의 자유와 실용의 정신을 보여주는 스트리트 스타일이나 다름없는 맨발 스타일도 했습니다.

사실 이런 식으로 아름다운 사람, 사랑하는 이를 만나기 위해 옷차림과 외모를 한껏 꾸며 자신을 멋지게 치장하거나 다듬는 것은 인간의 삶에서 당연한 권리입니다. 인간의 삶과 생명을 가장 빛나게 하는 인간적인, 너무나 인간적인 일이니 말입니다. 인간의 인간다움 말이지요. 이러한 패션 스타일들을 통해 인간으로서의 자존감, 용기, 활력, 힘, 존재감, 자신감 등을 얻게 되는 것이니까요. 그리고 이런 스타일들과 다양한 감정들을 통해 아테네의 문화, 예술이 가능했던 것일 테니까요.

그런데 이러한 스타일들은 아테네 전체 인구 구성으로 볼 때 소수인 시민 남성들만이 누릴 수 있었습니다. 시민 남성들만이 이렇게 인간적인 패션의 즐거움과 쾌락, 욕망, 만족을 누렸던 것이지요. 그럼에도 불구하고 현명한 소크라테스나 스마트한 플라톤은 당시 자신들의 이러한 행동들이 시민 남성에게만 허용된 지배자의 특권이라거나 사치라고 생각하지 않았습니다. 사실 앞 장에서도 말씀 드렸지만, 이러한 패션을 통한 자존감, 활기라는 것은 아테네 시민 남성들에게만 가능했던 인간적인 사치였는데 말입니다. 소수 사람들의 자유와 민주만이 가능했던 시대였는데, 이 소수의 사람들은 자신들의 취향만을 자연스럽고 당연한 것으로 여긴 것이지요.

어쨌든 이러한 한계에도 불구하고, 데이트룩을 비롯해 시민 남성들에게는 다채로운 스타일들이 가능했습니다. 여성들은 헤타이라와 같은 자유로운 패션이나 화려한 화장은 할 수 없었고, 화장하는 것에 대해 비난을 받았습니다. 그러나 그래도 그녀들은 화장을 했습니다. 이를 볼 때 아테네는 비록 한계는 있을지언정 스파르타와 비교해 다양성이 존재했다는 점에서 개인의 감각과 감성, 욕망, 일말의 자유 등등이 어느 정도 꿈틀거리며 살아있었다고 평가할 수 있을 것 같습니다. 아마도 이것이 아테네의 인본주의 문화를 길이길이 남기게 한 힘인 듯합니다. 반면 화장이나 철학자룩, 데이트룩이 없었던 스파르타는 결국 군사문화 외 다른 어떤 문화도 남기지 못했습니다. 이것은 인본주의 문화라곤 없는 스파르타가 갈 수밖에 없었던 운명인 듯합니다. 몰래몰래 사소한 화장 하나 하지 않은 결과 말입니다. 이러한 사실은 역설적으로 감각적 쾌락과 욕구가 중요한 이유

를 말해줍니다. 인본주의 문화라 할 만한 것들은 이성적인 것뿐 아
니라 감각적이고 쾌락적인 인간의 욕구를 채워주는 곳에서 펼쳐지
고 발전하는 것이니 말입니다. 조각이나 회화가 그렇고 연극이 그렇
듯 우리의 이성뿐만 아니라 우리의 감각과 감정, 감성에 호소하는
것이야말로 인본주의의 기본일 테니까요.

아테네 노예매매 시장, 아고라/ 노예의 분류와 그 가격

페르시아 전쟁 승리 후 아테네 제국의 번영 덕분에 기원전 5세기
아테네 아고라에서는 다양한 음식과 옷감, 책, 도자기, 철물 등을 사
고파는 시장이 형성되었습니다. 그리고 시장의 물품들 중에는 남녀
노예도 있었습니다. 아테네가 이오니아 지역에서 식민지 개척이 활
발하게 했던 데다 페르시아 전쟁의 승리 이후 데려온 노예 거래도
매우 활발했기 때문이지요. 또한 그리스 노예상인들은 로마군대를
따라 옮겨 다니며 전쟁포로를 사서 아테네에 노예로 팔았습니다.

특히 노예는 고기, 채소, 신발, 헌옷 등과 함께 시장이나 아고라에
전시되었습니다. 상인들은 미리 노예 판매를 예고하여 사람들이 특
정한 노예 판매에 대해 이의를 제기할 수 있도록 했습니다. 자신의
상품에 대한 철저한 A/S정신이지요. 또한 상인들은 판매할 노예에
게 폭력적 기질 같은 결함이 없음을 보증해야 했고, 거짓말을 하면
노예를 돌려받고 돈을 되돌려 주어야 했습니다. 노예상인들은 판매

할 노예들을 사슬로 묶은 채로 열린 시장에 내놓고 팔고, 구매자들은 가축을 살 때처럼 포로들의 몸을 살펴보고 근육을 만져보며 평가했습니다. 노예상인들은 돈을 꽤 모으며 부자가 되기도 했다고 합니다. 또한 시민들의 노예 거래로 징수하는 세금은 아테네 정부의 주요 수입원이 되었을 정도입니다.

아테네의 노예 가격은 노예가 종사하는 일의 종류에 따라 차이가 났는데, 다음과 같은 순서입니다. 숙련 기술자, 의사, 엔지니어, 고급품을 제작하는 장인(항아리에 그림을 그리는 화가)/일반 기능자, 가게 지배인, 장인, 예능인/춤이나 연주 기능을 가진 여자노예/가사노동 남녀노예/비숙련 노동자, 농장이나 광산에서 일하는 노예/아동노예 순으로 가격이 내려갑니다. 숙련 기술자는 그만큼 비싼 값을 받았습니다. 물론 노예가 아니라 노예 소유자가 받는 돈이지요. 노예 따위는 그리스 민주주의와 인본주의 밖에 있는 시민들의 물건이었으니 말입니다.

고대 그리스에서 외모의 평등을 요구하다
─ 불평등 의식의 출발과 분배적 정의

프랑스 혁명이 시작되고 3년 후인 1792년 8월, 국민의회는 남녀 귀족들이 애지중지하던 가발착용을 금지함으로써 모든 사람의 '동등한 외모'를 위한 협정을 맺었습니다. 여기서 '동등한 외모'라 함은 이 규정이 그동안 귀족들의 화려한 가발이나 점점 높이 올라가는 헤어스타일을 통한 의복과 외모에 관한 차별적 관행을 철폐하고자 한 것이기 때문입니다. 전근대사회에서 보통 혈통이나 신분으로 사람들을 차별하고 외모도 그에 맞게 구별했다는 사실은 누구나 아는 사실입니다. 그래서 눈에 띄는 외모와 외형을 통해 사람을 면전에서 차별하는 것이 어찌 보면 자연스러워 보이지만, 사실 이것처럼 반인권적 폭력도 없습니다. 아마도 누구나 경험해 보셨을 겁니다. 옷이나 외모 좀 모자라게 하고 갔다가 무시당한 경험 말입니다. 눈에 보이는 외모의 차별이야말로 인간의 자존감을 무너뜨리게 하는 가장 치욕적인 것이니 말입니다. 현명하고 지혜로운 소크라테스는 과연 외모 따위에 신경 쓰지 않았을까요? 비록 맨발일지언정 그의 긴 수염이나 히미티온 입는 방식은 지배계급 시민 중 철학자만의 특권적 차림새입니다. 마음만 먹으면 그는 값비싼 갑옷도 입고 데이트룩도 할 만큼 여유가 있었던 것은 말할 것도 없지요.

외모를 가꾸고 화장하고 치장하며 자신을 꾸밈으로써 갖게 되는 솔직한 육체적 발견과 자기 존중감은 그동안 개인의 외적인 겉치레나 가벼운 취향 정도로 취급되었습니다. 그러나 사실 외모의 평등이야말로 그 어떤 정의의 분배문제보다 우선적으로 평등하게 배분되어야 할 기본 권리이자 욕구입니다. 외모와 패션, 화장은 하루하루 일상의 인간으로서 살아갈 수 있는 자기긍정과 승인으로서의 자아의식과 인간성을 형성하는 행위이니 말입니다. 그러니 이러한 자존감의 분배야말로 누구에게나 접근가능하고 소유할 수 있어야 합니다. 외모가 평등할 자유야말로 언론과 출판, 양심의 자유만큼이나 중요한 자유이자 권리라는 이야기지요.

소크라테스나 플라톤이 보여주듯 한 사회가 추구하는 최고의 혹은 주류의 사회적 가치를 보여주는 스타일은 굉장한 자기존중감과 주체의식을 가져옵니다. 다행히 오늘날엔 전근대사회에서 소수의 귀족들이나 왕족만이 누리던 이러한 권리나 특권을 평범한 사람들도 누리게 되었습니다. 그렇지만 이게 다는 아닙니다. 지배적 가치를 자랑하는 스타일만이 패션의 유일한 의미는 아니라는 이야기입니다. 프랑스 혁명파나 20세기 펑크패션처럼 가장 밑바닥 외진 곳에서 한 사회 최고의 가치들에 대한 위반과 저항, 분노와 조롱, 그리고 공격과 균열도 자신의 존재를 확인하고 자긍심을 가질 수 있는 방법이자 패션스타일을 형성하니 말입니다. 오늘날에는 혁명파의 바지나 짧은 머리가 우리가 흔히 볼 수 있는 스타일이 되고, 펑크의 반反

패션 스타일이 고급 오트쿠튀르 패션이 모방하거나 복사하지 않을 수 없는 매력적인 가치로 우리 생활 속에 속속들이 들어와 있으니 말입니다.

물론 동등한 외모를 위해 필요한 것이 단지 가발금지만은 아니었고, 또 혁명 이후에도 유럽의 귀족들과 부르주아들은 틈만 나면 대혁명 이전의 가발이나 머리형과 패션스타일로 돌아가고자 했습니다. 그럼에도 불구하고 분명 이 협정은 역사상 불평등한 외모와 외형에 대한 평등 의식과 개혁을 고취하는 공식 출발이라는 점에서 역사적인 의미를 갖는다고 할 수 있을 것 같습니다. 그렇다면, 그렇다면 말입니다. 과연 고대 그리스 그 옛날 옛적 철학자가 아닌 사람들에게도 그런 평등이나 불평등 의식, 자존감이나 주체 의식 같은 게 있었을까요?

호메로스의 《일리아스》는 아킬레우스와 같은 귀족들의 영웅적 전투에서 알 수 있듯이 그리스의 제국주의적 야망을 밑바탕으로 한 작품이라는 이야기를 본문에서 했습니다. 이들 귀족들은 당시 멋지고 이상적인 남성상, 영웅과 같은 모든 좋은 것을 독차지합니다. 그들은 신분이 높은 만큼 시간과 돈을 들여 외모를 가꾼 덕에 용모도 출중하고 성품도 훌륭하고 용감합니다. 그들은 전투도 잘할 뿐 아니라 회의에서 말도 잘합니다. 반면 앞서 중장보병이 전투에 나갈 때 뒤따라가서 보급부대와 개인 수행비서 역할을 했던 노예들과 무명의 경보병 병사들은 영웅들의 명예와 전공을 빛내기 위한 수단에 불과합니다. 주인공급을 제외한 호메로스 작품 속 인간은 개성이라고는 찾아 볼 수 없습니다. 이렇다 할 존재가치도 없습니다.

318

이렇듯 호메로스 작품 속에서 주인공격 영웅과 신을 제외한 인물들은 거의 조명을 받지 못했는데, 유일하게 귀족이 아닌, 시민 테르시테스의 주장이 소개되어 있습니다. 그는 영웅들 이야기로만 가득 차 있는《일리아스》에서 거의 찾기 힘든 예외적 인물입니다. 테르시테스는 안짱다리에다 한쪽 발을 절고 두 어깨는 굽어 가슴 쪽으로 오므라들어 있었습니다. 어깨 위에는 원뿔 모양의 머리가 얹혀 있고 거기에 가는 털이 드문드문 나 있었습니다. 한마디로 그의 외모는 트로이 전쟁터에 온 사람들 중 가장 못생긴 자입니다. 이렇게 못난 병사인데다 무능하면서도 그는 용감하게 왕이나 지휘관을 비롯해 오디세우스 같은 영웅을 비난하고 불만을 늘어놓았습니다.

"아르테우스의 아들(아가멤논)이여 무엇이 모자라서 불만이시오? 그대의 막사들은 청동으로 가득 차 있고, 그대의 막사들에는 우리 아카이아인들이 도시를 함락할 때마다 고르고 골라 맨 먼저 그대에게 바친 여인들이 많이 있지 않소! 그대는 나나 아카이아인 누군가가 사로잡은 이들의 몸값으로 일리오스에서 황금을 가져오기를 바라는 것이오? 아니면 그대 혼자서 붙들어 놓고 사랑을 즐기기 위해 젊은 여인을 원하는 것이오? 아카이아인의 아들들을 불행으로 인도하는 것은 지휘자가 된 자에겐 어울리지 않는 일이오…… 아가멤논이야 이곳 트로이 땅에서 명예의 산물이나 실컷 탐닉하게 내버려두고 우리는 함선을 타고 고향으로 떠납시다."

— 호메로스,《일리아스》2권 211~240행

물론 그는 노예는 아니지만 영웅이나 귀족이 아닌 일개 시민(평민)에 지나지 않았습니다. 그런 그가 볼 때 트로이와의 9년 전쟁은 아가멤논과 메넬라오스의 명예를 찾아주는 일에 불과했을 뿐 평범한 그리스 병사들에게 이익이 되는 전쟁이 아니었습니다. 전쟁은 왕과 귀족들을 위한 것으로서 목숨 걸고 피 흘리며 싸운 전쟁의 성과들이나 노획물들은 모두 그들의 차지가 되었으니 말이지요.

보통《일리아스》가 쓰인 기원전 8세기 이전의 상황이라면 귀족이 아닌 사람이 사회의 '불평등'이나 '분배의 정의'에 대한 의식이 있었을 거라고 생각하기 어렵습니다. 그런데 테르시테우스는 지금 왕과 귀족뿐 아니라 일반 병사들에 의해 진행되는 전투에서 불평등에 대한 병사 입장에서의 울분과 분노를 직설적으로 표현하며, 자신과 같은 일개 병졸에게도 전쟁에서의 공적에 따른 분배적 정의의 실천을 용기 있게 요구하고 있는 것입니다. 이에 대해 오디세우스는 영웅답지 않게 테르시테우스의 옷을 다 벗기고 매질로 응징했습니다. 동료 병사들은 왕과 귀족들 앞에서야 꼼짝 못했지만, 테르시테우스가 오디세우스에게 얻어맞고 눈물을 흘리는 것을 보면서 함께 괴로워했다고 전합니다. 그들도 테르시테우스에 대한 처벌이 부당하다고 느꼈다는 점을 호메로스는 전하고 있는 셈입니다. 이 이야기는 그야말로 인류 역사상 최초로 '평등'과 '분배적 정의'에 관한 사고와 저항을 보여주며, 이후 몇몇 학자들의 주목을 끌었습니다.

기원전 5세기 전후 시민계급 아내들과 머리말에서 소개했던 키노이두스가 꿈꾸었던 분배적 정의나 불평등 의식은 테르시테우스의 경우와 다른 방식으로 나타났습니다. 아테네 시민아내들은 금지된 화장을, 키노이두스는 시민 남성임에도 화장과 패션을 했고 이에 대해 당시 온갖 비난을 받았습니다. 그렇지만 키노이두스는 키오니두

스대로, 여성들은 여성들대로 각각 아킬레우스나 오디세우스적인 국가중심 남성성과 아낙으로서의 여성성에 반대하며 이와 다른 방식으로 남성다움과 여성다움을 꿈꾸었던 사람들입니다. 유감스럽게도 그들은 그리스 주류시민이 아니었으므로 그들만의 신화도, 철학도 남길 수 없었습니다. 단지 하나, 패션스타일을 통해서, 화장이나 패션을 통해서 그들의 내적 의지와 저항을 표현할 수 있었을 뿐입니다. 화장과 패션만이 그들의 유일한 친구이자 출구였으니 말입니다. 그런데 바로 그 작은 친구가 그들의 인간적 존엄성과 가치뿐만 아니라 나비효과처럼 인간의 권리와 인간성의 확대를 가져온 인류의 등불 중 하나가 아닐까 합니다. 비록 살랑거리는 바람에조차 흔들리지만 거센 폭풍우에도 살아남아 꿈틀거린 이 등불은 "자신만의 정신세계를 가지는 것이 불가능한, 삶의 방식을 포함한 모든 것이 공동체의 규범에 의해 결정되는 근대 이전의 인간들에게 결코 패션은 존재하지 않았다고 감히 말할 수 있을 것이다"라는 말이 얼마나 독선적이고 오만한 관점인가 보여줍니다.

그동안 패션연구는 주로 귀족 중심의 패션 개념과 패션 품목들을 서술해왔고 이러한 서술에 내재된 외모차별주의를 당연하게 여겨왔습니다. 이 책은 고매한 철학적 지지를 통해 불평등한 외모를 자연스러운 것인 양 강제하던 전근대사회 그 불평등한 외모와 패션의 정치학을 보여줌으로써 귀족 중심 패션역사 서술에서 벗어나고자 했습니다. 비록 부족하나마 이 새로운 패션연구 방향이 현재 우리의 삶과 패션, 그리고 우리 자신을 이해하는 색다른 창이 되기를 바랍니다. 아마도 이것이 패션인문학의 존재이유일 것 같습니다. 패션이 일부 귀족들의 고답적인 취미나 개념이 아니라 인간적 가치와 권리를 확대하는 데 기여해온 보통 사람들의 가장 가까운 친구였다는 사실을 알리는 일 말입니다. 정치적으로 당당한 거시적 이론이나 주장을 펼칠 수는 없었지만 이 가장 가까운 친구를 통해 불평등에 대한 의식들, 한 인간으로서 존재하고픈 욕구들을 미시적으로 드러내며 사회에 말 걸고 항의했었다는 작고 사소한 이야기들을 전함으로써 말입니다.

매일매일 옷을 입고 선택하고 즐거워하고, 후회하고 고민하는 모든 이에게 이 책을 바칩니다. 너무 흔해서 당연하고 별다른 철학적 의미도 가치도 없는 것처럼 가볍게 여겨져 온 우리들의 옷과 화장, 패션을 통해 우리의 일상이 얼마나 소중하게 빛나는지에 대한 기억을 되돌려드릴까 해서요. 그래서 화장, 꾸미기, 패션은 여자들이나 하는 것이라거나 혹 남성다움을 방해하는 것이 아니라, 우리 모든 평범한 사람들의 삶을 반짝이게 하고 때로는 위로하는 소중한 이름으로 다시 태어나게끔 말입니다. 그래도 될까요?

그동안 애써주신 문예출판사와 도움을 주신 김영은 선생님께 감사의 마음 전합니다.

지은이 연희원

고려대학교에서 움베르트 에코의 기호학 연구로 박사학위를 받았다. 현재 서경대학교와 고려대학교에서 강의하고 있다. 저서로는《에코의 기호학》,《유혹하는 페미니즘》이 있고, 역서로는《사회주의 리얼리즘론》,《마르크스주의 미학강좌》,《마르쿠제》등이 있다.

패션은 특별한 몇몇 유명인의 전유물이 아닌 일상의 평범한 사람들의 것, 우리 모두의 것이다. 저자는 철학, 기호학, 미학, 예술사회학, 여성주의와 일상의 패션에 관한 작고 소소한 이야기를 통해 인문학적 성찰을 하고자 한다. 귀족적인 과시나 차별화만이 아니라 금기의 위반과 일탈, 조롱과 분노, 저항도 새로움을 이끄는 패션에 속하기 때문이다. 패션은 역사적으로 인간의 자존감과 인간성humanity을 형성하며 외모차별주의와 싸워온 민주와 평등, 인권의 추동력이었으므로.

janef9@naver.com

소크라테스 씨, 멋지게 차려입고 어딜 가시나요?

1판 1쇄 발행 2017년 11월 30일

지은이 연희원
펴낸곳 (주)문예출판사 | 펴낸이 전준배
출판등록 1966. 12. 2. 제1-134호
주소 03992 서울시 마포구 월드컵북로 6길 30
전화 393-5681 | 팩스 393-5685
홈페이지 www.moonye.com | 블로그 blog.naver.com/imoonye
페이스북 www.facebook.com/moonyepublishing | 이메일 info@moonye.com

ISBN 978-89-310-1061-9 03100

이 도서의 국립중앙도서관 출판시도서목록(CIP)은 서지정보유통지원시스템
(http://seoji.nl.go.kr)과 국가자료공동목록시스템(http://www.nl.go.kr/kolisnet)에서
이용하실 수 있습니다. (CIP제어번호 CIP2017021305)